LA CAMPAGNE DE TUNISIE

Campagnes & Stratégies

(dernières parutions)

LES GRANDS SIÈGES DE L'HISTOIRE DE FRANCE, Gérard Blier.

ANNÉE DE GLOIRE DE LA RUSSIE 1812, Alexandre Droban.

LA BATAILLE NAVALE DE L'ÉCLUSE (24 juin 1340), Guy Le Moing.

LE BLOCUS DE LENINGRAD. Souvenirs d'enfance (1941-1944), Ilya Glazounov.

GUERRE DE SYRIE (juin-juillet 1941). Bataille de Damour, Jacques Favreau.

LA BATAILLE DES FRONTIÈRES. Joffre attaque au centre. 22-26 août 1914, Jean-Claude Delhez.

FLANDRES 1793. Les soldats de l'an II repoussent l'invasion, Gérard Lesage.

LES DARDANELLES (1915). Une stratégie en échec, Pierre Rigoux.

LA CAMPAGNE DE LOUIS-PHILIPPE AU MAROC 1844, Jean-Pierre Bois.

OPÉRATION BAGRATION. La revanche de Staline (été 1944), Jean Lopez.

LA DÉFAITE OTTOMANE (1683). Le début de la reconquête hongroise, Philippe Roy et Ferenc Tóth.

LEIPZIG (16-19 octobre 1813). La fin du rêve de Napoléon et de l'Empire français, Frédéric Naulet.

LA FRANCE ESPIONNE LE MONDE (1914-1919). Les exploits des briseurs de code, Jean-Claude Delhez.

L'OUTRE-MER FRANÇAIS DANS LA GUERRE (1939-1945), Gilles Ragache.

LES OPÉRATIONS GERMANO-SOVIÉTIQUES DANS LE CAUCASE (1942-1943), Boris Laurent.

NAPOLÉON PERD L'EUROPE (JANVIER-AVRIL 1814), Gérard Bouan.

LA CONQUÊTE DE LA NORVÈGE 1940. La première opération interarmées de l'histoire, Vincent Arbarétier.

L'EMPIRE ITALIEN (1885-1945), Jean-David Avenel et Ciro Paoletti.

LA GUERRE FINNO-SOVIÉTIQUE (novembre 1939-mars 1940), Louis Clerc.

PORT-ARTHUR (8 février 1904-5 janvier 1905), Bruno Birolli.

LA CHUTE DU SECOND EMPIRE – Reichshoffen, Sedan, Metz, Jean Tabeur.

ARNHEM 1944 – Un pont trop loin ?, Pierre Streit.

LA GUERRE SOVIÉTIQUE EN AFGHANISTAN, Philippe Sidos.

LA CAMPAGNE DU RHIN. Les Alliés entrent en Allemagne (janvier-mai 1945), Daniel Feldmann et Cédric Mas.

Collection CAMPAGNES & STRATÉGIES
dirigée par
Philippe RICALENS et Jean LOPEZ

Les Grandes Batailles

Jacques FAVREAU

LA CAMPAGNE DE TUNISIE

Le retour de la France au combat (1942-1943)

ECONOMICA
49 rue Héricart, 75015 Paris

La transcription des noms de lieux arabes a évolué entre les années 1940 et aujourd'hui. En outre, elle s'exerce de façon différente selon qu'elle est faite par des Occidentaux de langues romanes ou anglo-saxonnes. Aussi ne doit-on pas être étonné de voir de légères différences de graphie entre le texte et la cartographie, voire d'une carte à l'autre.

Remerciements

Je tiens à remercier tout spécialement Monsieur Henri de WAILLY qui a préfacé ce récit.

J'exprime toute ma reconnaissance au Général Bertrand PÂRIS pour son précieux concours et les cartes qu'il a réalisées, particulièrement claires et fort utiles.

Mes remerciements s'adressent également au Capitaine Philippe LAVAYSSE et à sa famille, aux Colonels Dominique BAUDRY et Vincent LAPOUGE qui m'ont adressé des documents inédits sur leurs pères ; le commandant René BAUDRY et le lieutenant Jean LAPOUGE.

Un grand merci au Colonel Jérôme BERTRAND et à Monsieur Michel SANCHEZ pour leurs conseils et leur aide.

Enfin, j'exprime toute ma gratitude à tous les combattants qui m'ont adressé leurs souvenirs de campagnes, ainsi que les auteurs et mémorialistes dont les récits passionnants m'ont permis d'élargir mes connaissances sur cette campagne de Tunisie 1942-1943.

Préface

Que ce soit pour des raisons morales, idéologiques ou politiques, de nombreuses nations éprouvent des difficultés à se confronter à l'histoire. Le Japon, l'Allemagne, la Russie, la France ignorent ainsi des faits que les convenances continuent d'occulter.

Livrée de novembre 1942 à mai 1943, la campagne de Tunisie entre dans ce cadre. Exclue d'abord des thèmes de propagande puis des livres scolaires, elle fut pourtant la manifestation éclatante, après le désastre de 1940, du retour victorieux de l'armée française au sein des forces alliées. Le succès de cette dure bataille n'ayant pas été à porter au crédit de Londres qui ambitionnait de porter seule la victoire, cette remarquable résurrection fut pratiquement passée sous silence. Ainsi, dans son immense majorité, l'opinion française l'ignore-t-elle. La réalité est pourtant celle-ci : après la défaite de 1940, la campagne de Tunisie marque la rentrée de la France dans la guerre.

Au vu des relations ambiguës de Vichy avec l'occupant, les forces anglo-américaines aux ordres du général Eisenhower ne savent pas, à la veille du débarquement en Afrique du Nord – opération *Torch* –, comment elles seront accueillies. En accord avec le président Roosevelt, le général Giraud doit prendre la tête de l'opération au nom de la France, mais le jour du débarquement il est malheureusement absent. Exfiltré de France le 7 novembre, il n'atteint Gibraltar, PC de l'opération, que le jour de son démarrage. Dès son arrivée il s'est entretenu avec Eisenhower de la suite qu'il comptait donner à cette opération qui s'étendait, lui apprit-on, du Maroc à Alger. Surpris qu'il ne couvre pas toutes les côtes jusqu'à la Tunisie, il a exhorté l'Américain de modifier ses plans et d'aller jusqu'à Bizerte, d'aller occuper en particulier les aérodromes de Sidi-Ahmen et El-Aouïna, clés de la Tunisie pour les forces italo-allemandes massées en Sicile. Si les alliés ne l'occupent pas tout de suite, affirme-t-il, les Allemands vont l'occuper et, rejoints par l'Afrikakorps retraitant de Libye, ils vont y constituer une force qu'il sera très difficile de combattre. Giraud a raison mais Eisenhower refuse : il n'est pas dans la mentalité américaine d'engager des opérations avant d'en avoir solidement assuré les arrières. Le Français a pourtant parfaitement décrit ce qui va se passer : conséquence directe des limites imposées à l'opération Torch, la campagne de Tunisie est inévitable. Selon lui, « *c'est sans nul doute une faute capitale.* » Le 8, Giraud tente de convaincre le général Doolittle qui commande l'aviation, le fameux organisateur du raid sur Tokyo, de bombarder les aérodromes sans attendre les troupes à terre mais Eisenhower s'y oppose. Aucun bombardement n'a lieu. « *De ce jour,* écrit Giraud, *je compris que la guerre durerait beaucoup plus qu'elle ne devait et qu'on laisserait échapper bien des occasions.* »

Mis maintenant au courant du débarquement allié, le général Barré, commandant les troupes de Tunisie, s'est préparé dès le 8 à exécuter le plan de défense. Darlan l'a désigné comme commandant en chef du théâtre Est – Tunisie et Constantinois – et a donné l'ordre aux troupes du Constantinois d'aller renforcer les huit bataillons dont il dispose ; Barré sait à quoi s'attendre : « *Sous l'impulsion du général Weygand et du général Juin en 1941 et 1942, de nombreux exercices de cadres avec reconnaissances sur le terrain ont contribué à préciser les lignes directrices d'un plan de défense cohérent.* »

Trois jours de combats ont succédé au débarquement du 8 novembre, puis l'amiral Darlan a donné l'ordre de cesser ce combat fratricide. Les forces françaises d'Afrique du Nord se sont unanimement rangées du côté des alliés. Seule la garnison de Bizerte a obéi aux ordres de Vichy. L'ordre de Darlan a marqué une charnière de la guerre.

Avec l'accord de Vichy, les premiers avions allemands atterrissent à El Aouïna dès le 9, et le rythme de leur renforcement va se révéler rapide. Devant cette invasion, en application du plan de défense, Barré se prépare à tout évacuer : les troupes, les avions, les matériels ferroviaires, à vider les caches d'armes. Nommé chef des armées de terre et de mer, Giraud désigne l'ennemi et déclare la mobilisation générale. En quelques jours l'Afrique du Nord se trouve sur le pied de guerre. Les forces françaises renaissent : les 12 000 hommes dont Barré disposait en novembre seront 40 000 en janvier contre 20 000 alliés.

L'armistice de 1940 trouve ainsi sa pleine justification. Non seulement celui-ci a évité jusqu'ici l'utilisation des bases AFN par les forces de l'Axe, mais le projet de Weygand de préparer la revanche en cachant l'équipement, en poussant l'entraînement, en prévoyant un accroissement des effectifs et une mobilisation rapide, démontre soudain son efficacité. Pauvrement armée avec un matériel désuet, sans véhicules, avec des brêles, l'armée française ressuscitée va se montrer capable d'affronter un ennemi aguerri, bien commandé et supérieurement équipé, malgré des conditions climatiques épouvantables, le froid, la pluie, la boue, la vermine et le manque de ravitaillement. Ses pertes sont très importantes, de l'ordre de 10 000 hommes, mais son rôle dans la bataille sera déterminant.

Si les forces de Barré n'avaient pas tenu fermement la montagne dès leur mise en place et arrêté les Allemands alors que les forces anglaises et américaines tardaient à arriver, l'ennemi aurait atteint Bône et la guerre aurait eu lieu en Algérie.

Le 14 février 1943, alors que Rommel attaquait au sud, les blindés américains du 11e corps d'armée, surpris, ont été encerclés et taillés en pièce. Un correspondant de guerre témoin du massacre, d'Arcy-Dawson, écrit : « *Ils n'étaient plus au soir du 14 février qu'un monceau de débris incandescents. Plus de 70 Sherman étaient anéantis. Le 15, le total des chars détruits s'élevait à 164, plus 99 unités de reconnaissance, 122 affuts automoteurs et 50 canons. Cette lourde défaite aurait tourné au désastre si les Français n'avaient bloqué le mouvement tournant de la 10e Panzer.* »

« *Victime de l'humeur chagrine de Montgomery,* écrit Pierre Montagnon, *la DFL était en pénitence en Libye.* » Le chef de la 8e Armée britannique, en effet, n'apprécie pas Larminat.

Il accueille par contre avec joie le général Leclerc, « *cet homme remarquable* », écrit-il dans ses mémoires. Les deux forces françaises agiront toutes deux au sein de la 8e Armée, mais la DFL n'intervient qu'à la fin des combats devant Enfidaville. La colonne Leclerc forte d'environ 3 000 hommes participe à la bataille de Gabès à Tunis.

La haine qui s'est développée parmi les forces gaullistes à l'encontre de l'Armée d'Afrique va malheureusement s'exprimer d'une manière éclatante le 20 mai 1943 lors du défilé de la victoire à Tunis devant les chefs de la coalition, Giraud, Eisenhower et Anderson. Les Français de la DFL refusent en effet de défiler avec les autres. Kenneth Pendar correspondant de guerre : « *Je n'oublierai jamais le défilé de la victoire à Tunis. Une âpre bataille venait de prendre fin, la première bataille de la libération française. Les soldats de Giraud souriaient en hommes qui se sont réhabilités à leurs propres yeux : ils avaient effacé dans le sang le souvenir de 1940. Mal équipés et mal nourris, ils avaient combattu en alliés respectés aux côtés des Américains et des Britanniques, aussi le 20 mai eut-il dû être un jour de réjouissance et d'unité pour les Français, mais tout fut complètement gâché pour plusieurs milliers de soldats par le fait que les troupes gaullistes refusèrent de marcher avec leurs camarades nord-africains. Ils marchèrent dans une autre section du défilé avec les Anglais. C'était un symbole tragique de voir le groupe important des Nord-Africains et le petit groupe gaulliste se trouver loin l'un de l'autre, tous braves, mais divisés sans espoir.* »

Devant ce spectacle, les généraux Eisenhower et Anderson ont manifesté à Giraud leur stupéfaction. Il faudra des mois pour que le général Diego Brosset, puis Leclerc, parviennent à éradiquer cet esprit destructeur.

C'est avec des moyens presque exclusivement français que l'Armée d'Afrique a remporté cette victoire, première contribution de taille à l'« effort Allié ».

Le général Juin : « *Il est clair qu'elle n'aurait pu le faire sans les mesures mises en œuvre dans la clandestinité... En ce qui concerne les munitions, il était temps qu'elle prît fin, car nous étions arrivés au bout de nos stocks. (...) Métropolitains, Pied Noirs, Légionnaires, Nord-Africains, ou Coloniaux, nos combattants de toutes origines ont fait preuve, non seulement d'un esprit de sacrifice inégalable, mais aussi d'une endurance peu commune. Avec des vêtements et des chaussures hors d'usage, couverts de vermine, surtout vers la fin, ils ont affronté des intempéries d'une sévérité inhabituelle. (...) L'Armée d'Afrique est allée jusqu'au bout de ses possibilités matérielles, jusqu'au bout de ses forces physiques et morales.* »
« *Belle victoire, chèrement acquise, trop occulté en France... pour des raisons politiques, car essentiellement l'œuvre de l'Armée d'Afrique sous Giraud* », souligne de son côté Pierre Montagon.

Le 23 janvier, à la conférence d'Anfa, le général Giraud va obtenir de Roosevelt, qui le tient en haute estime, la promesse du réarmement de l'armée française. Après ses démêlés avec le général de Gaulle, il décide l'arrêt du réarmement qui laisse de Gaulle insensible mais désespère Giraud qui répond à une invitation de Roosevelt et se rend aux États-Unis où il reçoit un accueil enthousiaste de l'opinion américaine qui acclame le retour de la France au combat. Par son charisme, il va obtenir de Roosevelt la reprise du réarmement de l'armée française. Comme Carnot, le slogan de Giraud est « *Un seul but, la victoire !* »

Dès lors, comment ne pas évoquer la suite ? Le 30 mai 1943, dans un geste d'union, et pour réunir toutes les forces françaises, Giraud invite le général de Gaulle à le rejoindre, et six mois après le débarquement américain celui-ci débarque de Londres. La suite est inattendue : à l'issue d'une rapide manœuvre, le chef de la France Libre élimine le chef incontesté de l'armée. Le 11 novembre, il se trouve privé de ses responsabilités politiques et cinq mois après de ses responsabilités militaires ; cette destitution en pleine guerre du général français le plus respecté des alliés est stupéfiante. Qu'aurait-on pensé si Churchill avait éliminé Montgomery ? Pour le discréditer on le fera passer pour un nigaud politique. Néanmoins, c'est grâce à son rôle dans la reconstruction d'une armée française victorieuse que de Gaulle a pu imposer la France parmi les grandes nations victorieuses.

L'héritage de Giraud demeure déterminant : c'est d'abord le retour au combat de l'armée française unanime, puis son réarmement, et c'est équipée de son nouveau matériel qu'on la verra traverser Alençon, Paris, Toulon, Colmar, Strasbourg, le Rhin et Berchtesgaden.

Le succès de Tunisie annonce l'élan qui mène à la victoire finale : fin juillet 1943 Patton débarque en Sicile, Giraud libère la Corse en septembre et l'armée de Juin arrive en Italie ; l'esprit d'union, enfin, malgré de longues réticences, finira par s'imposer.

Il fallait rappeler le rôle déterminant que la bataille de Tunisie joue dans l'histoire de France. Héritier d'une lignée militaire et historien scrupuleux, le général Favreau, la situe ici dans sa vraie perspective.

Henri de Wailly

Défilé de l'Armée d'Afrique

Le 14 juillet 1949, alors âgé de quinze ans, je descendais par une belle matinée des hauts de Rabat vers le centre ville en compagnie d'un vieil ami de la famille : le commandant Portevin, un ancien officier des Tirailleurs Tunisiens.

« *Je t'emmène voir un défilé comme tu n'en verras peut-être jamais plus. Le général Juin se fait plaisir : il y aura l'Armée d'Afrique en tenue de tradition ! Ils ont beau disposer d'armements et d'équipements modernes depuis 43, ils veillent jalousement à préserver leurs traditions et à se différencier des autres unités africaines.* »

Une foule dense de Marocains – petits commerçants, familles des troupes qui allaient défiler et boutiquiers de la médina – avait déjà envahi les trottoirs tandis qu'une multitude de gosses se faufilait partout et que les nombreux gendarmes avaient du mal à préserver la chaussée.

Non loin de la tribune où se trouvaient le général Juin en compagnie des fils du Sultan Mohammed V – les princes Moulay Hassan et Abdallâh –, la nouba d'un régiment de tirailleurs jouait des airs de tradition.

Le passage d'un peloton de gendarmerie annonçait l'imminence du défilé.

En effet, la Garde Noire du Sultan avançait majestueusement au petit trot. J'étais bien placé pour la voir arriver et l'observer avec attention.

Elle était précédée de deux gardes d'honneur, avançant côte à côte, portant le drapeau chérifien et le drapeau tricolore tenus par deux sous-officiers en tenue gabardine, coiffés d'un képi. Ils étaient entourés par deux cavaliers en tenue de tradition, montés sur des alezans, la robe fauve et les narines frémissantes. Ces hommes, la poitrine couverte de décorations pendantes et de fourragères glorieusement gagnées par leur régiment avaient visiblement été choisis parmi les combattants les plus valeureux. De la main gauche, gantée de blanc, ils tenaient fermement et court les rênes tandis que, de la droite, dans quelques instants, d'un geste large de leur épée, ils salueraient les autorités. Je les observais. Ils se tenaient très droits sur leur selle, un sarouel noir disparaissant dans des jambières en cuir, prenant appui sur des éperons de grande cérémonie : les éperons à la chevalière.

Ils étaient suivis d'un escadron de cavalerie sur de fringants chevaux arabes. Les cadres portaient un képi bleu et avaient fière allure, revêtus d'un gilet boléro de couleur rouge laissant apercevoir leurs décorations. À leurs épaules, fixée à un burnous de flanelle blanche, s'échappait une longue cape noire, rejetée en arrière, qui s'étalait jusqu'à la croupe de leur monture.

Ils étaient vêtus d'une gandoura séparée par une large ceinture de laine écarlate. Quelle allure !

« *Regarde leur coiffure, ils portent la Rezza. C'est rare même à la Garde Noire. C'est une haute calotte noire d'un tissu de toile forte surmontée d'un chèche aux plis soigneusement croisés qui entoure leur tête. Servir à la Garde Noire, c'est l'honneur suprême des cavaliers. Ils ont leur casernement dans l'enceinte du Palais Royal.* »

Mais déjà s'avançait le Premier Régiment de Spahis marocains, « le régiment le plus décoré de France », basé récemment à Casablanca et Rabat. Seul en tête, le colonel, monté sur un cheval gris, avait sur les épaules une magnifique cape de couleur garance posée sur un burnous blanc. Il précédait un sous-officier chevauchant à sa droite portant une longue lance surmontée d'un fanion rouge et blanc d'où descendait une magnifique queue de cheval.

« *Même quand aujourd'hui il passe en revue son régiment blindé-mécanisé, il ne peut oublier les origines de son commandement* dit Portevin avec un léger sourire. *Le porte-fanion est le privilège des généraux, mais les cavaliers savent s'affranchir des contingences !* »

Le chef de corps précédait la garde d'honneur de l'étendard portant plusieurs fourragères de couleurs différentes dont la rouge indiquait que le régiment avait été décoré de la Légion d'honneur. Les noms des batailles où s'était illustré le régiment étaient brodés sur le drapeau.

Les cavaliers, en vareuse et sarouel, portaient avec élégance cet ample burnous de couleur garance. Superbe !

« *Il faut que tu saches que la couleur du burnous est différente dans les trois pays de Spahis du Magreb : garance au Maroc, bleue en Tunisie, blanche pour les Tirailleurs Algériens.* »

Après les Marocains, défilèrent fièrement les Algériens en burnous blanc suivis des Tunisiens en bleu ciel.

Follement applaudies, passèrent deux compagnies sahariennes. Les Méharistes, perchés sur des dromadaires du Sahara à la résistance légendaire, les pieds chaussés de naïls posées sur le bas de l'encolure, le visage caché par un chèche couleur sable, étaient assis sur une large bande de toile avec des panneaux aux couleurs vives débordant de part et d'autre de leur monture : c'était un jour de parade !

Puis, défilèrent les fantassins en tenue de tradition portant chacun le mousqueton au côté droit. D'abord les Tirailleurs avec le ceinturon blanc sur une large bande de laine écarlate autour de la taille. Ils étaient suivis des Zouaves, célèbres pour leur courage, leur gaieté et leur ingéniosité dans toutes les expéditions et les guerres où nous les avions engagés depuis leur création au début de la conquête de l'Algérie ; les Tirailleurs Sénégalais à la chéchia rouge et aux pantalons bouffants ; les pelotons de Goumiers portant le nom d'origine de leur implantation, précédés par un superbe bouc avançant noblement, conscient de l'importance du moment ! Leur tenue était plus austère, celle convenant à des guerriers : un pantalon noir couvert d'un grand burnous à capuchon avec de longues bandes d'un ton différent, à la fois chaud et imperméable. Leur coiffure comportait le chèche maintenu par des cordelettes marron en poils fins de chameau. Leur armement se composait d'un mousqueton ancien de cavalerie qu'ils avaient précieusement conservé et de deux cartouchières. J'ai détaillé leur tenue parce que je la connaissais mais je ne les ai vus passer que rapidement, coiffés d'un chèche, d'un burnous, chaussés de naïls ! Quels guerriers extraordinaires ils avaient été en Tunisie puis dans la conquête des sommets escarpés en Italie, follement courageux !

Soudain la nouba se tut. Au loin, on entendait la musique de la Légion étrangère qui s'approchait lentement : le chef de musique en tête suivi des tambours, des clairons, puis de la section de pionniers – la Légion ne fait pas que se battre ! – avec le long tablier de cuir fauve, les haches et les marteaux appuyés sur les épaules, tenus de la main droite, le képi blanc, les épaulettes vertes à franges rouges, la chemise de toile claire et le col ouvert, sur laquelle était accrochée la fourragère rouge... je remarquais les lacets blancs des brodequins.

Derrière la musique, à bonne distance, avançait le chef de corps coiffé d'un képi noir, décorations pendantes, suivi d'un sous-officier portant le drapeau du régiment, encadré par des légionnaires aux manchettes blanches. Puis, en képi blanc, ceinture de laine bleue, épaulettes vertes à longues franges rouges, défilaient les légionnaires au fameux pas légion, le plus lent de l'armée française, pour montrer que, comme autrefois, la Légion avançait sans se presser, indifférente au feu ennemi. Cadres et Légionnaires chantaient le refrain du 2e Régiment Étranger d'Infanterie. Cela avait de la gueule !

Les gens applaudissaient à tout rompre, « *vive la Légion !* »

« *La musique vient de Bel Abbès, le 2 est en garnison à Meknès.* »

C'était fini. Je restais ébloui, la tête bourdonnante, le cœur rempli de fierté à la vue de tous ces hommes dégageant une noblesse et une impressionnante force retenue...

« *Avant de nous séparer, il faut que tu saches bien que ces unités que tu as vu défiler sont depuis la fin de la campagne de Tunisie, blindées, mécanisées, dotées de véhicules de transport, d'artillerie, de transmissions performantes, d'un armement d'infanterie léger, efficace... les hommes disposent d'un paquetage comme nous n'en avons jamais eu... mais quand même, c'est beau l'Armée d'Afrique ! Ils ont gardé leur esprit de Corps !*

Je te raconterai un jour ce qu'a été la campagne de Tunisie : on n'avait rien, de vieux mousquetons, rien à bouffer, froid, de la pluie, toujours de la pluie, de la boue dans nos emplacements de combat, chaussures usées jusqu'à la corde, pas de relève durant des mois ... mais un moral d'acier : on vengeait et libérait la France... Pour le "défilé de la victoire" à Tunis, on a coupé nos capotes complètement usées, au-dessus du genou pour cacher nos shorts troués et avoir l'air moins pouilleux devant les Américains, les Anglais et les FFL qui s'étaient joints aux Britanniques et défilant avec ceux avec lesquels ils avaient combattu... tous étaient équipés de neuf !

Pour terminer, n'oublie jamais que, depuis sa naissance en 1830, la France avec ces hommes de toutes les origines a formé un ensemble d'une rare cohésion : l'Armée d'Afrique s'est toujours battue avec une générosité totale pour elle. À ne jamais oublier : ce sont nos frères ! »

Revenant à la maison, je songeais à la liesse populaire, à ce magnifique défilé de l'Armée d'Afrique. Dieu que c'était beau ! J'étais fou de joie et d'orgueil. J'ai toujours gardé présent à l'esprit ce magnifique défilé dont le rappel des images m'enchantait, me poursuivait, me rappelant une époque révolue.

*

* *

Je voudrais aujourd'hui, m'aidant d'excellents textes, de témoignages pris sur le vif et de souvenirs inédits, rappeler ce qu'a été la campagne de Tunisie en 1942-1943, injustement méconnue et qui a marqué la renaissance de l'Armée d'Afrique, la libération de la France et la revanche de la défaite de 1940.

Si nos Alliés ont joué un rôle prépondérant dans la deuxième partie de la campagne de Tunisie grâce au courage de leurs hommes, leurs armements très modernes et l'appui remarquable de leur aviation : la France a supporté seule les premiers mois de la guerre empêchant les Allemands d'envahir l'Afrique du Nord en les contenant en Tunisie, luttant avec un armement dérisoire et une admirable volonté.

L'héroïsme de ces hommes issus de toutes les communautés d'Afrique du Nord rejointes par celles de l'Afrique Occidentale : ces 80 000 combattants dont plus de 13 000 tombés pour la France : Pieds-Noirs, Français venus de la France occupée, Corps Franc d'Afrique, Tirailleurs, Spahis, Sénégalais, Légion étrangère et toutes ces populations descendues des montagnes ou venues du désert : Goumiers, Kabyles, Berbères, Méharistes sont aujourd'hui méconnus. Leurs témoignages, précieux, sincères, nous permettent de revivre ce que ces hommes et leurs unités ont vécu.

Ces héros ne doivent pas sombrer dans l'oubli, ils font partie de notre Histoire, de l'Histoire de nombreux pays d'Afrique avec lesquels nous partageons un patrimoine glorieux.

Nous leur devons la renaissance de l'Armée française au cours de la deuxième guerre mondiale, effaçant la défaite de 1940, permettant à la France de retrouver son rang de grande Nation.

PREMIÈRE PARTIE

La situation en Afrique du Nord et en Méditerranée occidentale

(juin 1940-novembre 1942)

CHAPITRE 1

Préparation de la revanche 1940-1942

Les premières réactions

Fin mai 1940, sachant la France prochainement envahie, le général Weygand, général en chef de nos armées, n'a pas voulu déclarer sans l'accord du maréchal Pétain, la volonté de la France de rester liée, dans l'adversité, à l'Angleterre et de poursuivre la lutte à partir de l'empire colonial.

Cependant, dès la proclamation du maréchal Pétain, le 17 juin 1940, annonçant qu'il faisait demander par l'ambassadeur d'Espagne quelles seraient les conditions d'un armistice qui ne soient pas contraire à l'honneur, le général d'armée Noguès, commandant en chef du théâtre d'opérations d'Afrique du Nord et résident général au Maroc, suppliait le général Weygand, ministre de la Défense nationale, de continuer la lutte en Afrique du Nord « *avec une respectueuse mais brûlante insistance, au nom des intérêts vitaux de notre pays* ».

Le général Weygand remercia le général Noguès de ses messages, lui affirma que le gouvernement avait étudié avec attention ses suggestions, mais que celles-ci se situaient hors du possible, que les seuls éléments en état de se battre retardaient du mieux qu'ils le pouvaient les Allemands, qu'il fallait faire confiance au Maréchal qui n'accepterait pas les conditions d'un armistice qui seraient une capitulation déshonorante livrant le pays à la discrétion de l'ennemi.

Le général Noguès finit par se laisser convaincre. Il respecta les conditions de l'armistice et les ordres du Maréchal. Il mit son Honneur à les appliquer intégralement, s'opposant farouchement au débarquement anglo-américain en novembre 1942 qui rejoignait pourtant ses premières intentions de continuer la lutte contre l'Allemagne.

La population et l'armée en Afrique du Nord

C'est la rage au cœur que les cadres qui avaient écouté les paroles chevrotantes proclamant l'armistice prononcées le 17 juin 1940 par un illustre vieillard avaient réagi : les plus excités, violemment frustrés de ne pas avoir rejoint leurs camarades au combat, voulaient désobéir, comme le capitaine Gandouet, en poste sur la ligne Mareth dans le Sud tunisien, prononçant avec ses camarades officiers « Le serment de Gabès » : celui de se battre, jusqu'à la victoire, comme le général Leclerc le fit dans un environnement différent, rejoignant les premiers compagnons du général de Gaulle.

Tristement, Gandouet avoua : « *Finalement nous avons obéi.* »

L'attachement au maréchal Pétain mais surtout le respect des ordres reçus furent les plus forts et ne cessèrent qu'avec le débarquement des Anglo-Américains en 1942 entraînant la chute de Vichy et du serment d'obéissance fait au maréchal Pétain. Notamment des militaires qui avaient attendu en vain de rejoindre leurs camarades sur le front et des civils inquiets pour les membres de leurs familles combattant en France.

Les populations d'Afrique, écrasées par la défaite si rapide de la métropole, étaient frappées d'horreur et de stupeur en apprenant le déferlement des masses blindées, les piqués des avions, l'écroulement du front, l'exode puis l'armistice.

Au fond d'eux-mêmes, ils étaient très tristes mais soulagés que la guerre ne se poursuivît pas en Afrique du Nord. Ils sentaient bien que l'on n'était pas prêt. Au fond d'eux-mêmes, ils approuvaient les décisions du Maréchal sachant qu'ils échappaient à l'occupation et qu'ils continueraient à recevoir les ravitaillements indispensables en vivres et carburants de France.

Si la poursuite de la guerre ne leur paraissait plus possible : la Revanche, oui ! Ils y croyaient. Ce jour viendrait. En attendant, ils allaient tout faire pour la préparer à la barbe des commissions allemandes et italiennes qui ne tarderaient pas à venir les contrôler. Chacun y mit tout son cœur, la rage au ventre.

C'est ainsi que, durant la dizaine de jours qui précéda la venue des commissions d'armistice, une extraordinaire activité fut développée par des équipes de volontaires encadrées par l'armée.

Les initiatives individuelles furent multiples : citons le camouflage d'une cargaison de matériaux stratégiques (15 000 tonnes de cuivre, 2 400 de zinc, 17 000 de nickel, 4 000 d'aluminium...), le navire chargé de les transporter ayant été dérouté à Casablanca. Ces métaux précieux, déchargés en toute hâte, entassés sur les quais, camouflés sommairement ... qu'en faire ?... Il était intolérable que l'ennemi pût s'en emparer. C'est alors que la compagnie de Chemin de Fer du Maroc (CFM) proposa de mettre des wagons à la disposition d'équipes de volontaires et de militaires en civil qui travaillèrent de jour et de nuit d'arrache-pied pour les évacuer et les cacher au Moyen Atlas.

De même, l'Office Chérifien de Phosphates proposa, non loin de Casablanca, ses longues galeries de mines souterraines pour y installer le dépôt Delpit : la plus importante cache d'Afrique du Nord de munitions d'artillerie et d'infanterie, rangées dans des « bouchons » soigneusement répertoriés.

Les véhicules militaires en état de marche furent repeints, immatriculés, pré-affectés et devenus « civils », placés dans des entreprises de transport ; les camions-citernes déroutés et camouflés chez les patrons les plus qualifiés, comme ceux d'une entreprise de constructions métalliques : les Mallaret, père et fils, se transformant en chercheurs, plaçant des plaques blindées sur des châssis de Citroën pour en faire des « auto-mitrailleuses » ! Le premier modèle réussi fut camouflé et l'on continua dans les ateliers d'Hussein-Dey à fabriquer clandestinement des plaques, à les stocker et les faire parvenir à bonne destination. On peut voir les photos de ces engins blindés équipés d'une mitrailleuse qui ont vraiment été utilisés au combat, dans *L'Algérianiste* de décembre 2006.

Citons, parmi tant d'autres, les Valaysse, car les deux garçons très jeunes vibraient comme leur père. Louis Valaysse s'était engagé tout jeune au 1er régiment de Spahis en 14-18, puis mobilisé, s'est battu en 1939, capitaine au 3e RSA. Concessionnaire General Motors depuis 1935, ayant pu revenir en Algérie, il dissimula dans ses entrepôts des centaines d'armes individuelles soustraites au contrôle des Commissions et fournit début novembre 42 une trentaine de transports de troupes. Il fut désigné plus tard pour diriger une chaîne d'assemblage de camions GMC, de véhicules motorisés et blindés, faisant l'admiration des spécialistes américains par son ingéniosité... Il s'est rengagé en 43, partant une fois encore au combat. Il fut rendu à la vie civile lieutenant-colonel en 1945, titulaire de toutes les Croix de guerre, de la médaille de la Résistance et de la Légion d'honneur avec rosette ! Il remit en état son outil industriel et fit construire la maison de ses rêves... pour tout perdre en 62 : l'un des derniers à regagner la France sur son petit voilier... avec ses souvenirs et ses fils. Loin de se laisser abattre, avec les quelques sous qu'il a pu ramener, il se lança avec ses fils dans la gestion d'un domaine de vaches limousines en Périgord ! Quel homme et quel exemple pour ses fils ! *(Lettres personnelles gardées précieusement par son fils Philippe qui mènera à son tour une vie exceptionnelle.)*

L'on pourrait nommer des centaines d'autres Pieds-Noirs admirables, ceux des villes, des villages dans le bled : ces « petites gens », chers à Camus : Français, Espagnols, Berbères et Kabyles qui, sur le pas de leurs portes, avaient le soleil pour toute richesse ! Ce qui ne les empêcha pas de s'engager et d'aller se battre. Jamais les populations d'Afrique du Nord ne se sont aussi unies, l'amour de la France collée à leur peau !

Quelle fierté aujourd'hui pour « les affreux colonisateurs » dont on a fait de nous de les garder à jamais dans notre cœur et de leur rendre hommage.

La restriction des Forces

Curieusement, les textes de la convention d'armistice signés avec les Allemands le 22 juin 1940 ne mentionnent pas l'Afrique du Nord : les préoccupations d'Hitler concernaient surtout l'Angleterre mais pas encore les problèmes africains. Il renonça à faire surveiller les côtes atlantiques de l'Afrique. L'Allemagne et l'Italie se partageaient des « sphères d'intérêt » : il apparaît qu'Hitler modéra les prétentions de Mussolini qui voulait s'emparer de la Tunisie et visait le reste de l'Afrique du Nord !

Avant que les négociations aient commencé à définir les plafonds d'effectifs et d'équipements autorisés en Afrique du Nord, l'Italie exigea immédiatement le démantèlement de la ligne Mareth mise en place en 1939, au sud de la Tunisie, par le général de Lattre de Tassigny, faisant face alors à la menace principale venant de l'armée italienne Tripolitaine.

Le général Weygand, ministre de la Guerre à Vichy, protesta aussitôt, dénonçant une violation des conventions d'armistice. Rien n'y fit. De 130 000 hommes, les effectifs en Tunisie furent restreints à 13 000.

Weygand fut contraint de réduire, conformément aux conventions d'armistice, les forces terrestres et de neutraliser toutes les forces aériennes qui se trouvaient en Afrique du Nord.

D'importants armements et matériels d'approvisionnements furent dissimulés dans des dépôts clandestins, plus à l'ouest vers la frontière algérienne, ainsi qu'un nombre important de matériels ferroviaires dont les Italiens pouvaient avoir besoin en Libye.

Hitler, persuadé qu'il pourrait amener l'Angleterre à la raison, s'intéressait seulement à la restriction et à la surveillance du potentiel militaire français. Il ordonna de limiter les forces françaises à 30 000 hommes chargés du maintien de l'ordre intérieur dans les territoires : aucune pièce d'artillerie lourde et une défense antiaérienne strictement réservée à quelques ports.

Assez rapidement, il fut amené à renforcer les capacités de Vichy afin de préserver l'Empire français de toute intervention étrangère.

Progressivement, ces forces furent portées à 100 000 hommes disposant de 164 chars, 71 canons antichars et 21 groupes d'escadrilles en Afrique du Nord, après les attaques anglaises de Mers el-Kébir et l'échec de tentative de débarquement à Dakar d'une escadre britannique transportant les Forces Françaises Libres. Aux troupes stationnées en Afrique du Nord s'ajoutèrent 15 000 hommes de l'armée du Levant, rapatriés en France. En septembre 40, après « l'affaire de Libreville », ce furent 20 000 « travailleurs » d'Afrique occidentale, puis deux fois plus, qui s'ajoutèrent sous des formations diverses, aux cent mille hommes fixés par convention.

Montagnards, hommes frustres et résistants, des Goumiers marocains, algériens et tunisiens vivaient dans des douars dans les zones montagneuses de l'Atlas, proches du Sahara. Ils étaient des supplétifs non encadrés. En toute discrétion, ce fut l'occasion de détacher des cadres officiers et sous-officiers échappant ainsi aux restrictions de l'armistice et de former de l'infanterie légère. Ainsi quatre Groupements de Tabors Marocains (GTM) regroupant chacun trois Tabors (bataillons) composés de 3 à 4 Goums (sections d'une vingtaine d'hommes) se distinguèrent sous les ordres du colonel Guillaume et d'autres chefs, français et alliés, auprès desquels ils furent détachés.

L'Armée d'Afrique disposa rapidement de ces Mehallas chérifiennes : 20 000 hommes, sans cesse renforcées : des hommes frustres, recherchant le contact de l'adversaire dans les zones boisées et montagneuses. Les Goums furent de remarquables unités particulièrement redoutées par l'adversaire.

Rôle du général Weygand

Le prestige du général Weygand était immense : chef d'état-major du maréchal Foch durant la Grande Guerre, il s'était plus tard distingué au Levant, ramenant la paix en créant deux pays distincts : la Syrie et le Liban. Plus tard, chef d'état-major des armées, il s'était battu de toutes ses forces alors que l'Allemagne créait une puissante armée, dénonçant le laisser-aller et l'inconscience des responsables politiques, s'adressant directement en vain au Président de la République.

Le 17 mai 1940, après la percée des Allemands à Sedan les jours précédents, c'est tout le plan de campagne de Gamelin qui s'est effondré. Le généralissime dut laisser la place et, le 19 mai, il fut remplacé par Weygand, à la demande de Paul Reynaud, alors qu'il était depuis quatre ans à la retraite. Le même jour, Reynaud rappela auprès de lui le maréchal Pétain : le vainqueur de Verdun, dont le nom synonyme de résistance et de victoire, restait si cher au cœur des Français. Weygand ne parvint pas à redresser la situation militaire en dépit de combats très valeureux. Paul Reynaud réussit à se dégager de ses responsabilités, laissant au Maréchal la capitulation ou l'armistice. Weygand, qui resta toujours fidèle au Maréchal, l'a aidé à éviter une capitulation déshonorante et à obtenir un armistice : arrêt des hostilités qui engageait moins l'honneur d'une nation. « *L'armistice est un arrêt temporaire des hostilités ; il permet la reprise ultérieure du combat. La puissance qui le demande ne s'avoue pas définitivement vaincue. L'avenir est sauvegardé.* »

Nommé ministre de la Guerre, il était en total désaccord avec le reste du ministère sur la politique à suivre : celle d'une collaboration non militaire envisagée par l'amiral Darlan et Laval, chef du gouvernement. C'est avec soulagement que Weygand accepta l'affectation en Afrique du Nord que lui confiait le Maréchal le 5 septembre 1940 : « Délégué général du gouvernement en Afrique française et commandant en chef des forces terrestres et aériennes » avec tous les pouvoirs civils et militaires, étendus en octobre à la marine qui restait cependant aux ordres de l'amiral Darlan. Le Maréchal lui glissant à l'oreille : « *S'il m'arrive quelque chose, vous êtes mon héritier*[1]. »

Fier et cambré, avec cette jeunesse d'allure qu'il garda toute sa vie, il inspirait par sa simplicité la confiance et même l'affection de la population et de l'armée. Ses premiers mots, portés discrètement à la connaissance de chacun, furent : « *l'armistice, c'est la préparation de la revanche ! Maintenant au travail ! Soyons prêts le moment venu... vraisemblablement lorsque les Américains interviendront*[2]. » On imagine l'ardeur de chacun et combien Weygand a été attendu le 8 novembre 1942 !

Fin janvier 41, Weygand signa un accord avec Murphy, homme de confiance du président Roosevelt alors en poste à Vichy, par lequel les États-Unis, encore neutres, s'engageaient à assurer le ravitaillement régulier de l'Afrique française en denrées alimentaires et carburant permettant la vie courante. Accord qui fut vital pour les populations. En contrepartie, les Américains obtenaient un droit de regard sur la destination des livraisons, désignant 12 vice-consuls... qui les renseignèrent sur la situation et amenèrent des contacts précieux !

Premier de tous, Weygand fit parvenir à Roosevelt les besoins du réarmement de huit divisions pour l'Afrique du Nord, ne doutant pas qu'elles soient immédiatement indispensables lorsque sonnerait l'heure de la Revanche !

C'est en utilisant toutes les opportunités qui se présentaient, notamment la guerre de Syrie, que le général Weygand obtint un renforcement des effectifs. Il veilla particulièrement à ne pas faire appliquer le protocole du 28 mai 1941 par lequel le gouvernement ne s'était pas opposé à l'utilisation par les Allemands et les Italiens de la voie ferrée de Bizerte vers la Tripolitaine.

---

1. Louis-Christian Michelet, *La Revanche de l'Armée d'Afrique – 1940-1944.*
2. Louis-Christian Michelet, *La Flamme de la Revanche.*

C'est sans relâche que le général Weygand relança les commissions chargées de définir les « plafonds » autorisés en hommes et armements. Mis en confiance par la résistance déployée au Levant, l'état-major allemand ordonna aux commissions de contrôle d'accepter les exigences françaises, ce qui donna lieu à d'âpres marchandages entre la commission d'armistice de Turin et les directions des services de l'armistice (DSA), dont le siège était à Vichy.

Devant réduire les effectifs, Weygand garda les meilleurs éléments et armements, ordonna de continuer de préparer, à l'insu des commissions d'armistice, ceux qui viendraient grossir les forces engagées dès la reprise de la lutte. Les effectifs en surnombre, secrètement entraînés, restèrent dans les unités en tant que pelotons de gardiennage, police auxiliaire, équipes de travail. Par ailleurs, furent créés des « chantiers de jeunesse », des « forces mobiles de sécurité », des « forces de maintien de l'ordre ». Tout prétexte était bon pour retenir et instruire les hommes « en trop » et les volontaires.

Contre toute attente, les écoles de cadres restèrent ouvertes, notamment l'excellente EMCTT (École des cadres des troupes de Tunisie), destinée à former « des chefs », créée en Tunisie en 1939 par le général de Lattre de Tassigny, sous l'appellation d'école de Salambô, ainsi que l'école de cavalerie d'Hussein-Dey à Alger et celle des officiers marocains de Meknès (Dar el-Beïda). Ces futurs cadres se distinguèrent durant la campagne de Tunisie.

C'est avec beaucoup de perspicacité et d'habileté qu'il mit en place trois « Sections d'études », une par territoire – Tunisie, Algérie, Maroc –, centralisées à Alger.

Leur mission principale, essentielle en cas de reprise des hostilités, fut conçue de manière remarquable : recensement et préparation de la mobilisation de toutes les forces utiles : hommes, femmes, matériels et armements nécessaires, préalablement affectées pour former des unités de combat dès la reprise de la guerre, ce dont Weygand ne doutait pas.

Il s'efforça de développer les soutiens : constitution d'un service de santé... affectation des véhicules de tous tonnages. Bref, une intense activité clandestine déployée à l'insu des commissions de contrôle. Weygand, qui garda toujours un charisme qu'il faisait partager, ajoutait : « *et surtout pour Vichy, un bœuf sur la langue ! Préparons-nous, le jour de la revanche viendra !* »

C'est grâce au travail des sections d'études que l'on parvint en 1942 à une mobilisation générale, préparée et rapide, dès la reprise des hostilités.

Cependant, l'une des priorités était de préserver les liens des communautés franco-africaines. Leur préciser clairement le rôle primordial que l'on attendait de chacun de ses membres, des plus petits aux plus grands : préparer la revanche. Weygand fut immédiatement compris et suivi : l'homme de la rue se sentit aussi indispensable que les autorités les plus élevées.

Il est important de signaler que dès l'arrivée des commissions d'armistice, sous prétexte de les familiariser au pays, le général Weygand plaça des délégations auprès d'elles dont la véritable mission était de surveiller de près l'action des inspecteurs et contrôleurs de l'Axe.

Officiellement, l'Afrique du Nord se conformait strictement aux exigences des commissions italiennes, mais la confiance des Allemands envers les Italiens étant limitée ; ils mirent en place une commission allemande et un consul général.

Enfin, une autre des grandes réussites du général Weygand fut la mise en place d'unités de contre-espionnage.

Des officiers et techniciens compétents des services spéciaux permirent :

- de détecter les collaborateurs éventuels ;
- d'écouter, 24 heures sur 24, les conversations téléphoniques des Commissions de contrôle et des services du consul général, et même de décrypter tous leurs messages. Avantage majeur !

Les Allemands et Italiens se plaignaient amèrement des « entraves » apportées à leur travail, soupçonnant un travail clandestin. Méfiants et se sentant dupés, sans avoir réussi à prendre sur le fait une violation des conditions d'armistice, les Allemands (Abetz) obtinrent le rappel en France du général Weygand, en disgrâce auprès de l'amiral Darlan prônant alors une collaboration nécessaire et renforcée avec les Allemands, farouchement contestée et refusée par Weygand.

Darlan, lui en tenant rigueur, adressa un rapport au Maréchal le déclarant « un obstacle insurmontable » au rapprochement franco-allemand.

Darlan croyait en 1941 que l'Allemagne gagnerait la guerre et que l'intérêt de la France était de la ménager !

Le 18 novembre, Weygand fut relevé de son poste, placé en position de retraite en résidence surveillée à Grasse.

Rôle du général Juin

Le général Juin succéda au général Weygand avec des pouvoirs moins étendus car limités à l'Afrique du Nord. L'Afrique Occidentale ayant un commandant en chef différent.

Juin connaissait bien l'Afrique du Nord pour y être né, y avoir grandi, avoir fait la guerre du Rif et la pacification du Maroc aux côtés des généraux Noguès et Huré, il avait été remarqué par Lyautey qui l'avait gardé à son état-major. En 1940, il avait commandé brillamment en Belgique la 15e division d'infanterie motorisée (15e DIM) qui s'était distinguée à la bataille de Gembloux. Prisonnier à Königstein durant treize mois, Juin a été libéré à la mi-41, grâce aux demandes réitérées du général Weygand dans le Protocole de Paris.

L'amiral Darlan proposa alors au général Juin le poste de ministre de la Guerre à Vichy, ce que lui « soldat d'Afrique » refusa immédiatement. Curieusement l'amiral ne lui en tint pas rigueur, estimant au cours d'une conversation avec Benoist-Méchin que « *Juin est un général différent des autres* ». Il avait constaté que Juin, le regard vif et pénétrant, évaluait avec bon sens et justesse une situation difficile et n'avait pas d'ambitions politiques.

Le lendemain du limogeage du général Weygand, le 21 novembre 1941, Juin arriva à Alger, nommé la veille commandant en chef en Afrique du Nord des forces terrestres et aériennes ainsi que des éléments maritimes de défense du littoral.

Dès sa prise de commandement, il mesura le désarroi de la population et des cadres de l'armée, atterrés par le départ du général Weygand. Juin s'attacha à les rassurer : officier de l'Armée d'Afrique par excellence, il était apprécié pour ses qualités militaires, sa franchise et son sens du contact avec la troupe. Il garda le même état-major que Weygand, fit « le tour des popotes » où, tout en incitant chacun à veiller à la prudence et à la patience, il conclut ses interventions par une formule qui les rassura et lui gagna les cœurs : « *Messieurs, la séance continue...* »

Situation en Méditerranée de 1940 à 1942

Pendant que l'Afrique du Nord se préparait en attendant l'heure de la revanche, la Méditerranée était le théâtre d'une lutte implacable entre l'Angleterre et les forces de l'Axe.

De 1940 à mars 1942, ces années furent été cruciales pour l'Angleterre qui voulait à tout prix garder le contrôle du canal de Suez et aurait chassé les Italiens d'Afrique sans l'intervention de Rommel en mai 41 avec deux divisions de Panzer et une audace sans pareille. Il obtint le transfert de Norvège en Sicile, du Fliegerkorps X, l'une des meilleures forces aériennes d'Hitler forte de 450 appareils basés en Sicile et en Calabre : PC Taormina et bases à Catane, Palerme, Trapani et Chamisso, bombardiers spécialisés en piqués (Stuka), groupes de chasse, de reconnaissance, de transport de troupes. Cette force d'intervention redoutable couvrait la Méditerranée occidentale. Son rayon d'action atteignait les environs d'Alger. En décembre, l'OKW déplaça de Russie en Méditerranée la Luftflotte II aux ordres du maréchal Kesselring, PC Taormina en Sicile, qui a été le chef interarmées du secteur sud : notre futur adversaire en Tunisie, Sicile, Italie.

Les forces de l'Axe disposaient également d'une centaine de sous-marins très actifs et de vedettes rapides allemandes : 17 divisions italiennes cantonnées en Italie méridionale et d'importantes forces aériennes italiennes basées autour de la Méditerranée.

Elles avaient une totale supériorité navale et aérienne en Méditerranée.

Hitler ayant lancé, le 22 juin 1941, l'opération Barbarossa en Russie, s'est alors désintéressé de la Méditerranée.

L'armée anglaise, considérablement renforcée en 1942, dans un rapport de 5 contre 1 face à Rommel, put reprendre sa progression le long de la côte libyenne. L'avance de la VIIIe armée se déroulait à un rythme lent mais soutenu. Montgomery faisait preuve d'une grande prudence face aux audacieuses et surprenantes attaques de Rommel. Toutefois, le 23 octobre 42, Montgomery infligea à El Alamein une éclatante défaite à Rommel ne lui laissant le 3 novembre que les débris de ses deux divisions blindées et d'une division d'infanterie italienne.

Le 4 novembre, Rommel commença un repli de 3 000 km qui, malgré de fulgurantes réactions offensives, se termina en Tunisie. Le 22 janvier 1943, Rommel évacua Tripoli avec une quinzaine de Panzer et le reste de ses troupes, épuisées. Il décrocha brusquement de deux cents kilomètres, installant son PC à Ben Gardane en territoire tunisien, largement derrière la ligne Mareth, obstacle peu défendable à son avis depuis son démantèlement en 1940 laissant un rideau de blindés et de fantassins chargés d'établir des barrages minés.

Rommel, en trompant son adversaire, gagnait ainsi le temps et l'espace nécessaires pour se réorganiser et recevoir des renforts par le port de Gabès.

Le 23 janvier Montgomery entrait enfin à Tripoli.

Pressé par Churchill et Eisenhower, il envisageait de monter une opération importante en mars 43 pour contrôler la ligne Mareth.

L'Afrique du Nord, devenue pour Hitler un théâtre négligeable, devint après le débarquement américain, une priorité, une véritable idée fixe. Il voulut à tout prix s'en emparer alors que Rommel, très pessimiste, estimait qu'il était temps de réunir toutes les forces au nord de la Tunisie, de les protéger à hauteur du cap Bon et de les rapatrier. Hitler n'en tint pas compte, s'accrocha à l'Afrique du Nord et envoya de puissants renforts en Tunisie qui lui firent défaut par la suite.

Les forces alliées craignaient vivement que l'Espagne, de par sa position géographique, ne se ralliât au Reich. Elles se méfièrent de Franco jusqu'à la fin de la guerre.

Ce pays était exsangue après la guerre d'Espagne. Franco suivait avec attention la situation en Europe, profitant de la défaite française pour contrôler Tanger, ville internationale, mais en resta là, tout en surveillant les convoitises de Mussolini sur l'Afrique du Nord, décidé à ne pas se laisser prendre de vitesse.

Le 23 octobre 1940, le Führer, déçu dans ses espoirs de paix séparée avec l'Angleterre, vint en train à Hendaye rencontrer le général Franco, lui proposant une alliance militaire tripartite avec l'Italie. Franco tergiversa, demandant des compensations exorbitantes en armements et territoires en Afrique du Nord, se faisant traiter « de marchand de tapis » par Hitler dans le train le menant à Montoire.

Roosevelt a toujours craint qu'Hitler, passant outre les prétentions du Caudillo, ne traversât l'Espagne, contrôlât le détroit de Gibraltar et pénètrât en Afrique d'où sa décision d'imposer un débarquement américain important au Maroc et de rester en mesure durant toute la campagne de s'opposer à une action allemande par l'Espagne.

CHAPITRE 2

Opération Torch L'intervention américaine et anglaise en Afrique du Nord

Planification stratégique interalliée

Les États-Unis étaient plus isolationnistes qu'en 1914. Lors de sa réélection en novembre 40, Roosevelt avait déclaré : « *Your boys shall not be sent to any foreign wars !* »

Le 7 décembre 1941, l'attaque par surprise des Japonais à Pearl Harbor avait plongé les États-Unis dans une guerre mondiale à laquelle ils n'étaient pas préparés. Immédiatement, ils s'entendirent avec l'Angleterre pour développer une stratégie commune car ils subissaient tous deux dans le Pacifique de graves revers : Hong Kong, Singapour, les Philippines. Quant aux Russes, ils pliaient sous la pression allemande et leurs vastes offensives. Staline réclamait à cor et à cri l'ouverture, dès 1942, d'un second front en Europe.

Roosevelt, très inquiet, redoutait un retournement de la situation militaire par un nouveau pacte germano-soviétique.

Ce n'était pas pour déplaire à Churchill qui, depuis deux ans, songeait à débarquer en AFN à Bizerte et contrôler ultérieurement le canal de Sicile. Comme il n'en avait pas les moyens, il lui fallait obtenir la collaboration américaine. Il vit là l'occasion de décider Roosevelt à intervenir en Afrique du Nord. Faisant preuve d'une obstination et d'une habilité diplomatique remarquables, il s'évertua à amener Roosevelt à prendre lui-même la décision, s'effaçant et le flattant habilement.

Le comité interarmées des chefs d'état-major présidé par l'amiral Leahy, chef de l'état-major particulier du président Roosevelt, auquel s'était jointe une mission britannique conduite par le field marshal John Dill, constituait le « Combined Chiefs of Staff ». Ils étaient absorbés par l'effort colossal de réarmement entrepris par les États-Unis (Victory Program) : la constitution à une capacité jamais aussi élevée des armées air-terre-mer, de la logistique nécessaire, de l'instruction des personnels et des cadres.

Carte 1 – La Méditerranée novembre 1942

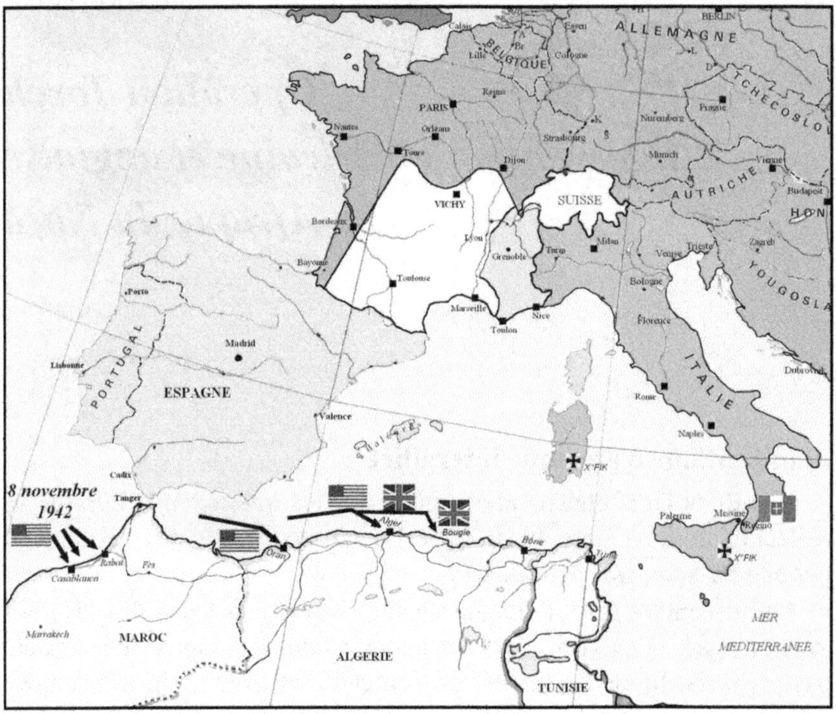

Leur objectif était de préparer, à une échéance de deux ans, un débarquement et une intervention majeure en Europe. Les besoins militaires étaient colossaux. Les différents responsables s'inquiétaient de constater qu'une partie importante des productions nouvelles alimentait la guerre du Pacifique et l'Union soviétique. Aussi, une opération importante de diversion leur paraissait irréalisable.

Eisenhower, brillant général, remarqué par le général Marshall, avait été désigné en avril 42 commandant en chef des forces américaines en Europe (Usareur).

Staline se fit menaçant, exigeant l'ouverture d'un second front à l'ouest. Roosevelt, très inquiet, obligea ses conseillers militaires à lui présenter plusieurs projets.

Finalement, après avoir envisagé de nombreuses hypothèses et bien que considérant que c'était une inadmissible dispersion de leurs forces, les « Combined Chiefs of Staff » proposèrent un débarquement en Afrique du Nord fin 1942, rassemblant les forces à l'instruction disponibles aux États-Unis et celles déjà envoyées en Écosse et en Irlande, en tout 4 divisions nouvellement formées, en cours d'instruction.

Eisenhower, qui avait une réputation de logisticien remarquable, fut désigné responsable et commanda en Tunisie pour la première fois un théâtre opérationnel.

Roosevelt accepta cette opération recevant aussitôt de Londres les félicitations de Churchill s'offrant le luxe de féliciter Roosevelt : « *pour que* ***votre*** *conception stratégique soit un succès décisif !* » Décision qui contraignait les États-Unis à ne pas concentrer tous leurs efforts dans le Pacifique et renforçait l'influence de Churchill qui dirigeait directement la situation en Méditerranée.

La participation anglaise en Afrique du Nord, réduite à deux brigades lors du débarquement, devait rapidement atteindre une division renforcée rejointe par une division blindée, deux mois après le débarquement. Au total, le débarquement anglo-américain prévoyait un nombre initial de cinq divisions, volume estimé nettement insuffisant par les experts militaires. Cette opération, appelée « Torch », excluait la France de sa préparation pour ne pas dévoiler la surprise de son exécution. Roosevelt déplaça Robert Murphy, son homme de confiance, de Vichy à Alger afin d'être constamment tenu informé.

Murphy décida de constituer un comité secret de patriotes français : « le Groupe des Cinq » dont la personnalité la plus représentative était un industriel Jacques Lemaigre-Dubreuil. Ce groupe était chargé de préparer le débarquement en Afrique du Nord et de recruter de jeunes patriotes qui rêvaient d'en découdre immédiatement avec l'Allemagne. Quelques généraux et hauts gradés avaient donné leur accord de principe : Mast, Montsabert, le colonel Baril, les lieutenants-colonels Jousse et Magnan...

Murphy avait reçu l'ordre absolu de ne rien dire, même au comité français, sur les lieux et la date du débarquement. Ce qu'il fit. Murphy affirmait la veille du débarquement que « *le gouvernement des États-Unis n'interviendrait jamais en Afrique du Nord sans l'accord du gouvernement français ou de ses représentants dûment mandatés* », mentant délibérément aux conseillers du général Juin, commandant en chef en Algérie, de l'amiral Darlan, présent hélas ! et par hasard à Alger pour des raisons familiales.

« Représentant personnel du maréchal Pétain », Darlan était la plus haute autorité en Afrique Occidentale. Il incarnait « la légitimité ». Le souci prédominant de l'amiral resta d'éviter à tout prix l'invasion du sud de la France, de préserver le régime de Vichy et la fidélité au maréchal Pétain.

L'amiral Darlan et le général Juin, informés à plusieurs reprises qu'une flotte importante avait franchi le détroit de Gibraltar, se refusaient à croire, malgré les craintes de certains amiraux, qu'elle pouvait débarquer en Afrique du Nord. Darlan estimait, comme d'ailleurs l'OKW, que les Américains n'étaient pas encore en état de procéder à une action majeure.

Churchill n'avait pas prévenu le général de Gaulle avec qui il était en profond désaccord depuis la campagne de Syrie en 1941. Le président Roosevelt nourrissait, dès leur première rencontre, une profonde prévention envers le général de Gaulle, estimant que son objectif premier n'était pas la libération de la France mais de prendre le Pouvoir à titre personnel.

Il s'était opposé à ce qu'il participât à cette opération en territoire français et avait accepté, en accord avec Churchill qui n'avait pas insisté pour placer de Gaulle à la tête des forces françaises en AFN, le général d'armée Giraud, évadé dans des conditions courageuses du fort de Forenheim : chef prestigieux admiré dans toute l'armée française. Le général Weygand s'étant récusé, Giraud rejoignit l'Afrique du Nord, après une étape à Gibraltar où se trouvait le général Eisenhower. Il avait accepté de rejoindre les Alliés, sous réserve de préparer un débarquement sur la côte méditerranéenne française en liaison avec l'armée de 100 000 hommes de Vichy. Il fut délibérément trompé par Murphy qui l'entretint dans le projet gigantesque d'un débarquement sur le sol français de 500 000 Anglo-Saxons pour obtenir son acceptation et le commandement en chef de toutes les forces alliées opérant en France.

Le général Giraud ne put rejoindre Alger que le lendemain du débarquement Allié en Afrique du Nord après un court séjour à Gibraltar où le général Eisenhower le mit au courant de l'opération Torch. Furieux, déçu, mais contraint de se plier à des circonstances nouvelles, il se comporta, une fois encore, en chef militaire soucieux de servir son pays, obtenant d'être au moins le chef des forces françaises en Afrique du Nord.

Déroulement de l'opération Torch 8-12 novembre 1942

Nuit du 7 au 8 novembre : le débarquement Allié en Algérie et au Maroc

Placées sous l'autorité du général Eisenhower resté à Gibraltar, quatre divisions américaines et une brigade anglaise, la seconde étant au large, toutes deux commandées par le général Ryder, débarquaient à l'aube du 8 novembre 42, par surprise et de vive force, sur les côtes d'Algérie et du Maroc. Ils s'attendaient à une résistance des forces françaises, échaudées par Mers el-Kébir, les agressions armées de Dakar et de la Syrie avec participation des FFL.

Ils n'ignoraient pas que leur intervention en Afrique du Nord provoquerait celle des Germano-Italiens estimée une quinzaine de jours plus tard.

Le rayon d'action jusqu'à Alger des forces aéronavales de l'Axe excluait un débarquement à Bizerte, à la grande déception de Churchill. Le président Roosevelt imposa un débarquement sur les côtes marocaines, interdisant de débarquer au-delà d'Alger. Il ordonna de laisser une garde sérieuse durant toute la campagne, face à Tanger et Gibraltar.

Commandés par l'amiral Cunningham (500 bâtiments), les préparatifs et le transport de 60 000 hommes par deux flottes parties des États-Unis et de l'Écosse, devant effectuer un débarquement en Afrique du Nord à l'aube du même jour, le 8 novembre, constituent une prouesse logistique remarquable... et chanceuse ! L'océan Atlantique était infesté de sous-marins allemands surveillant en priorité les lignes de ravitaillement anglo-américaines.

La surprise fut complète.

Les autorités américaines espéraient que les réactions de défense des forces françaises seraient de courte durée, connaissant leur volonté de revanche. Elles se méfiaient cependant des autorités militaires et civiles mises en place par Vichy et de l'attachement de la population au maréchal Pétain.

Roosevelt et Churchill ont toujours craint un retournement politique français, alors que les troupes anglaises et américaines, dès le « cessez-le-feu » et la lutte commune proclamée, luttèrent côte à côte avec les forces françaises et que naquit une camaraderie de combat et une entière confiance réciproques.

La prudence politique explique, en partie seulement, que l'Armée d'Afrique durant la campagne de Tunisie ne se soit jamais dotée d'armements modernes. Les hautes autorités françaises ne se sont jamais associées aux décisions stratégiques importantes. Cette défiance et ce manque de considération ont persisté longtemps malgré l'aide et les succès de l'Armée française.

Si l'Armée Française se préparait secrètement depuis juin 40 à reprendre le combat aux côtés des Alliés, personne n'imaginait sérieusement que l'Afrique du Nord servirait prématurément de plateforme à la libération de l'Europe.

De plus, il s'avéra rapidement que les forces américaines, bien que suréquipées, étaient insuffisantes et non aguerries pour affronter des réactions germano-italiennes vives et fulgurantes.

Les débarquements américains et anglais se déroulèrent simultanément en fin de nuit du 7 au 8 novembre en trois endroits : Alger, Oran, Casablanca. Les Anglais allaient débarquer plus à l'ouest, habillés avec des uniformes américains car ils redoutaient un accueil hostile suite aux événements de Mers el-Kébir, de Dakar puis de Syrie.

L'opération surprise de nuit avait été préférée à celle de jour, moins incertaine et moins coûteuse en pertes humaines. De plus, la fidélité aux ordres du maréchal Pétain pouvait faire craindre une résistance importante.

Le débarquement fut opéré militairement de nuit : un destroyer ouvrant le feu à l'entrée du port d'Alger, la flotte tirant des coups de canons sur le port de Casablanca, des éléments blindés débarquant à Port-Lyautey... Quelle troupe digne de ce nom n'aurait pas appliqué les consignes de défense qu'elle avait reçues ! Dans ses Mémoires, le maréchal Juin définit toujours la résistance française de « lutte pour l'Honneur ».

Débarquement à Alger : 25 000 hommes

Placés sous les ordres du général Ryder, débarquèrent à l'aube à Alger :

- deux régiments de combat de la 34e division américaine ; un régiment de la 9e division ; une brigade britannique de la 78e division ; le reste de la division débarqua rapidement à Bône et Bougie ;
- un bataillon de « rangers » US ;
- deux commandos britanniques (1er et 6e).

Ils avaient ordre de contrôler les ports proches d'Alger nécessaires à la poursuite des débarquements, de s'emparer des positions stratégiques, notamment de l'aérodrome de Maison-Blanche.

Averti au début de la nuit, le Groupe des Cinq, auquel s'étaient ralliés le général Mast, commandant la division d'Alger, et le lieutenant-colonel Jousse, major de garnison, avait préparé une action à Alger pour neutraliser les principales autorités et contrôler les bâtiments importants. Leurs jeunes volontaires, aux ordres d'Henri d'Astier de La Vigerie, parvinrent à encercler les résidences peu gardées de l'amiral Darlan et du général Juin. Grâce au commandant Dorange qui les repéra en regagnant son domicile et réagit aussitôt, ils furent rapidement mis en fuite par l'intervention des 1er Zouaves, 13e Tirailleurs sénégalais et Gardes Mobiles. Juin donna des ordres de mise en garde sans prescrire l'intervention de renforts afin de limiter les risques de guerre.

L'amiral Darlan fit prévenir le maréchal Pétain en utilisant par l'entremise de l'amiral Moreau, commandant la marine en AFN, une liaison radio directe et secrète.

Darlan et Juin gagnèrent le fort l'Empereur.

Le comportement de Murphy manqua de franchise mais a peut-être évité des conséquences très graves et des risques immenses. Juin, préalablement averti, ne pouvait éviter de rendre compte à l'amiral Darlan qui aurait prévenu le Maréchal. Celui-ci aurait ordonné une résistance totale pour éviter ainsi une intervention des forces de l'Axe avec l'obligation d'accepter une collaboration militaire. Une collaboration militaire franco-allemande aurait pu mener au pire, à l'instar de l'Italie, lors de la reddition de l'Allemagne, avec un traitement de la France proche de l'AMGOT (Allied Military Government of Occupied Territories – Gouvernement militaire allié des territoires occupés). On le sut plus tard, Roosevelt y avait déjà songé.

À la réflexion, si Murphy avait alerté les autorités françaises, toutes les réactions auraient été catastrophiques pour la France, qui aurait ouvert le feu et rendu difficiles les rapports futurs avec les alliés.

À 4 heures, deux torpilleurs britanniques forcèrent l'entrée du port : l'un fut incendié par la batterie Duperré sur les hauts d'Alger, et se replia ; l'autre réussit à accoster le long d'un quai, trois cents hommes en débarquèrent mais, pris à partie par des éléments de défense du port, durent rembarquer. Le torpilleur très endommagé par le tir des batteries Duperré et du Lazaret se retira en mer. Il coula la nuit suivante.

Les éléments alliés débarquèrent dans un certain désordre autour d'Alger pour contrôler les centres principaux : Sidi Ferruch, Zéralda, Castiglione à l'ouest, Cap Matifou à l'est vers 7 h, l'aérodrome de Maison-Blanche était sous contrôle américain. Vers 16 h, les « hauts d'Alger » étaient cernés, les batteries bombardées et prises d'assaut.

Dès 17 h, huit bombardiers allemands s'attaquèrent aux navires alliés au large d'Alger, et plus à l'est, trois destroyers furent endommagés. À l'intérieur du port, le parc à mazout fut incendié.

Fort heureusement, le général Juin, faisant preuve de clairvoyance et du sens des réalités, obtint l'autorisation de l'amiral Darlan de donner l'ordre, dès 16 h 30, de « cessez-le-feu » à Alger. Il organisa une rencontre vers 22 h entre l'amiral Darlan et le général Ryder, précédée par une entrevue le lendemain matin avec le général Clark. Juin se vit refuser avec violence de donner la même autorisation de « cessez-le-feu » à l'Oranie et au Maroc. Darlan craignait l'invasion immédiate de la Zone Sud, déclarant « *les Américains ayant envahi l'Afrique du Nord les premiers sont nos adversaires et nous devons les combattre* ***seuls ou assistés !*** »[1]. Darlan ne put refuser que « *quelques volontaires français se joignent aux Américains* », permettant à Vichy d'affirmer que l'Afrique du Nord dans son ensemble résistait !

Débarquement à Oran : 39 000 hommes

Placés sous les ordres du général Fredendall, débarquèrent à l'ouest d'Oran, à Arzew et Saint-Leu, deux régiments de combat de la 1re division américaine du général Allen avec le Combat Command B (trois bataillons blindés, un bataillon motorisé) du colonel Robinett, de la 1re division blindée.

---

1. Bernard Pujo, *Juin, Maréchal de France*, Albin Michel, 2000.

Un troisième régiment du général Fredendall débarqua à l'ouest d'Oran, un élément blindé un peu plus loin tandis que les parachutistes du 509e régiment sautèrent sur une zone proche de l'aérodrome de La Sénia.

Comme à Alger, deux corvettes forcèrent l'entrée du port : elles furent incendiées et coulées.

250 Américains périrent à leur bord, les autres furent faits prisonniers.

45 chars DI du 2e Chasseurs d'Afrique attaquèrent la base de Lartigue, détruisant des avions avant d'être contre-attaqués par les blindés du colonel américain Robinett.

Débarquement à Casablanca : 25 000 hommes

Au Maroc, commandé par l'amiral Hewitt, le débarquement le plus important fut celui, à Fédala, des unités américaines aux ordres du général Patton, « un fonceur, sans état d'âme ». Trois régiments et un bataillon blindé avec le Combat Command A du général Harmon se rabattirent rapidement vers Casablanca. Plus au nord, au-delà de Rabat, cinq bataillons dont un blindé débarquèrent à hauteur de Kénitra. Enfin, au sud de Casablanca à Safi : un régiment d'infanterie motorisée et un bataillon blindé.

Le général Béthouart, commandant la base de Casablanca, qui avait rejoint le Groupe des Cinq, devait être prévenu une heure avant le débarquement par le général Mast et devait encercler, dans la nuit, la résidence du général Noguès – qui était à Rabat – et tenter de le rallier. Alerté trop tard, il fut mis en état d'arrestation ainsi que le colonel Magnan. Béthouart eut le temps d'envoyer aux garnisons au Maroc l'annonce du débarquement américain.

Le colonel Petit, commandant le 1er RTM et la Place forte de Port-Lyautey, et le commandant Baudry passaient la soirée ensemble. Ils prirent connaissance d'une note portée vers 1 h 30 par le commandant Homo de l'état-major de leur division leur annonçant le débarquement américain. Homo ignorait encore l'arrestation du général Béthouart et leur détailla la conduite à tenir de jour et de nuit : hisser par deux les drapeaux français et américains, garder de nuit les phares braqués vers le ciel ainsi que les ordres de coopération à respecter.

Sur ce, des ordres contraires émanèrent de radio Marine, retransmis par un camarade : le capitaine de vaisseau Cadouet, commandant la Marine ; l'amiral Michelier signalait : « *Le général Béthouart a été arrêté : en cas de débarquement par mer, dans la région de Port-Lyautey, de troupes étrangères, quelles qu'elles soient, s'y opposer, contre-attaquer, et rejeter l'adversaire à la mer. Appliquez le plan de défense...* »

La folle nuit commença avec ces ordres contradictoires ! Les Américains débarquèrent en ouvrant le feu et manifestèrent partout une activité accrue les jours suivants.

Le bataillon Baudry résista à quatre assauts successifs de la casbah de Mehdia : chaque fois préparés et appuyés par des tirs nourris de mortiers et d'artillerie. Il rendit coup pour coup, riposta avec succès par des contre-attaques locales. Le bataillon conserva ses positions, captura même quelques prisonniers mais subit des pertes importantes, notamment en jeunes officiers.

Nous retrouverons le commandant Baudry en Tunisie, toujours au 7ᵉ RTM où il est tué à la bataille de Pont-du-Fahs, fin décembre 42.

L'escadre américaine fut réunie autour d'un cuirassé aux canons de 406 : le *Massachusetts*. Elle bombarda et attaqua en force le port de Casablanca sans préavis également, s'attirant une riposte des forces navales françaises. Les combats à terre les plus durs firent menés par les régiments blindés de Patton convergeant vers Casablanca.

Au Maroc, les jours suivant le débarquement : les 1ᵉʳ et 7ᵉ Régiments de Tirailleurs Marocains subirent de lourdes pertes ainsi que le 1ᵉʳ régiment de Chasseurs de l'Armée d'Afrique qui avait contre-attaqué avec ses chars R35 (les moins mauvais chars que nous ayons en Afrique du Nord mais inférieurs aux chars américains).

L'attaque et le bombardement du port de Casablanca restèrent injustifiés. Le général Patton et l'amiral Hewitt n'ont absolument pas tenu compte des ordres formels du général Clark, qui ne voulait pas refaire « un Dakar ! ». Il avait demandé de « *n'attaquer à aucun moment Casablanca et son port ; ne pas ouvrir le feu le premier ; ne pas considérer comme une résistance généralisée un acte isolé* ». Nous le sûmes par un officier d'état-major : le colonel Dostert, de la Political Section du général Eisenhower. Patton a agi comme si les Français étaient des adversaires allemands.

Nos pertes furent sévères parmi les quelques blindés que nous avions. Dans la marine, le *Jean-Bart* fut très endommagé ; le croiseur *Primauguet* coulé ainsi que trois contre-torpilleurs, sept torpilleurs, quatre avisos et neuf sous-marins, la plupart des pilotes de l'aéronavale tués ou blessés !

8 novembre, fin d'après-midi

Réunion franco-américaine à Alger, en fin de journée, présidée du côté français par l'amiral Darlan entouré du général Juin et des généraux responsables de la place, du général Ryder et du général Clark du côté américain. Français et Américains confirmèrent leur décision d'officialiser le « cessez-le-feu » à Alger en fin d'après-midi.

Cependant, à Oran et Casablanca, la poursuite des combats était de plus en plus âpre.

Juin ne doutait pas que les réactions aériennes allemandes dès le premier jour seraient suivies d'un inévitable débarquement en Tunisie. Il prévint le général Barré de mettre ses troupes en alerte. Le général Barré était placé sous les ordres de l'amiral Esteva, résident général en Tunisie.

En Algérie, pour de nombreux officiers, la guerre était déclarée à l'Allemagne dès le débarquement américain. C'est ainsi qu'à Biskra, André Négrier qui brûlait, depuis de longs mois, de reprendre le combat, lui, n'hésita pas. Conscient qu'il jouait son avenir, voire sa vie à quitte ou double, il décida d'arrêter le lieutenant-colonel Toniolo et son collègue allemand. Fort bien, mais avec quels hommes ? André se rendit chez le colonel commandant les Spahis stationnés à Biskra. Ce dernier lui déclara : « *Je mets mon régiment à votre disposition* » et, sans plus attendre, Négrier arrêta les deux responsables des conventions d'armistice. L'officier allemand lui dit, furieux : « *Si vous ne me libérez pas, vos parents seront pris en otages et toute la France occupée !* » Négrier ne se laissa pas impressionner[2].

C'est en vain, les jours suivants, que Juin incita le général Barré à ouvrir le feu, au nom de « la défense contre quiconque ! » sur les premiers éléments allemands qui se présenteraient, de les rejeter à la mer, l'assurant de lui envoyer le plus tôt possible des renforts d'Algérie en Tunisie. Dès le 10, il fit mettre en route les premières unités françaises vers l'Algérie : 2 bataillons, 2 pelotons de chars, 1 section d'artillerie autotractée.

Juin savait que Barré ne pourrait résister longtemps mais son ordre d'ouvrir le feu était surtout de circonstance : à Alger, cela couperait court à toutes les volte-face, hésitations, obéissance des chefs appliquant les ordres de Vichy.

En ouvrant le feu sur les Allemands qui se poseraient en Tunisie, il n'y aurait place que pour une solution : se battre. Les Alliés seraient rassurés sur l'attitude de l'Afrique du Nord. Barré se retrancha derrière les ordres formels de neutralité de ses deux chefs : l'amiral Darlan et l'amiral Esteva, résident général en Tunisie et reçut même un coup de téléphone de Bridoux, ministre de la Guerre !

Barré mit cependant toutes ses troupes en alerte immédiate avec ordre de se préparer à faire mouvement.

Les premières réactions des forces de l'Axe

Dans les heures qui suivirent le débarquement, vers 17 h 30, une trentaine d'avions partis de Sicile bombardèrent le port d'Alger, l'aérodrome de Maison-Blanche, les navires américains au large : 12 avions allemands furent abattus mais 2 transports de troupes alliés furent coulés avec des troupes à bord. Les bombardements continuèrent en mer les jours suivants, les Allemands ménageant, sur ordre, les Français dont ils espéraient qu'ils continueraient la lutte contre les Américains.

---

2. *Mémoires d'un siècle. Souvenirs du colonel Négrier*, Archives de La Saint-Cyrienne.

Le soir, le général Giraud arriva de Gibraltar et se posa à Blida, se rendit chez Juin qui le mit au courant et lui conseilla de s'entendre avec Darlan pour ne pas diviser l'armée.

La préoccupation essentielle de Juin fut d'arrêter les combats contre les Américains et de porter le maximum de forces de toute urgence en Tunisie.

Il a immédiatement fait le choix de s'entendre avec les Américains même si cet engagement lui paraissait prématuré : les forces anglo-américaines du général Clark étant bien insuffisantes. Il était convaincu que les Allemands ne pourraient tolérer que l'Afrique du Nord devînt une plateforme alliée, que leurs forces allaient envahir immédiatement la Tunisie et que le régime de Vichy était condamné à court terme. Il lui fallait amener l'amiral Darlan, chef investi pour toute l'AOF par le Maréchal, à partager ses vues et éviter que Giraud – Darlan ne se disputassent la première place en Afrique du Nord.

La mobilisation générale, bien préparée par les Sections d'Études qui devinrent des centres mobilisateurs, fut décrétée dès le 9 avec priorité pour les détachés de rejoindre leur unité d'affectation. En fait, comme nous le verrons par la suite, dès le 8, apprenant le débarquement américain, la joie fut immense, civils et militaires attendirent l'arrivée du général Weygand et chacun se prépara à récupérer l'armement et le matériel cachés !

9 novembre

Dans la matinée se déroula à Alger une réunion très orageuse : Clark – Darlan en présence de Juin avec Murphy comme interprète, les généraux et amiraux de la place d'Alger. Clark était accompagné du général Ryder et d'un Britannique : le commodore Dick. Le ton fut vif, sans aménité : Clark demanda instamment que Darlan signât un « cessez-le-feu » général, immédiat et qu'il se rangeât à ses côtés. Opposition de Darlan : le sud de la France n'était pas occupé. Il ignorait qu'Hitler avait donné l'ordre de déclencher l'opération Anton le 10, mais que, pour des questions logistiques, le maréchal von Rundstedt dont les troupes étaient orientées vers l'Atlantique ne pourrait exécuter que le lendemain. Averti, Hitler était ravi que ce fut un 11 novembre : revanche du destin !

Clark s'emporta, déclara qu'il allait s'adresser à Giraud. L'amiral lui répondit qu'il doutait que Giraud signât l'ordre qu'il attendait et que les troupes ne lui obéiraient pas. Murphy intervint alors disant que son général se trouveait dans l'obligation de « *placer chacun d'entre vous sous la protection de ses troupes et d'empêcher toute communication entre vous* ». En clair, cela voulait dire que chacun serait prisonnier avec une sentinelle devant sa porte. Puis, furieux, Clark se prépara à se lever pour quitter la salle.

C'est alors que Juin, avec une remarquable présence d'esprit, sauva la situation en demandant une suspension de séance, mesurant la gravité de la situation. Les Américains acceptèrent et se retirèrent. Juin parvint, en présence des généraux Koeltz, Mendigal et des amiraux Moreau, Fenard et Battet, à convaincre Darlan que, quoi qu'il fît, Vichy était condamné, qu'il était urgent de se rallier aux Américains, seule chance de libérer la France et de gagner la guerre. Darlan hésita, voulant attendre l'occupation effective de la Zone Sud, craignant en signant le « cessez-le-feu » de commettre un acte susceptible de la provoquer. Juin finit par le convaincre que la résistance de nos troupes ne pouvait durer longtemps et qu'en opposant une résistance farouche aux Américains nous allions devenir de fait les cobelligérants des Allemands en Tunisie contre les Alliés et indisposer gravement les États-Unis.

10 novembre : Darlan signe enfin

Il ignorait encore que l'occupation de la Zone Sud par les Allemands était en cours. Ce qui est à porter à son crédit devant l'Histoire.

Clark, soulagé, regrettait de s'être emporté. Le « cessez-le-feu » fut effectif à Oran dès 11 h 15. Un télégramme officieux du Maréchal donna quartier libre à Darlan, « *de faire pour le mieux* », et approuva ses décisions tout en faisant une allusion voilée pour expliquer qu'il appliquait ainsi ses directives, faisant une dernière tentative pour préserver son autorité.

Dès le 10 en fin de matinée, le cessez-le-feu à peine signé, Juin adressa directement au général Barré la note suivante : « *N° 2444/EM/3, notifié pour exécution immédiate... Mission troupes de Tunisie maintenue vis-à-vis forces étrangères en cas hostilité de ces forces. Prendre dispositions pour résister et couvrir communications Algérie.* »

Le « en cas hostilité de ces forces » respectait l'ordre officiel de neutralité et laissait la liberté d'ouvrir le feu. Juin insistait sur l'essentiel : mettre en place les moyens nécessaires pour interdire les voies d'entrées vers l'Algérie. C'est alors que, par malheur, un télégramme officiel du Maréchal (pour tromper les Allemands) ordonna la lutte à outrance... Darlan fit alors prévenir le Maréchal, par la voie Marine, qu'il annulait son ordre, se constituait « prisonnier » et n'était plus maître de la situation. Le Maréchal nomma officiellement le général Noguès, général en chef en Afrique du Nord. Ses messages avaientt tous un léger caractère ambigu : il faisait confiance à l'autorité à laquelle il s'adressait lui demandant d'agir au mieux... tout en respectant ses directives[3] !

Noguès se sentit encouragé à lutter de plus belle !

---

3. Anne Régnier-Leclerc, *Quand l'élan est donné*, éditions Anne Régnier-Leclerc, 2012.

Apprenant ce qu'il en était, le Maréchal chargea immédiatement l'amiral Darlan de reprendre son commandement et d'agir pour le mieux. Il le confirma par la voie officielle dans ses fonctions. Il fallut deux longues journées pour prévenir Noguès et lui demander de venir à Alger mettre la situation au clair (la ligne téléphonique ayant été coupée par les jeunes volontaires du Groupe des Cinq).

À Esteva qui désirait respecter les ordres du Maréchal en Tunisie, Darlan posa la question au téléphone à brûle-pourpoint : « *Veux-tu être Américain ?* » Esteva répondit : « *Oui, bien sûr.* »

Juin qui assistait à l'entretien estima que les jeux étaient faits, que l'accord était général, il s'empressa de donner des ordres sans ambiguïté dès 16 heures : « *N° 395,3TS : Dès réception du présent ordre concernant la position de neutralité vis-à-vis de l'Axe cesse. Toute tentative d'intervention des forces de l'Axe en A.F.N. doit être repoussée par la force*[4]. »

Le 10 au soir, Clark, en visite inopinée, avait proposé à Giraud... de prendre le pouvoir ! Celui-ci répondit négativement : il était venu pour se battre et refusait toute fonction politique.

11 novembre

Le « cessez-le-feu » fut exécuté partout avec empressement. Les troupes françaises regagnèrent leurs casernements. Les Américains s'installèrent. Les combats furent oubliés pour faire place à une franche coopération.

Le commandant Dorange de l'état-major Juin, envoyé d'urgence en avion à Rabat, le soir du 10, parvint à téléphoner à Noguès qui s'était déplacé à Oujda : l'ordre du « cessez-le-feu » fut effectif à Casablanca le 11 novembre à 11 h 30 (il était temps, le bombardement massif sur le port et la ville étant prévu le soir même).

Il est malheureux que le Maréchal n'eût pas ordonné à la flotte de rejoindre l'Afrique et à Weygand de le représenter ! Pendant quelques heures un avion se tint prêt à l'aérodrome de Rhue, près de Vichy. L'Afrique du Nord attendait Weygand alors que le général Giraud était peu connu. Or Weygand s'était fait un devoir de ne pas abandonner le Maréchal, un homme âgé, prestigieux, qu'il respectait profondément en attendant une conjoncture plus favorable pour reprendre le combat.

Elle se présenta ce 11 novembre 1942 avec l'occupation de la « Zone Libre » mettant fin à l'existence de Vichy. Le Maréchal, n'ayant disposé que d'un temps court, maintint sa position de ne pas quitter la France. Weygand ne prit pas lui-même le parti qu'il avait conseillé : il suivit son chef et se laissa mettre en retraite surveillée. « *Au fond, ils étaient l'un et l'autre fidèles à leurs personnages*[5]. »

---

4. Bernard Pujo, *op. cit.*
5. Jean Chauvel, *Commentaire*, tome 2, p. 294.

Les raisons que donne dans ses *Commentaire* Jean Chauvel, qui fut l'un des meilleurs ambassadeurs de l'après-guerre : si le départ du Maréchal en Afrique du Nord s'est posé, son refus est celui d'un vieil homme, écrasé par le poids des années. Un jour vient où le Maréchal, symbole d'un pays, n'a plus l'énergie de changer de cap, s'accroche à ses dernières décisions avec toute l'obstination qui lui reste de « respecter ses directives ». Le Maréchal avait fait le don de sa personne pour atténuer le malheur des Français par sa présence. À cet effet, il avait donné sa parole de respecter l'armistice. Il ne voulait pas changer d'avis.

La flotte française ne bougea pas de Toulon. L'amiral Darlan, qui en avait fait la seconde marine du monde en trente ans, ne lui donna pas « l'ordre » de rejoindre l'Afrique du Nord mais « l'invita seulement » par politesse vis-à-vis de Noguès, désigné alors par le Maréchal pour le remplacer. L'amiral Laborde reçut l'ordre formel du Maréchal de ne pas faire mouvement. L'amiral Laborde ne bougea pas étant germanophile et anglophobe. Il s'était engagé « sur l'honneur », directement avec Hitler, de ne pas bouger de Toulon ! Ceci explique que les Allemands ont attendu cinq jours avant d'envahir Toulon. L'amiral Laborde fit faire des exercices préparatoires à un sabordage, ne voulant quand même pas livrer la Flotte à l'Allemagne.

Combien on peut comprendre et admirer le commandant du *Casabianca* et des deux autres bâtiments *Glorieux* et *Jirid* qui se sont échappés et ont rejoint l'Afrique du Nord !

C'est surtout en raison d'un ressentiment profond à l'égard des Anglais, partagé par de nombreux commandants de navires, que la flotte se saborda : une réponse absurde à l'attaque de Mers el-Kébir et le refus désespéré de rejoindre la flotte anglaise, ce qui avait été convenu de longue date, dès le déclenchement des hostilités.

Toutefois, Toulon était surveillé par les aviations allemandes et italiennes et de nombreux sous-marins et bâtiments. La Flotte aurait subi des pertes très importantes. Ce qui n'est pas une excuse. L'amiral Laborde, à la fin de la guerre, fut condamné à mort et gracié. Il sera finalement de nouveau gracié après quinze ans de détention.

Le soir du 12, à l'issue d'une conférence tardive réunissant les autorités responsables au cours de laquelle le général Noguès, ayant pris connaissance du dernier message officiel du Maréchal, se rangea sous l'autorité de l'amiral Darlan. C'est alors qu'un message arriva de Tunisie insistant sur l'imminence de contact avec les Allemands et demandant des directives précises au général Juin, commandant des forces françaises en Afrique du Nord. Celui-ci, ayant d'abord recueilli l'accord de toutes les autorités présentes, fit transmettre au général Barré l'ordre d'ouvrir le feu car les Allemands avaient créé ainsi un *casus belli*.

Hitler ayant fait le choix, contre l'avis de Rommel, de conquérir l'Afrique du Nord et de soutenir les forces germano-italiennes en Tripolitaine, avait ordonné d'envoyer trois divisions en Tunisie (et promis six). L'OKW désigna la 10e Panzer, la division Hermann Göring et la 334e de montagne sous les ordres du général Nehring, ancien commandant de l'Afrikakorps, à peine remis d'une blessure en Égypte.

Deux navires de l'Axe pénètrerent dans le port de Bizerte dont l'embouteillage avait été mal réalisé.

13 novembre

Juin tenta de rétablir vis-à-vis des Américains la volonté de la France de reprendre le combat contre les Allemands sans tarder. Nouveau coup de téléphone à Barré qui lui rendit compte que ses troupes étaiennt en mouvement pour gagner leurs positions.

« Juin : – *Je veux que tu tires, tu entends !*

– *Tirer je veux bien*, répond Barré, *mais sur quoi diable pourrai-je tirer, je n'ai rien devant moi.*

– *Je m'en moque*, hurle Juin, *tire sur ce que tu voudras, pourvu que cela fasse du bruit et que ça s'entende !* » (Note relative aux événements du 8 novembre 1942 du commandant Dorange.)

Une réunion des chefs militaires français se tint à Alger pour définir le cadre des responsabilités :

- il fut décidé que l'amiral Darlan exercerait le pouvoir exécutif avec le titre de Haut-Commissaire et serait assisté d'un conseil de l'Empire comprenant les généraux Bergeret, Giraud, Noguès, le gouverneur général Chatel. Bergeret est haut-commissaire adjoint ;
- le général Juin, conscient de l'urgence des décisions à prendre, avait proposé la veille de se placer sous l'autorité du général Giraud, réglant d'emblée un problème sensible. Giraud, sous les ordres de Darlan qui exerçait le pouvoir politique mais aussi militaire, fut désigné commandant en chef des forces terrestres et aériennes de l'Empire ;
- Juin gardait le commandement des forces terrestres d'Afrique du Nord, ce qu'il souhaitait ;
- Noguès reprenait ses fonctions au Maroc ;
- le général Mendigal était le commandant en chef des forces aériennes ;
- les autres chefs conservaient leurs fonctions ;
- le gouverneur général Boisson et l'AOF se ralliaient à l'Empire ;
- la décision la plus importante officiellement prise était de faire rentrer immédiatement l'Empire dans la guerre aux côtés des Alliés.

À 14 h, le général Eisenhower arriva de Gibraltar pour prendre acte de l'accord réalisé.

15 novembre

L'amiral Darlan donna leurs attributions au Groupe des Cinq : l'amiral Fenard est secrétaire général du Haut-Commissariat, ce qui lui causa une certaine déception ; Rigault, commissaire à l'Intérieur ; Henri d'Astier de La Vigerie, commissaire adjoint à l'Intérieur, chargé de la Police et Tarbé de Saint-Hardouin, commissaire aux Affaires étrangères.

Au total, le débarquement du 8 novembre 1942 a coûté 1 115 Français tués et 1 856 blessés ; 663 Américains tués et 720 blessés. Désolant[6] !

Contrairement à ce que l'on pourrait imaginer, sitôt les premières plaies pansées, les Américains furent chaleureusement accueillis et les « GI » adoptés par les populations.

Seule la Marine, on la comprend, très éprouvée, resta longtemps sur la réserve.

Et de Gaulle ?

Il se trouvait à Londres le 8 novembre. Réveillé dès l'aube par le colonel Billote de son cabinet, il fulminait de colère de ne pas avoir été prévenu, d'être mis devant le fait accompli. Débordant d'amertume, sa première réaction fut violente contre les agissements anglo-américains. Blessé, il réagit cependant en homme d'État : « *On ne pénètre pas en France par effraction ! J'espère bien que les hommes de Vichy vont les refoutre à l'eau !* » Il ne faut pas oublier que les trois départements d'Algérie faisaient partie intégrante de la France.

Le fait d'avoir été mis à l'écart d'une décision de cette importance pour l'avenir de la France le mettait dans une rage folle. Churchill le reçut et ils eurent une entrevue orageuse : « *rejeter le fait accompli, c'est contester la politique américaine ; or, Churchill n'admettra à aucun moment de se désolidariser de Roosevelt*[7]. »

Déjà, à propos de la Syrie, ils avaient eu une entrevue très violente : « *vous n'êtes pas la France !* » lui aurait martelé Churchill, se trompant de quelques années. Ce qui devait amener de Gaulle à développer ses rapports avec Staline et mettre à sa disposition une escadrille d'aviation « Normandie » qui se distingua brillamment jusqu'à la fin de la guerre. Staline ne l'aida pas beaucoup en retour au plan militaire et diplomatique durant la guerre mais, en 1945, leur entente, connue des communistes français, fut extrêmement précieuse et mérite d'être commentée à la fin de ce livre.

---

6. Association nationale : « Souvenir de l'Armée d'Afrique ».
7. Colonel Michelet Louis-Christian, *La revanche de l'armée d'Afrique*.

Apprenant la nouvelle le 8 novembre, une heure plus tard, de Gaulle se ressaisit rapidement. Il importait de n'être pas tenu à l'écart de l'événement et d'Alger. Il adressa une proclamation à l'Armée d'Afrique lui enjoignant « *d'aider nos Alliés à se ranger à leurs côtés, de se joindre avec eux à la France qui a repris le combat : une seule chose compte : le salut de la Patrie* » !

À ses propres troupes, il adressa une proclamation différente : « *Les événements politiques survenus en Afrique du Nord et en Afrique Occidentale Française ne sauraient troubler les Français Libres ... la France combattante émergera de cette boue comme la seule force nationale solide et pure, autour de laquelle doit se faire l'union de l'Empire pour la libération aux côtés des Alliés, car c'est en nous que la patrie place sa confiance et sa fierté.* »

Le général de Gaulle ne pouvait tenir un autre langage à ces jeunes Français, dont certains avaient moins de 18 ans ! Ils étaient la poignée d'hommes qui l'avait rejoint en Angleterre, les seuls héros qui n'avaient pas accepté la défaite et se battaient depuis deux ans dans des conditions difficiles avec l'armement mesuré que les Anglais leur avaient attribué.

Ils se savaient peu estimés militairement en dehors des 900 légionnaires de la 13e demi-brigade revenant de Narvick. Ces derniers passaient en Angleterre et s'étaient ralliés au général de Gaulle. La plupart des autres, en dehors des marins, n'avaient jamais tenu une arme de leur vie. La discipline militaire, particulièrement chère aux Britanniques, leur importait peu. Ils étaient Français d'abord et se battaient du côté de ceux qui continuaient à se battre. Ils faisaient une totale confiance au général de Gaulle.

D'ailleurs, il était remarquable qu'en si peu de temps, celui-ci, malgré la retenue qu'il ressentait à l'égard de Roosevelt notamment, ait réagi en ménageant l'avenir : ne pas se couper de l'Afrique du Nord, l'associer au contraire dans le combat qu'il menait et dont il se déclarait le Chef.

Dès le 12 novembre, il ordonna à Leclerc de se préparer, pensa d'abord l'envoyer sur le Niger, puis se ravisa et, le 14, il prit une décision définitive : « *C'est à l'ennemi qu'il faut marcher; je vous prescrirai la date à laquelle vous devrez prendre l'offensive sur le Fezzan, je dis Fezzan.* » Il a bien perçu combien la VIIIe Armée de Montgomery progressait lentement, qu'un Leclerc par le Fezzan atteindrait la Méditerranée et le Sud tunisien dans les meilleurs délais.

Leclerc lui rendit compte : « *En cas de réussite de l'offensive Alliée en Afrique du Nord, rien ne m'empêchera d'atteindre le Sud tunisien. Quelles que soient les difficultés.* »

Ce que signale Jean-Louis Crémieux-Brilhac dans le chapitre qu'il a écrit à ce sujet. Complètement démuni pour traverser le Fezzan où se trouvaient des garnisons italiennes et se rendre du Tchad à Tunis : Leclerc répondit au général de Gaulle « *rien ne m'empêchera...* » Voilà le style propre à Leclerc et qui l'a rendu si cher à de Gaulle[8].

Le général de Gaulle organisa son action avec la France de l'intérieur. Il savait que celle-ci lui donnerait une stature différente. Jean Moulin fut promu responsable et arbitra des mouvements exécutés sous l'autorité du Comité de coordination exerçant le contrôle financier et technique de la résistance ralliée à la France Combattante en Zone Libre.

Enfin, il mit vite en œuvre une liaison constante avec les quelques éléments gaullistes se trouvant à Alger qui, après la réunion d'Anfa, le 23 janvier 1943, eurent une reconnaissance officielle dirigée, sur place, par le général Catroux et qui ne cessa de grossir avec la présence précieuse de Jean Monnet et de nombreuses autres personnalités.

Dès le ralliement de l'amiral Darlan, il envoya plusieurs télégrammes à Roosevelt, lui signalant le danger de s'allier à un territoire de France pétainiste, collaborant avec l'Allemagne. Roosevelt, qui avait reconnu Vichy où il avait un ambassadeur, n'en eut cure.

Darlan fit un choix qui le servit : arrêter les combats liés au débarquement en AFN, refuser en final une alliance militaire avec les Forces de l'Axe, reprendre la lutte à leurs côtés, que l'administration restât pétainiste lui importait peu pour le moment. L'important était la réussite du débarquement et il sut prendre les mesures de prudence nécessaires.

De Gaulle, furieux, lui rappela qu'il s'affirmait comme étant le chef de la France Libre, de la France Combattante et que sa place devrait être à Alger.

C'est à partir des mois d'octobre et de novembre que l'antagonisme entre Roosevelt et de Gaulle fut définitif.

*

* *

Quelques semaines plus tard, le 25 décembre, l'amiral Darlan fut assassiné par un jeune royaliste.

C'était un crime politique de plusieurs obédiences, seules les conséquences concernant le remaniement du commandement intéressaient directement l'Armée d'Afrique.

Il faut reconnaître que cet assassinat de l'amiral Darlan éclaircit la situation qui restait confuse parmi les Autorités alliées et le Commandement Français.

Le Conseil de l'Empire, réuni après la mort de Darlan, élit le général Giraud comme étant son successeur, non pas avec le titre de Haut-Commissaire, mais à sa demande celui de « Commandant en chef civil et militaire ». Giraud refusant tout rôle politique.

---

8. Jean-Louis Crémieux-Brilhac, *La France Libre*, Impression Novoprint, 3 janvier 2014.

La mort de Darlan soulagea de Gaulle, il ne reconnut pas le Conseil de l'Empire qu'il avait déjà créé à Brazzaville, écrivit à Giraud pour le rencontrer à Alger qui « très occupé » ne lui répondit pas.

Deuxième partie

La campagne de Tunisie

CHAPITRE 1

Préparations avant l'engagement des combats

Réactions des populations après Torch

Dès le 8 novembre dans la soirée, toute la population était avertie par le « téléphone arabe » du débarquement des Américains : c'était la grande liesse, la réalisation des promesses faites par Weygand et Juin concernant la guerre de libération. La population attendait Weygand, on lui parle de Giraud : un grand et fameux général. Elle est déçue, mais pour l'instant elle manifeste sa joie.

Ceux qui étaient dans la zone des débarquements se terraient chez eux pensant qu'il s'agissait d'un baroud d'honneur de quelques heures, inquiets cependant par l'intensité des combats. Un immense sentiment de liberté envahit tout le monde, d'autant que les commissions d'armistice s'étaient réfugiées dans leurs bâtiments d'où elles ne bougeaient plus, attendant d'être fait prisonnières à la satisfaction des populations qui avaient déjà l'impression d'avoir gagné la guerre ! Fit exception celle de Tunisie qui fut rapatriée par le premier avion allemand disponible.

Dans de nombreuses garnisons, l'inquiétude commençait à germer : que voulait dire cette mise en garde contre les Américains ? Qu'attendait Alger pour accueillir triomphalement les libérateurs ?

On percevait qu'au plus haut niveau il y avait des tiraillements entre la fidélité aux ordres du Maréchal et le ralliement aux Américains. Dans certaines garnisons, l'incrédulité dominait. Le capitaine Sourlier, par exemple, qui commandait une compagnie de tirailleurs à Marrakech écrivit : « *Un tirailleur vient le réveiller "Mon capitaine, il y a alerte... !" – "Comme par hasard, dis-je, c'est encore un dimanche qu'ils choisissent pour faire des exercices !" Quelques jours plus tard, il reçoit l'ordre d'établir un bouchon à 50 km environ de Safi. Un sous-officier vient rendre compte : "Mon capitaine 4 chars américains viennent de se mettre au carré dans la plaine à 300 m de notre position, ils sortent leur casse-croûte et préparent le café sans surveillance." Quatre volontaires (anciens moniteurs des milices espagnoles) demandent d'aller cueillir les 'amerlocks'. Je rends compte au colonel Flan qui refuse de faire le coup de main. On passe la nuit sur notre position, sans incident. Le lendemain matin, on reçoit la nouvelle : "la guerre avec l'Amérique est terminée !" On rejoint les Américains et on arrose cela ensemble ! Puis, ce furent quelques jours où les hésitations, le manque d'information, les avis contraires et les réactions différées nous mirent les nerfs à vif !*

Je me souviens que lorsque l'on a su que c'étaient des Américains qui débarquaient, le cœur n'y était plus pour les refouler. S'ils avaient été des Allemands, l'unanimité était totale pour se battre à outrance avec nos moyens désuets[1]. »

Cette réaction et ces sentiments exprimés par le capitaine Sourlier étaient partagés par la totalité des cadres de son unité. Ils étaient identiques à ceux inlassablement répétés depuis des mois par Weygand, Juin, les cadres civils et militaires : « *la revanche viendra avec l'aide, l'engagement des Américains.* » Très vite, tous les cœurs battirent à l'unisson derrière Giraud : très grand, beaucoup d'allure, soldat dans l'âme et le visage rayonnant de bonheur de reprendre le combat ! Il suscita immédiatement l'adhésion. L'armée comme la population « l'adoptèrent » unanimement.

La Tunisie méritait une place à part dans la mobilisation de l'Afrique du Nord en raison de sa situation géographique. La population réalisait vite que son territoire allait être le premier concerné.

Quelques jours plus tard, les départs précipités des unités stationnées le long de la côte tunisienne vers Tunis et les montagnes de l'intérieur donnèrent lieu à des scènes déchirantes. Si le sentiment de se battre enfin contre les Allemands remplissait les cadres et les hommes de joie, laisser leurs familles seules sur la côte les inquiétait terriblement.

Le lieutenant Fromentin du 1/4 RTT de Gabès écrivit : « *Une heure avant le rassemblement, nous avons embrassé une dernière fois nos familles. Nous avions bien conscience que nous devions les abandonner là dans cette garnison de l'extrême du Sud tunisien à la merci de l'ennemi, condamnées à subir les bombardements, les privations, voire l'affrontement des adversaires. Effectivement, ce fut pour elles un cauchemar de quatre longs mois de bombardements quotidiens et de souffrances. Et pour nous*

---

1. Colonel Sourlier, *Officier de troupe – Mes mémoires ou 26 ans sous la grenade à 7 flammes*. Sourlier est un officier légendaire à la Légion étrangère où il a eu la chance de toujours servir et de participer à toutes les campagnes : Italie, France, Indochine, Algérie... 4 fois blessé, 12 fois cité... Grand officier de la Légion d'honneur.

une épreuve inhumaine : en position vers Tébessa ou Pichon, nous voyions passer au-dessus de nos têtes les bombardiers lourds alliés, filant vers le sud-est déverser leur cargaison de mort sur Gabès[2]. » Il est vrai que l'on ne mentionne jamais les bombardements américains que supportèrent Tunis et les villes côtières, car les Américains visèrent surtout les entrepôts et installations militaires.

Se sont également posés quelques problèmes propres à l'armée tunisienne : désertions de quelques tirailleurs, pourtant fiers de servir dans leur régiment, qui ne pouvaient se résoudre à abandonner leur famille. Nombreux pillages, dès le départ de leur garnison, par des bandes tunisiennes qui se sentaient incontrôlées. Quelques dérobades devant la mobilisation. Certains Tunisiens proposèrent leurs services à l'ennemi. Cela ne dépassa pas les limites prévisibles en pareil cas. L'armée française étant absente, les rares colons barricadés, la population tentait d'être au mieux avec le nouvel occupant, surtout si celui-ci leur donnait des vêtements et de la laine qui ont fait défaut dans toute l'Afrique du Nord : les femmes détricotaient ou découpaient les vêtements anciens pour les remettre à la taille des enfants qui grandissaient. Les semelles étaient faites de vieux pneus... et les manteaux des tenues usagées des parents ! Alors les villageois tunisiens étaient heureux des tissus, de l'argent et de la nourriture que les Allemands distribuaient généreusement sous la coupe du « cher – ministre – Rahn, bras droit d'Abetz », qui avait si bien travaillé avec les autonomistes en Syrie et qui en Tunisie s'occupait du renseignement et du recrutement de Tunisiens.

Imaginons l'état d'esprit de ces jeunes officiers qui souhaitaient ardemment ouvrir le feu contre les Italo-Allemands et s'indignaient que des avions allemands pussent se poser impunément, devant eux, à El Aouïna, tous, cependant, firent preuve de discipline, la rage au cœur. Conscients cependant qu'il fallait gagner du temps pour que nos unités puissent rejoindre leurs positions de défense.

Les familles tunisiennes s'éloignaient de la côte, lorsqu'elles le pouvaient, rejoignant avec leurs enfants leurs villages, leurs familles ou des amis pour les héberger.

Les premières concernées étaient les familles juives européennes, 10 000 personnes environ. La population italienne, 100 000 personnes, était plongée dans une expectative inquiète. Si l'arrivée probable des Italiens n'était pas pour leur déplaire, ces derniers redoutaient d'être mis à contribution : engagements forcés ? Français et Italiens s'observaient ! Les Tunisiens attendaient des signes de la Régence mais le Bey se réfugiait

2. Recueil de témoignages par le général Daillier, *Nous étions alors capitaines à l'Armée d'Afrique*.

dans une prudente expectative, aimable avec tout le monde, recevant les émissaires allemands dont le conseiller Mölhausen, adjoint de l'inévitable « ministre plénipotentiaire », le docteur Rahn qui nous avait fait tant de mal auprès des nationalistes syriens en 1941. L'action de Moncef Bey demeura mesurée et prudente en pareille situation et le général Juin, en mai 43, après que l'amiral Esteva eut été emmené par les Allemands, assura à contrecœur l'intérim de résident général en Tunisie pour affirmer immédiatement la souveraineté française et signifia au Bey sa destitution tout en estimant qu'il ne la méritait pas. Le Bey, durant l'occupation allemande et italienne, toléra que des espions et quelques unités à la solde de Rahn se joignent aux forces de l'Axe mais n'engagea jamais l'armée tunisienne à leurs côtés, ne céda pas aux propositions de Mussolini de placer la Tunisie sous protectorat italien. Il ne comprit pas les motifs de sa destitution, refusa d'obtempérer, Juin dut faire montre d'autorité pour le faire quitter son palais... moments pénibles que le maréchal Juin raconta dans ses Mémoires. Le Bey, destitué, vécut et mourut à Pau.

Dès son arrivée, Rahn s'est apprêté activement à dresser les Tunisiens contre la présence de la France, contactant le Néo-Destour, parti de l'indépendance créé en 1932 par Bourguiba qui, depuis la révolte sanglante de Tunis en 1937, était interné en 1943 à Marseille. Il fut immédiatement libéré après l'armistice, rejoignit la Tunisie en passant par l'Italie. Bourguiba refusa de s'allier aux forces de l'Axe et resta fidèle à la France tout en maintenant sa volonté intransigeante d'obtenir un jour de la France une indépendance pleine et entière. Grande fut la déception de Rahn et des jeunes partisans du Néo-Destour, peu nombreux mais ralliés aux Allemands.

Rahn contribua activement à envoyer les volontaires tunisiens dans les unités allemandes. Peu nombreux, ils préféraient rester sur place, dénonçant les familles d'accueil, très souvent tunisiennes. Hélas, nos gendarmes obéirent aux ordres de l'amiral Esteva qui appliquait les ordres de Vichy. Ils furent contraints de perquisitionner, de dénoncer, d'arrêter et de livrer à l'ennemi les épouses de personnalités connues : ce fut le cas de Madame Granger, fille du général Giraud qui mourut en camp de déportation en Allemagne mais, dans l'adversité, des personnalités exceptionnelles se révélèrent : citons Madame Jurion, épouse du général adjoint ; Madame Pabst, épouse de l'officier de liaison du général Barré ; Suzanne Gandoet et tant d'autres qui trouvèrent « *normal* » d'avoir un comportement admirable.

Dans toutes les garnisons, sans en avoir reçu l'ordre officiel, dès le 8 novembre, les militaires se préparèrent hâtivement à partir : les cadres célibataires mettaient leurs cantines à l'abri dans les garages amis et, de toutes parts, c'était la ruée vers les boutiques d'alimentation : nouilles, farine, café, riz, huile et sucre, denrées déjà rares et surtout le lait. Le lait en poudre et les boîtes de singe firent leur apparition plus tard. Avec les derniers sous, on achetait, à deux ménages le plus souvent, un cochon chez les colons du coin qui, par la suite, furent assez peu partageurs, il faut bien le reconnaître, car en Afrique du Nord, on souffrit de la faim autant que dans le midi de la France. Se nourrir devint la préoccupation quotidienne des familles, surtout celles qui élevaient de jeunes enfants. Toutes comptèrent rapidement sur les Américains pour recevoir du beurre, du lait en poudre, de la farine ; ceux-ci, pressés de débarquer d'abord leurs chars lourds, firent néanmoins un réel effort pour ravitailler et se rallier les populations !

La mobilisation

En fait, la mobilisation commença officiellement dès le 9 novembre : rappel en priorité des réservistes et convocation de nombreuses classes, leur enjoignant de rejoindre leurs unités ou leurs centres d'instruction.

Grâce au remarquable travail des Sections d'Études durant la période 40-42 et à la disponibilité de toutes les populations, la mobilisation en Afrique du Nord fut rapide, efficace, ordonnée. Militaires, civils, chacun s'attela à ouvrir les caches et rassembler matériels blindés et de transport, armements, munitions soigneusement camouflés. « *Histoire amusante : le matériel récupéré sur l'ennemi sera on ne peut plus le bienvenu. Deux goumiers arrêtent l'officier italien qui tentait de rejoindre la Tunisie au volant d'une Volkswagen tout terrain. Après être montés à bord, ne parlant pas la langue de Dante, ils ont trouvé un ingénieux moyen pour communiquer avec le conducteur : avec la pointe d'un couteau, ils lui piquent plus ou moins fort le bras droit ou le bras gauche pour lui indiquer le chemin à suivre*[3] *!* » Le colonel Négrier, alors capitaine, fut chargé d'assurer la liaison avec le commandement américain et prit à plusieurs reprises des risques importants. Il rendit de grands services au général Koeltz, à l'état-major duquel il était affecté, qui l'appréciait beaucoup.

Outre le rappel dans leurs unités des personnels anciennement affectés, des unités nouvelles furent mises sur pied et, après une instruction sommaire, rejoignirent le front.

La population de souche française, de 17 à 45 ans, se mobilisa avec enthousiasme : sur 27 classes d'âge, 19 furent effectivement incorporées et rejoingnirent le front ou assurèrent la sécurité des territoires (166 000 hommes et 10 000 femmes volontaires), soit 16,4 % de la population. Les Pieds-Noirs, comme on appelle les populations d'origine européenne, furent extraordinaires d'allant et de bravoure. La population indigène fit un effort proportionnellement moins impressionnant mais remarquable, mobilisant 233 000 hommes, auxquels s'ajoutèrent les 77 000 volontaires venus de l'Afrique Occidentale Française.

---

3. *Souvenirs Négrier*, Archives de La Saint-Cyrienne.

Le général Koeltz, lorsqu'il commanda le Corps d'Armée Français (CAF), fit les éloges des montagnards d'Afrique du Nord : Arabes, Berbères de l'Atlas, Kabyles d'Algérie, les Goumiers du Maroc et les Kroumirs, autres montagnards des confins algéro-tunisiens, tous étant des guerriers redoutables, sachant se battre et survivre dans les pires conditions. Leur comportement fit l'admiration de tout le monde : Français, Anglais, Américains. Ils contribuèrent fortement dans les régions montagneuses aux succès de nos forces et à celles des Alliés. De nombreux Tabors (bataillons de Goumiers ou de Kroumirs) furent détachés auprès des Corps d'Armée Alliés pour s'emparer et tenir « les hauts », recherchant le contact physique avec l'ennemi qui les craignait, permettant la progression des engins blindés et motorisés alliés dans les vallées.

*
* *

On imagine mal l'enrôlement et le départ immédiat de populations comme les Kroumirs, par exemple, populations du sud-algérien et tunisien qui vivaient en familles regroupées dans des villages éloignés de centres plus importants. Encadrés par des officiers des Affaires indigènes, ils aimaient bien s'entraîner et faire le coup de feu pendant quelques jours à proximité de chez eux avec un encadrement européen réduit mais il n'était pas question pour eux de s'éloigner de leurs douars sans que l'on mettât en place un dispositif de protection avec l'assurance que leurs familles seraient nourries, soignées. Les unités mobilisées mises à la disposition des officiers des Affaires indigènes, les Pieds-Noirs accompagnés d'« assistantes sociales volontaires » organisèrent des dispositifs pratiques, ressemblant avec les moyens du bord à ceux de nos SAS plus tard, et déployèrent des trésors de débrouillardise et de patience !

Enfin, il serait impardonnable de ne pas citer le rôle des femmes durant la campagne de Tunisie.

Que les femmes se soient rendues utiles au sein de l'armée n'a jamais été exceptionnel au cours de l'Histoire. En Tunisie, dès les premières mesures prises de mobilisation, l'armée fit appel à des volontaires féminines qui refusèrent de rester des auxiliaires, aptes à remplir des postes de bureau avec un statut civil. Sous l'impulsion du colonel Merlin, elles furent militarisées et le général Giraud créa en novembre 42 un Corps Féminin Auxiliaire limité aux Transmissions mais vite étendu à toutes les tâches nécessitant des spécialistes formées dans un centre d'instruction à Rabat, au centre d'Hydra à Alger puis, quand cela devint possible, à l'école de cadres de Salambô.

Les cadres masculins les plus réfractaires avaient vite compris qu'une femme libérait un combattant supplémentaire ! La Tunisie fut le point de départ de ces compagnies de santé, n'hésitant pas à s'occuper des blessés, au plus près des zones de combat, les transportant vers des véhicules sanitaires et des antennes chirurgicales qui, l'année suivante, rendirent des services inestimables en Italie. Tous gardèrent un souvenir inoubliable de la comtesse du Luart, appelée, dès la Tunisie, « *marrain... sans e... par les légionnaires du 1er REC !* » et de la très efficace générale Catroux : « *la reine Margot* » qui ne manquait pas de caractère! Dire que l'Afrique du Nord était prête en 1942 à reprendre le combat serait exagéré, mais on reste admiratif devant les actions discrètes, désintéressées, courageusement menées par des milliers d'Algériens : Français de souche, Pieds-Noirs, indigènes, les femmes comme les hommes.

Et les enfants ? Les plus grands se racontaient les exploits de leurs pères, très amplifiés ! Chaque matin dans la cour de l'école, au lever des couleurs, en rangs serrés et tabliers noirs, chant obligatoire : *Maréchal, nous voilà...* Puis, ce chant fut interdit un jour sans explication et remplacé par : *C'est nous les Africains qui revenons de loin...*, dont l'entrain plaisait davantage. Aux bords des trottoirs, au passage des véhicules chargés d'Américains, les enfants applaudissaient tandis que fusaient leurs demandes « *chewing-gum ! chewing-gum !* » que les GI leur lançaient avec un large sourire !

L'effort de mobilisation porta ses fruits. Il permit à l'Armée d'Afrique de recevoir dès fin novembre des mobilisés venant compléter leurs pertes de novembre, celles à venir de décembre à mars et de « tenir », en attendant l'aide déterminante des Alliés.

CHAPITRE 2

Géographie et plan de défense de la Tunisie

Avant de décrire la géographie de la Tunisie, il est intéressant de rappeler que Kairouan, ville sainte de l'Islam, rappelle que la Tunisie fut un centre spirituel musulman à partir duquel l'Islam conquit la Sicile et même s'installa dans les régions Maures.

Géographie

Le général Juin était alors le meilleur connaisseur des populations d'Afrique du Nord et du milieu dans lequel elles vivaient. Homme de terrain, nul ne pouvait mieux que lui faire une description synthétique de la géographie de la Tunisie :

« *D'une part, il apparaît nettement que la Tunisie n'est que le prolongement naturel vers l'est du Constantinois, mais avec une individualité très marquée due à un infléchissement vers le sud de sa côte orientale qui la fait regarder du côté du Levant. Un adversaire venant de l'est peut entrer en Tunisie par les ports de Bizerte et de Tunis, lesquels donnent accès à la route tellurienne de la Medjerda.*

D'autre part, son relief est caractérisé par l'existence d'une Grande Dorsale tunisienne, prolongement de l'Atlas saharien, qui remonte en diagonale de Tébessa jusqu'au cap Bon et s'interpose entre son Tell resserré au nord et une région de steppes largement épanouie dans le renflement de Sfax.

La Grande Dorsale se subdivise en deux branches dans sa partie médiane et une faille gigantesque s'y accroche qui, du nord au sud, s'en vient sillonner toute la région de steppes, ne livrant passage qu'à quelques échancrures conduisant en Algérie par la Tripolitaine d'où l'ennemi peut aisément gagner, et par une bonne route, la zone des steppes en passant par le goulet de Mareth entre la mer et le massif de la Matmata. Ce goulet franchi, il peut remonter sur Tunis par la voie côtière ou s'infléchir à l'ouest pour pénétrer en Algérie par Tébessa, reliée à Gabès par une autre route, excellente, construite à la veille de la guerre dans le cadre de la ligne Mareth.

L'accès par le nord venant de la mer se peut interdire par la défense des ports de Tunis et Bizerte. Mais Tunis, qui n'offre d'ailleurs qu'un mauvais port, est en réalité peu défendable. En cas d'agression par surprise, il a toujours paru préférable pour couvrir la communication avec l'Algérie, de s'accrocher à Bizerte d'une part et à la dorsale de l'autre, à l'aplomb de Zaghouan, la ligne s'incurvant au sud peut être barrée par le goulet de Mareth et c'est la raison pour laquelle une ligne parsemée de blockhaus reliés par des réseaux de mines et barbelés y avait été établie avant la guerre par le général de Lattre. Il voulait faire du Sahel de Sousse un "pré carré", n'envisageant pas une action menée par le nord... alors que nous ne possédions que quelques chars démodés pour défendre une zone favorable à une attaque blindée. »

Il est intéressant de décrire précisément les zones où se déroulèrent les combats en accompagnant les principales actions par des schémas.

On retiendra des caractéristiques géographiques signalées :

- L'importance primordiale de la vallée de la Medjerda : voie la plus directe vers l'Algérie par Souk Ahras, qu'il faudrait interdire à tout prix à hauteur de Medjez el-Bab ainsi que l'accès par le sud au Kef, carrefour des routes venant de la côte tunisienne.
- La Grande Dorsale tunisienne qui partant du cap Bon se dirige vers le sud-ouest par le djebel Zaghouan, le Fkirine, le Chirich, le Bargou, le Serdj, le Kessera, le Semmama et le Chambi qui passe au sud de Tébessa et se raccroche aux Nementchas en Algérie. Cette série de massifs séparés par de profonds ravins favorisent le combat de troupes à pied. L'Armée d'Afrique, dépourvue de matériels modernes, y livra d'âpres combats.
- La Dorsale Orientale se détache de la Grande au djebel Chirich, avec la nécessité d'interdire les reliefs et nombreux passages obligés : Pichon, le Fondouk, Hadjed el-Aïoun, Sbeïtla, Kasserine, col du Faïd, qui permettent d'accéder à la vaste région de steppes et de mamelons qui descendent vers le sud depuis Ousseltia, Sbiba, Gafsa en s'évasant jusqu'au Chott el-Djerid.

  Les localités, les routes qui mènent au Kef : à Thala ou à Tébessa par contournement par le nord Haidra, Rohia à l'est.
- Le rôle capital du môle de Tébessa commandant l'accès au Constantinois ou la remontée vers Bône. Tébessa est vulnérable bien que protégée par un terrain difficile car irrégulier, varié, parsemé de

montagnes isolées, coupé de lits d'oueds desséchés. L'occupation de ces massifs peu élevés (6 à 800 mètres) par des unités françaises d'infanterie démunies de blindés permit de couvrir la progression des blindés américains. L'avantage initial de cette situation géographique devint une gêne par la suite car difficile à en garder le contrôle : elle facilita la contre-offensive des chars et des troupes aguerries de Rommel.

- L'existence de la vaste région de steppes au sud de la Tunisie jusqu'au Chott el-Djerid traversée d'ouest en est par les monts de Gafsa : voie d'accès millénaire de la Tripolitaine vers le Constantinois et qui devint le théâtre de très violents combats lors des contre-offensives de Rommel.

Enfin signalons les difficultés de déplacement :

- La route côtière proche de la Méditerranée, étroite et encaissée, qui gêna la progression des Anglais vers Tunis.
- Le système routier précaire et les communications ferroviaires réduites à une voie unique, étroite et tortueuse, qui retardèrent considérablement l'arrivée des unités américaines.

Plan de défense

Sur un théâtre d'opérations aux choix difficiles, Weygand puis Juin gardèrent à l'esprit la possibilité permanente pour les Germano-Italiens d'envahir l'Afrique du Nord par la combinaison d'une offensive terrestre par la Tripolitaine et, simultanément, des débarquements aériens ou aéronavals sur Bizerte à partir de la Sicile et de l'Italie.

Une opération du style de l'action aéroportée en Crète était rendue possible par leur supériorité aérienne et navale à partir de leurs bases méditerranéennes.

Juin, en homme de terrain, avait conclu qu'il était inutile d'engager toutes ses forces dans la défense de la ligne Mareth alors qu'elle était un terrain très favorable à une attaque blindée que nous n'avions pas les moyens de contrer. De même, il ne fallait pas tout sacrifier à la défense de Tunis-Bizerte, proies faciles à une action aéroportée soutenue par une action navale. Il le dit et l'exprima très fermement dans ses ordres du jour : « *ne pas jouer le sort de l'Afrique du Nord dans une seule bataille défensive dont le résultat pourrait être la destruction ou la capture des forces mobiles de l'armée dans la plaine du Sahel : Sousse-Gabès-Gafsa où les forces mécaniques et motorisées auraient beau jeu*[1]. »

Dans son « instruction personnelle et secrète » (IPS) du 9 mai 1942 – directive qui servit de référence à la défense de la Tunisie dès la reprise des

1. Mémoires du maréchal Juin.

hostilités –, il exprima son idée de manœuvre et confirma, faute des moyens nécessaires, l'abandon de la défense de la Tunisie à hauteur de Mareth. Il précisa que « *la bataille se livrera donc autour de Bizerte constitué en camp retranché et dans la région de Béja-oued Zarga-Téboursouk, dont la possession était indispensable pour le maintien des communications avec l'Algérie comme pour toute contre-offensive sur le flanc de l'ennemi assiégeant Bizerte* ». Gabès, Sfax, Sousse et Tunis n'ont pas dû faire l'objet d'une bataille acharnée. En revanche, leurs ports et terrains d'aviation furent rendus inutilisables.

Il est à remarquer que, se plaçant du côté germano-italien, le contrôle de la région côtière s'imposa immédiatement afin de permettre la jonction de leurs forces au nord de la Tunisie et celles arrivant de Tripolitaine. Pour protéger cette côte, l'ennemi devait contrôler également les nombreux passages et cols pénétrant à l'intérieur de la longue Dorsale Orientale : Djelloula, Pichon, Fondouk et Said, permettant d'attaquer de flanc leurs forces ou d'empêcher leur jonction... et leur ravitaillement.

Juin exigea avant tout le maintien des communications avec l'Algérie et notamment de la rocade reliant Tunis à Souk Ahras par Béja. Ce qu'il souligna de sa main dans son IPS du 9 mai 42. À cet effet, il voulut absolument conserver la région montagneuse au nord d'une ligne Béja-oued Zarga-Téboursouk tout en retardant une pénétration ennemie à l'intérieur de la Dorsale Orientale.

Cette instruction du général Juin du 9 mai 42 confirmait clairement son idée de manœuvre et précisait les attributions et le rôle de ses grands subordonnés :

- Le commandement supérieur de la défense de Bizerte fut confié au contre-amiral Derrien placé cependant aux ordres du vice-amiral Esteva, résident général de Tunisie. L'amiral Derrien disposait des garnisons de Bizerte et Tunis, renforcées par 3 bataillons mis à sa disposition par le général Barré.
- Le commandement de la Tunisie fut confié au général Barré, commandant supérieur des troupes de Tunisie (CSTT) avec mission d'interdire la progression ennemie par la vallée de la Medjerda et de la région montagneuse à l'est de Béja. Le général Barré disposait à cet effet d'une brigade légère mécanique (BLM), de cinq bataillons sur huit : trois bataillons étant mis à la disposition de l'amiral Derrien. Il disposait du soutien de la division de marche de Constantine (DMC).
- Le général Welvert fut chargé de mener une action retardatrice depuis Gafsa et de la défense de Tébessa. Il disposait de la DMC et du soutien à venir de la division de marche d'Oran (DMO).

- Le commandement des unités de l'Est saharien, confié au général Delay, disposait des unités installées dans les régions du sud. Quant au groupement dit des territoires de Tougourt et des Oasis, il surveilla les espaces désertiques s'étendant jusqu'à Djanet !
- Enfin, les réserves, à la disposition du général commandant le théâtre d'opérations, furent constituées par la brigade légère mécanique d'Oran (BLM), 2 divisions de marche du Maroc (DMM) et un groupe mobile promis par la métropole (promesse très aléatoire !).

Carte 2 – Le plan de défense de Juin

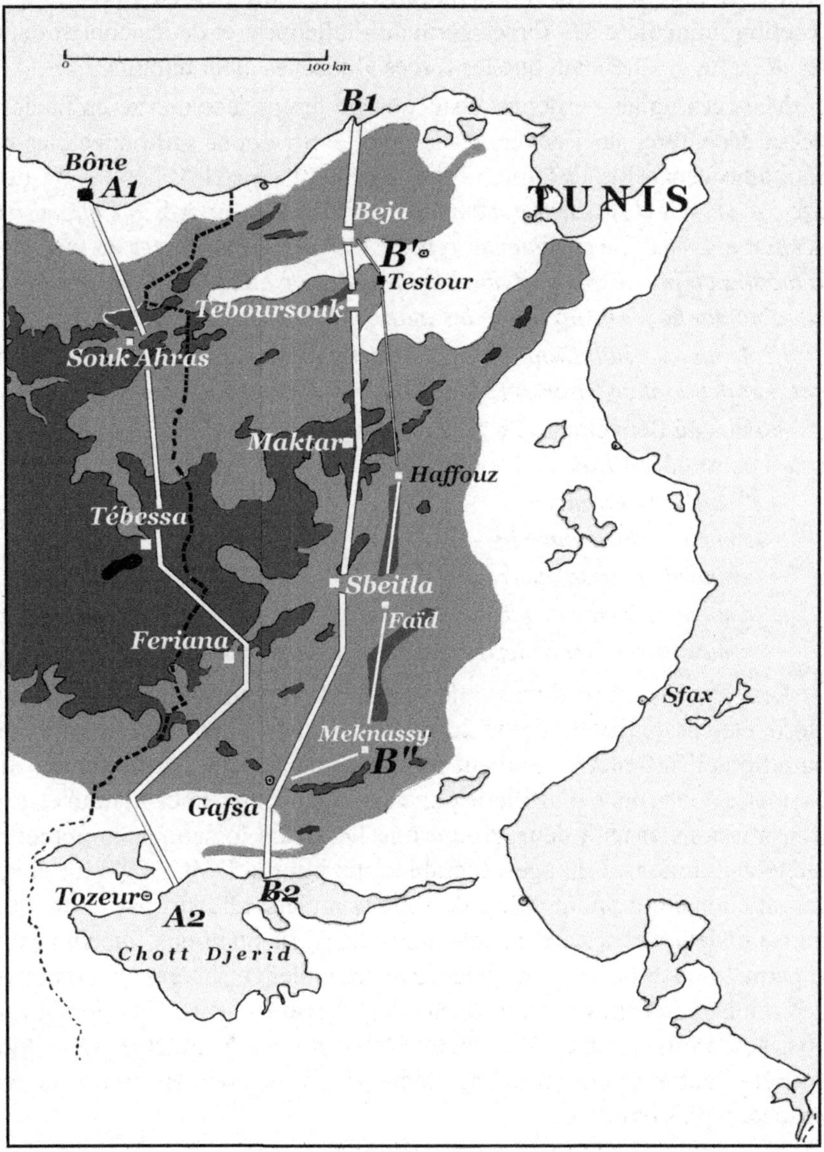

Forces stationnées en Afrique du Nord début 1942

La composition initiale du corps de bataille comprenait les troupes de Tunisie, environ 12 000 hommes sans compter la division de marche de Constantine (DMC) et, à venir, les 2 divisions de marche restantes de l'Algérie (DMA), les 2 du Maroc ainsi que 2 brigades légères mécaniques (BLM mises sur pied en Algérie et au Maroc).

Cette armée comptait 60 à 80 000 hommes, instruits et impatients de reprendre le combat contre les Allemands et les Italiens, en dépit d'un armement vétuste et désuet. Ces hommes se montrèrent capables, rapidement renforcés par les unités mobilisées, de faire face en Tunisie à une réaction immédiate des forces germano-italiennes, et de les contenir sur les dorsales en attendant que les forces alliées les aient rejoints.

Mais ces unités perdèrent beaucoup de temps à se mettre en place : début décembre, sur l'envers d'une vieille enveloppe griffonnée par un capitaine venant de l'Oranie – plus sûrement de Bel Abbès ! – on put lire : « *au sud d'Alger, longueur convoi 250 km... arrivés à l'étape, on décharge, les meilleurs véhicules repartent en arrière ramasser les gens des véhicules en panne qui sont abandonnés. Pas de bons pneus de rechange. On abandonne... on surcharge les autres... QUELLE ÉQUIPÉE !!!*

El Aroussa... Bataillon de la DCA britannique... on nous invite à un pot... et pendant ce temps on leur pique 5 Thomson ! »

Au dos de l'enveloppe : « *les hommes se consolent par des chants en cours de route sur l'air de* Mon légionnaire *:*

> *"La légion Étrangère,*
> *comme de bien entendu,*
> *est partie pour la guerre...*
> *comme de bien entendu,*
> *armée de ses lance-pierres... comme de bien entendu !"* »

Les effectifs d'une division de marche, la grande unité d'Afrique du Nord, étaient de l'ordre d'une dizaine de milliers d'hommes : six à neuf bataillons d'infanterie, souvent renforcés de Tabors ; un régiment de cavalerie ; un groupe d'artillerie ; une compagnie du génie, du train et des transmissions et un à deux groupes de DCA. La logistique comprenait quelques camions d'un âge vénérable : dix pour la DMC ! Elle fut donc essentiellement hippomobile : de solides mulets, affectés par unité, qui transportaient certains armements (mitrailleuses), munitions, impedimenta et parmi lesquels on trouvait également « les mules cuisinières ! ». Pourquoi des mulets, des ânes parfois et pas des chevaux ? Parce que le cheval pose ses sabots l'un à côté de l'autre ; l'âne comme le mulet les pose l'un derrière l'autre, ce qui lui permet de passer par des sentiers en montagne beaucoup plus étroits !

Et puis le mulet tire moins fort que le cheval et porte plus lourd. Enfin, là où le camion s'embourbe, le char patine, le mulet s'enfonce jusqu'au ventre et avance bravement soulevant les mottes de terre qui s'accrochent à ses sabots.

Comme la plupart des jeunes officiers le signalèrent avec une inquiétude bien compréhensible, l'immensité du terrain à couvrir, à contrôler, exiga fréquemment qu'une compagnie soit isolée, voire une section, à plusieurs kilomètres les unes des autres !

Le bataillon comprenait quatre compagnies, chacune disposant d'une section de mitrailleuses avec quatre Hotchkiss, deux mortiers de 81 et quatre sections de fusiliers voltigeurs ayant chacune un groupe de lance-grenades. Le transport des paquetages, vivres, munitions et cuisines muletières s'effectuait à dos de mulets (36 brèles en principe, 15 le plus souvent par compagnie). L'armement était ancien : le fusil 07/15, déjà en service durant la guerre de 14-18 ; un fusil mitrailleur 24-29 par groupe, seule arme excellente mais aux capacités inférieures à la MG allemande.

Le capitaine de Torquat, qui commandait la 2e Cie de la DBLE (la moitié seulement des effectifs de la 13e DBLE, Légion étrangère, s'était ralliée en Angleterre au général de Gaulle en revenant de Narvick, l'autre moitié avait rejoint Bel Abbès, berceau de la Légion), décrivit l'équipement de ses hommes alors qu'ils allaient combattre en avril 43 près du djebel Mansour dont la vue plongeait sur la plaine de Bou Arada et, les beaux jours (très rares), jusqu'à apercevoir Tunis dans le lointain. « *Mes chefs de sections n'avaient pas de cartes. Notre équipement était composé d'un blouson, d'un pantalon de drap avec guêtres anglaises et la capote car il faisait très froid, le casque français, bretelles de suspension et cartouchières en cuir. Durant quatre mois, aucune relève, pas question de changer de pantalon et de chaussures !*

À partir du bataillon, on forme des groupements, sous-groupements agissant isolément ou intégrés dans des dispositifs alliés quand cela sera possible[2]. »

- En dehors des deux brigades mécaniques légères (BLM), composées de chars anciens, il n'existait pas de blindés, 10 canons-antichars (de chars moyens, ne disposant pas d'un blindage avant renforcé), quelques mines par bataillon, pas de détecteurs de mines.
- L'artillerie était à base de canons de 75 mm qui ne perçaient pas le blindage des chars adverses, ni empêchaient leur progression étant de moindre portée.

---

2. Souvenirs de campagne écrits par le général de Torquat en 1986, à la demande du général Olié, sous le titre *Long Monologue*.

- L'aviation française, surclassée par l'aviation allemande, eut une action très limitée, faute de soutien et de carburant. Il fallut attendre mars 43 pour que l'aviation américaine, basée au Maroc, intervînt massivement et dominât l'aviation germano-italienne.

Quant à l'appui aérien, rares étaient les unités qui furent soutenues car nos Dewoitine 500 et nos Curtis étaient en mal de pilotes de chasse et de soutien, mais elles bénirent les rares interventions à basse altitude de nos avions à cocardes bleu-blanc-rouge.

À ces forces, il convient d'ajouter au moment venu, ce que l'excellente préparation d'une mobilisation clandestine permit d'acheminer de combattants vers le front pour combler les pertes, soutenir les divisions par la création de nouvelles unités, les approvisionner en vivres, armements, munitions, matériels... et apporter une aide médicale, essentiellement féminine, qui fut fortement mise à contribution.

Pour le suivi des combats à venir, il a paru utile de détailler sommairement, en annexe, les compositions des unités, le nom de leurs chefs, leurs armements et équipements !

Fin novembre 1942, en un mois, l'Armée d'Afrique se montra capable de mettre en ligne quatre divisions contre deux essentiellement anglaises, pour les armées Alliées.

C'est un point final à la période dite d'armistice ; la dissolution de l'armée, le sabordage de la Flotte dégagent de toute allégeance ceux qui désiraient suivre la voix de leur conscience et rejoindre leurs camarades d'Afrique du Nord qui avaient repris le combat contre l'Allemagne. Dès lors, un flot ininterrompu de Français allait franchir les Pyrénées et se joindre aux combattants d'Afrique du Nord. La plupart savaient qu'ils seraient arrêtés dès leur entrée ou durant leur passage en Espagne où ils resteraient de longs mois dans les prisons espagnoles : la prison de Miranda, notamment. Les Espagnols appliquaient les conventions de Genève : l'intéressé était reconduit à la frontière de son choix s'il appartenait à l'une des catégories suivantes ; prisonnier de guerre évadé, âgé de plus de 40 ans ou de moins de 18 ans ou réformé.

Les volontaires arrivaient rapidement à se faire classer dans l'une de ces catégories. Ils étaient alors pris en charge par une autorité consulaire qui les dirigeait vers Gibraltar, le Portugal ou l'Angleterre et parvenaient finalement à Oran ou Casablanca.

Les évadés de France étaient jeunes, très jeunes ou anciens, militaires de tous grades en active ou de réserves et de nombreux civils.

Ils étaient très bien accueillis en Afrique du Nord, ceux qui refusaient d'être recrutés par les FFL recevaient une lettre nominative de félicitations du général Giraud, choisissaient leur corps d'affectation ; ils constituaient un apport précieux où les cadres et les spécialistes étaient toujours en nombre insuffisant. Ils étaient le résultat d'une mobilisation préparée d'une manière magistrale.

CHAPITRE 3

Vers l'ouverture du feu

Sans détailler l'imbroglio des débats et volte-face politiques liées à l'opération Torch, il est intéressant de suivre le déroulement des mesures militaires et des principaux événements qui concernent l'Armée d'Afrique et qui ont précédé le début des hostilités le 19 novembre 1942.

Nuit et journée du 8 novembre en Tunisie

Bien que les objectifs de la flotte anglo-américaine parussent le 8 novembre limités à l'Algérie et au Maroc, l'amiral Esteva, profondément fidèle au Maréchal, convoqua le général Barré afin qu'il prescrivît la mise en place du dispositif de défense du littoral tunisien prévue dans son instruction du 22 août 42. Esteva décida en outre, sur ordre de l'amiral Darlan, l'obstruction des ports de Bizerte, Tunis, Sfax et Gabès. Ce qui fut fait le 9 à Bizerte sur ordre de l'amiral Derrien suivi d'un compte rendu à l'amiral Darlan.

Le général Barré adressa aux troupes un ordre général dans lequel il annonça l'attaque anglo-saxonne et rappela le devoir d'obéissance au Maréchal. Ce qui mit en confiance Esteva.

Juin, comme nous l'avons vu, téléphona à Barré et lui dit d'ouvrir le feu sur les premiers Allemands qui se présenteraient. Barré, ami d'École de Guerre de Juin, lui affirma « *qu'il est de son côté* » mais refusa de s'exécuter. Barré mit en alerte toutes les troupes de Tunisie, leur prescrivant également de reprendre les dépôts d'armes et de munitions cachés aux commissions d'armistice, ce que les unités en garnison exécutèrent avec empressement.

Dans la soirée, l'amiral Darlan approuva les ordres donnés par l'amiral Esteva au général Barré, notamment le bouclage de la rade de Bizerte. En réalité, Darlan et Esteva craignaient un débarquement américain à Bizerte et Juin celui d'une action aéroportée allemande.

Délirant de joie, l'amiral Derrien, ne doutant pas que l'on allait agir contre les Allemands, prévint ses troupes par une note si enthousiaste : « *Allez-y de tout votre cœur ! Hourrah ! on va taper sur les boches !* » que l'amiral Esteva fit annuler aussitôt, rassurant l'émissaire allemand arrivé à Tunis dès l'annonce du débarquement.

Carte 3 – Situation le 8 novembre 1942

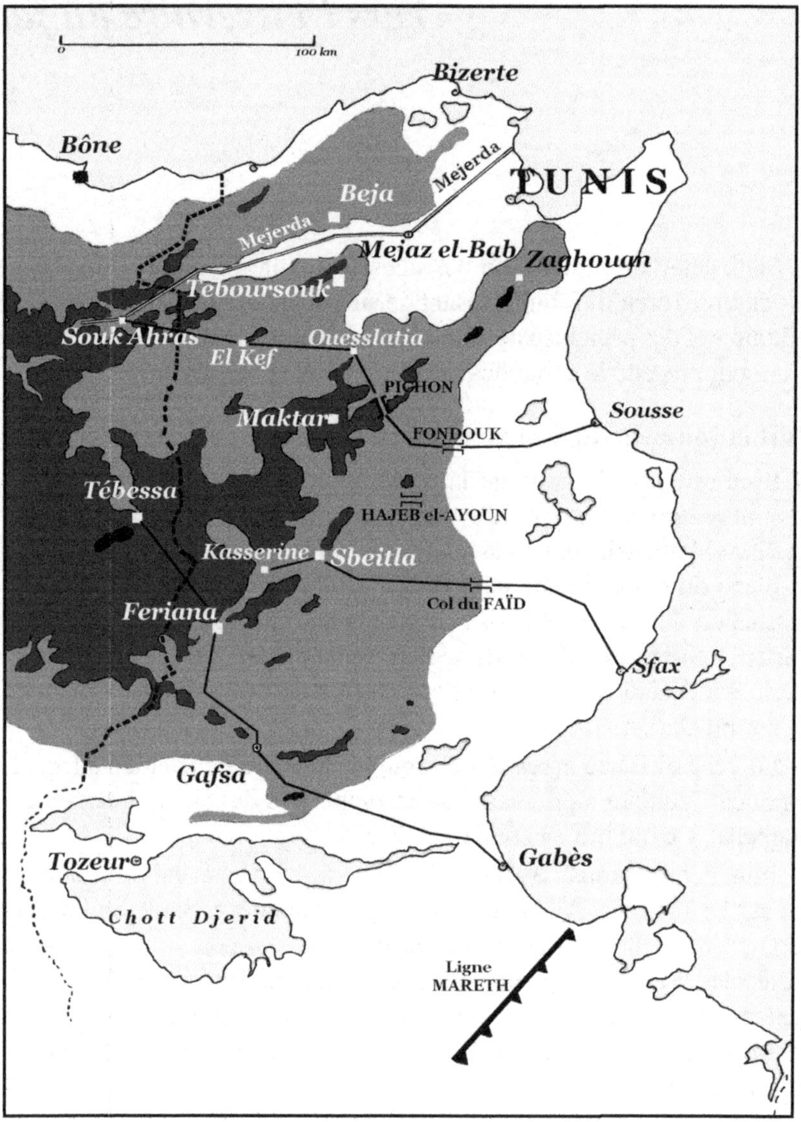

Le général Barré, commandant en chef des troupes tunisiennes (CSTT) et de la division militaire de Constantine (DMC), proposa à l'amiral Darlan et à l'amiral Esteva de regrouper ses forces sur la ligne Tabarka, le Kef, Maktar, Gafsa. Première ligne de défense définie par l'instruction personnelle et secrète du 9 mai 1942 du général Juin, destinée à assurer la couverture de l'Algérie. Proposition habile de Barré qui recueillit l'assentiment et de Darlan et d'Esteva ayant reçu de Vichy l'ordre du général Bridoux, secrétaire d'État à la guerre, « *d'éviter le mélange des unités débarquées avec les unités françaises* ».

Le général Barré précisa qu'il resterait à son poste pour « *maintenir le plus longtemps possible la fiction de la neutralité* » et constituer une réserve opérationnelle non loin de Tunis. Barré dans ses Mémoires affirme qu'il s'agissait d'un dispositif « réversible » adapté à toutes les situations, rassurant ainsi Darlan et Esteva. Ce qui est parfaitement exact.

En qualité de commandant de l'ensemble du théâtre d'opérations Est, le général Barré rédigea un « ordre général N° 1 » qui confirma la mission déjà donnée à la division de Constantine de « Faire face à l'Ouest et au Nord », de mettre à sa disposition un détachement qui fut commandé par le colonel Lorber (un bataillon, deux batteries, un escadron moto, une patrouille d'automitrailleuses) chargé de se rendre à Souk Ahras afin de couvrir la direction de Tunis et d'intervenir en direction de Tabarka pour interdire tout débarquement sur le littoral Nord.

Dans la journée du 8, les aérodromes aux portes de Tunis d'El Aouïna et de Sidi Ahmed furent évacués, sur ordre du général Péquin, commandant les forces aériennes de Tunisie après accord du général Barré. Les groupes aériens français furent desserrés à Djedeïda, aérodrome de Bizerte : les commissions d'armistice ayant soigneusement veillé à ce qu'elles ne disposassent pas de soutien.

Bizerte, dans les plans de défense, dut former une place forte avec ses batteries antiaériennes, son aérodrome et son renforcement des 3 000 marins par 3 bataillons prélevés sur les forces du général Barré.

Le colonel Gérardot, commandant le groupement de bombardiers et de chasseurs, a d'abord pensé se rebeller en recevant les directives de neutralité. Puis après avoir exécuté l'ordre, il partit – s'est enfui mentionna le compte rendu – vers l'Algérie à bord d'un avion avec deux officiers.

Le général Barré signala immédiatement cette désertion par un télégramme à Vichy l'alertant sur les réactions qui déjà apparaissaient au sein de son état-major et des commandants des garnisons. Il ajouta qu'il lui paraissait difficile de contenir la forte émotion parmi les troupes et la population que l'arrivée d'avions allemands soulèverait.

Dès le 10 novembre, il profita du temps gagné pour faire remonter vers le nord ses bataillons de leurs garnisons le long de la côte.

Mise en place de la Division de Marche de Constantine (DMC)

La DMC avait été rattachée au CSTT (général Barré) au moment de la répartition des commandements afin de lui permettre de défendre les accès de la Dorsale Orientale et du Sud tunisien. Leur contrôle aurait permis aux forces de l'Axe se repliant de Tripolitaine de pénétrer en Algérie jusqu'à Tébessa et de poursuivre vers Constantine.

Compte tenu de son dénuement en moyens motorisés, l'urgence de la mise en place de la DMC, commandée par le général Welvert, était une priorité qui n'avait pas échappé aux généraux Juin et Barré. Il fallait, tout au long de la Dorsale Orientale, faire face à un débarquement sur la côte tunisienne de Sousse à Gabès par des unités allemandes et italiennes qui chercheraient immédiatement à envoyer des reconnaissances vers les cols et passages pour savoir s'ils étaient tenus.

Aussi, reçut-elle, dès le 8 novembre, l'ordre du général Barré, qui fut suivi d'exécution le 10 dans la nuit, de se tenir prête à faire mouvement vers le nord. L'amiral Darlan et l'amiral Esteva ne s'étaient pas opposés à ce rapprochement de la DMC. D'autant que le général Barré, ayant pris la précaution de prescrire à la DMC de se préparer à faire mouvement « vers le nord », les rassurait sur un possible débarquement britannique vers Bône ou Tunis !

Le 13 novembre, les avant-gardes de la DMC arrivèrent dans la région de Tébessa (1er, 7e et 9e RTA, 15e RTS, 3e RCA, 67e RAA).

Il est intéressant d'avoir un témoignage lors de la mise en place de cette grande unité et celui de la vie quotidienne menée par de jeunes officiers, bien loin d'Alger et de Tunis durant cette période agitée, attendant de leurs chefs directs l'ordre de faire mouvement vers où, ils ne le savaient pas encore, préoccupés seulement de préparer leur unité.

Le récit du lieutenant Lapouge du 7e RTA est intéressant à suivre car il pourrait être celui de chaque commandant d'unité.

Jeune officier rejoignant la DMC, sa première affectation, Lapouge tint un carnet de notes quotidien[1]. Il faut avouer qu'il est bien rare qu'un officier trouve les quelques minutes pour raconter sa journée ! Ce carnet, étant donné l'honnêteté de son auteur, a le mérite de nous donner des impressions prises sur le vif.

Lapouge s'attacha à ne pas « tricher », exprimer ce qu'il ressentit réellement. Son récit, authentique et rafraîchissant, permet de partager la vie sur le terrain des combattants.

---

1. Le lieutenant Lapouge fit ensuite la campagne d'Italie où il se distingua au 4e RTT (prise du mont Majo), puis la campagne de France (libération de Marseille), l'Indochine, l'Algérie... Les courts extraits proviennent de son carnet de notes transmis par son frère.

« *Le dimanche 8 novembre, vers 5 heures du matin, un tirailleur frappe à ma porte : "mon lieutenant, alerte ! les Américains ont débarqué." Instruit par mon père des blagues en usage lors de l'arrivée d'un jeune officier dans son régiment, je n'en crois pas un mot, remonte mon drap jusqu'au menton. Galopades dans l'hôtel où logent plusieurs officiers... les Américains ont vraiment débarqué !*

La compagnie qui ramasse du bois dans les Aurès rentre en camions. Les muletiers arrivent le lendemain à 5 heures après une marche forcée de 58 km.

Mardi 10 : départ en car – vieux et poussif – pour Kerrata où nous devons arrêter les Américains! Défense en profondeur : mines sur la route. Cette journée est la première de vrai contact avec ma section de mitrailleuses. Très bonne impression.

Nuit historique : je me suis endormi sur une table, Absala est couché en travers de la porte et a mis mon revolver chargé sous mon oreiller. Vers minuit, on vient me chercher et le capitaine m'apprend l'ordre stupéfiant qu'il vient de recevoir : "ne plus tirer sur les Américains, repousser les tentatives des troupes de l'Axe". »

L'ordre à la DMC adressé le 8 novembre par le général Juin de se préparer à faire mouvement avait été habilement notifié à ses troupes par le général Welvert : « *faire mouvement vers le nord* », cela rassurait l'amiral Esteva qui craignait un éventuel débarquement anglo-américain : le nord pouvant être Bône ou Tunis, alors que l'intention de Juin était de renforcer Barré face à une attaque allemande.

L'ordre donné le 8 novembre fut suivi par un message du 10 novembre, téléphoné par le général Juin au général Barré par l'entremise du général Welvert : « *Aucune intervention sur Alger ne doit être faite par vos forces terrestres. Aucune intervention aérienne dans le périmètre de 50 km autour d'Alger.* » Juin se méfia des ordres que l'amiral Esteva pourrait donner au général Barré.

« *Mercredi 11 novembre : les informations arrivent (mêlées à un tas de bobards) : France envahie, gouvernement français créé à Alger avec Darlan, Weygand, Giraud.* »

« *Retour vers Sétif, préparatifs, départ en chemin de fer l'après-midi. Où ? sud Tunisie. Nuit passée sur un wagon plateforme. Pluie fine le lendemain, gorges splendides, pleines de singes ; bonne humeur générale. Débarquement : mes quatre automitrailleuses autour de moi puis marche de 25 km pour atteindre Morsott. Dur, dur, car sacs très lourds, chaleur, pas d'eau.*

Les jours suivants, dispersion du régiment sur les pistes du Sud algérien, le bataillon marche vers l'est, la fatigue rend l'alignement un peu vague, le chèche rompt l'uniformité. Les files de brèles s'intercalent entre les unités.

Tout cela nous fait ressembler plus à une caravane qu'à un bataillon. La raïta de Gendouze avec ses palmiers et les mélodies des tirailleurs accentue cette impression de pittoresque. »

Le 24, la DMC poussa des éléments de reconnaissance du 3e RCA à Sbeïtla puis au col de Kasserine. Rien à signaler.

Depuis Gafsa, un peloton du 3e RCA mena un raid qui resta célèbre jusqu'à la voie ferrée entre Sfax et Gabès détruisant un train chargé d'Allemands.

La mission de la DMC fut d'occuper les principaux passages des deux Dorsales et de surveiller le Sud-Est tunisien. Cent cinquante, deux cents kilomètres, davantage... de quoi occuper une armée !

Réactions allemandes et interventions en Tunisie le 9 novembre 1942

Du côté allemand, dès l'annonce du débarquement allié, le feld-maréchal Kesselring, commandant la zone sud méditerranéenne, informa l'OKW qu'il « *ignore la situation en Tunisie – pas de liaison radio – mais qu'un débarquement Allié à Tunis lui paraît improbable* ».

Dans la journée vers 14 h, l'OKW annonça que décision est prise en accord avec le gouvernement français d'envoyer deux personnalités allemandes à Tunis, dont l'une devant se rendre à Alger rencontrer l'amiral Darlan (ce qu'elle ne put faire) et de faire intervenir l'aviation de l'Axe mais à partir de ses bases de Sicile afin de respecter les demandes de Vichy.

Le feld-maréchal Kesselring rendit compte qu'il estimait cette démarche insuffisante car « *un succès complet ne peut être obtenu qu'avec l'aide d'unités allemandes opérant en AFN* ».

Il décida d'envoyer sur le champ à Tunis des formations de la Luftwaffe, des parachutistes et des fantassins. Ordonna à une flottille de vedettes rapides basées en Sicile de reconnaître la côte tunisienne. Fit détourner sur Bizerte quatre chars les plus récents de l'armée allemande destinés à Rommel : les fameux « Tigre » armés également de canons antiaériens à longue portée.

Le 9 novembre à 12 h 30, les premiers avions allemands – deux Messerschmitt et un Heinkel – se posèrent prudemment, alors que le colonel Le Couteulx de Caumont, bouillant de rage, appliquait les ordres en prenant beaucoup sur lui-même pour ne pas ouvrir le feu contre ces avions situés dans son axe de tir à 500 m devant lui ! La bataille de Tunisie aurait été engagée et les avions qui suivaient à une demi-heure attendant la suite des événements auraient fait demi-tour. Le Couteulx n'attendait que cela : ouvrir le feu dès le poser du premier avion allemand avec ses automitrailleuses blindées ! Les premiers avions allemands, voyant que tout était calme, furent suivis une heure plus tard par des Ju-52 transportant le matériel technique d'un groupe de chasse de Stuka qui se posa à son tour, précédant des Ju-52 transportant des unités parachutistes qui prirent possession du terrain... et l'on dénombra une centaine d'avions en fin de journée ! La cadence journalière s'éleva rapidement à 140 avions cargos sans compter les débarquements italiens sur les ports de la côte : Gabès notamment.

À Tunis débarqua un bataillon de parachutistes aux ordres du colonel Koch, un officier de grande valeur qui se distingua en Crète.

Le général Barré ordonna à ses unités sur la côte de se préparer discrètement à faire mouvement avec l'ordre formel d'observer « une stricte neutralité ». Le Couteulx dut « contenir » à El Aouïna les forces allemandes autour du terrain d'aviation en plaçant un barrage sur chacune des deux routes menant à Medjez el-Bab.

Des vedettes rapides de l'axe accostèrent à Bizerte et la Goulette... L'amiral Derrien laissa faire. Le lendemain, ce fut un cargo, le port ayant été, par erreur, mal embouteillé.

La situation du général Barré ne cessa d'être de plus en plus difficile en raison des événements qui se déroulaient à Alger mais qui eurent l'avantage de lui permettre de prolonger le dialogue avec les émissaires allemands et de gagner du temps pour mettre en place son dispositif.

Juin téléphona une nouvelle fois à Barré, lui disant d'opposer immédiatement la plus vive résistance à l'atterrissage des avions allemands et de rejeter à la mer les forces de l'Axe pendant qu'il avait la supériorité des forces. Barré lui répondit qu'il convenait de gagner du temps pour éviter que ses unités – environ 12 000 hommes – fussent neutralisées par l'aviation allemande et qu'il avait déjà donné l'ordre à la DMC de se porter vers la Dorsale Orientale. Il précisa que ses unités sur la côte récupèraient les matériels et munitions cachés aux commissions italiennes. Du 11 au 13 : 250 mitrailleuses, 380 fusils mitrailleurs, 6 canons antichars de 47 mm (faible capacité de perforation). De plus, 2 500 wagons, 800 locomotives (!), des milliers de litres d'essence, près de 3 000 tonnes de charbon étaient en cours de transit vers l'Algérie. Ils avaient été rassemblés par les Italiens de la Tripolitaine. Il signalait l'activité de l'aviation allemande dont les bases en Tunisie leur permettraient de mener plusieurs raids par jour ainsi que leurs possibilités de parachutages et de renforcements rapides alors que nos renforts n'étaient pas encore en place. Il estimait préférable de prolonger encore un peu le statu quo avec les Allemands qui y trouvaient eux-mêmes leur propre intérêt pour acheminer rapidement des forces basées en Sicile et en Italie. Sur l'ordre d'Hitler, influencé par Laval avec lequel il s'entretenait ce jour-là et qui proposait une collaboration militaire franco-allemande, les Allemands avaient ordre de jouer la carte d'une future collaboration militaire avec les Français contre les Alliés.

Barré fut constamment harcelé par les ordres contraires de Juin et de Bridoux, secrétaire d'État à la guerre de Vichy qui lui téléphonait directement. L'amiral Esteva était en liaison avec l'amiral Platon mandaté par Laval. Il prescrivit, dès le 9 novembre, d'appliquer « la stricte neutralité »... avant d'aller haranguer des élèves dans la cour du lycée... Barré fut chaque jour davantage dans une position intenable vis-à-vis des représentants allemands qui offraient leur aide militaire avec de plus en plus d'insistance.

Juin relança vigoureusement Barré qu'il connaissait bien. Il était persuadé que les combats seraient durs et que l'on n'avait rien à gagner à les différer : « *Qu'attends-tu pour leur tirer dessus ? appuie-toi sur la défense contre quiconque : ce sont des Allemands ! Profite de ce que tu es encore en position de force...* ». C'est probablement ce qu'il aurait fait mais n'étant pas sur place en Tunisie, il ne mesurait pas toutes les difficultés de Barré.

Le 12, le général Barré apprit que les combats avaient cessé en Algérie et au Maroc et que le général Juin reprenait le commandement en chef de toutes les forces en AFN.

Juin, sous les ordres duquel Barré était désormais placé, prit la situation telle qu'elle était, lui prescrivit d'évacuer les garnisons littorales et de mettre en place un dispositif, non pas à 100 km mais beaucoup plus proche de Tunis couvrant les voies d'accès vers l'Algérie dans la région de Béja-Medjez el-Bab-Téboursouk et de les tenir absolument.

Juin cherchait à garder le maximum de terrain près de Tunis. Au téléphone, il lui dit : « *fous le camp, barre-toi pendant qu'il est temps. Rejoins ton PC.* »

Juin souhaita encore le déclenchement des hostilités pour forcer les indécis et céder le moins de terrain possible. Cela amena le général Barré à modifier verbalement son ordre d'opérations n° 2 : déplacement du gros de ses forces à l'ouest de la ligne Tabarka-Béja-Téboursouk.

Mise en place vers le nord des unités tunisiennes

Le général Barré a judicieusement utilisé les jours gagnés entre le 11 et le 20 novembre pour faire déstocker les armements, munitions, matériels camouflés par chaque unité, avant de leur faire quitter de nuit leurs garnisons le long de la côte. Les Allemands se montraient de plus en plus « arrogants » !

Le 62e RAA, s'étant déplacé de Sousse à l'oued Zarga, à 20 km de Medjez el-Bab, s'enorgueillit d'être la première batterie à ouvrir le feu le 19 novembre à Medjez ! Le III/4e Tirailleurs Tunisiens, également venu de Sousse, le 4e Spahis Tunisiens de Sfax à Sbeïtla, carrefour important entre les deux dorsales, furent déplacés le 16 novembre à Téboursouk qui commandait la route du Kef. Le 7e Tirailleurs Marocains (7e RTM) était dirigé vers la Dorsale Orientale ; le 4e Régiment mixte de Zouaves Tirailleurs

(4e RMZT) au sud de la Medjerda... Toutes ces unités gagnèrent leurs zones d'attente par tous les moyens possibles : quelques heures en chemin de fer pour le 62e RAA, débarquements, entassements sur des camions vétustes : un luxe ! Car la plus grande partie du chemin fut faite à pied, les arabas (charrettes) chargées à ras bord tirées par des chevaux, des colonnes de mulets surchargés et surtout des marches forcées épuisantes... avec un seul but : être en place pour résister aux premières attaques allemandes le long de la Medjerda.

Le 20 novembre, au début des hostilités, les forces dont disposait le général Barré furent prêtes à interdire les voies menant vers l'Algérie par la vallée de la Medjerda, tandis que la DMC du général Welvert et le groupement du général Delay assuraient la surveillance de l'immense arc-en-ciel de la Dorsale Orientale jusqu'au désert.

Une performance dont il est difficile de se rendre compte mais dont se félicita le général Anderson quelques semaines plus tard.

Intervention des forces britanniques et situation du général Barré

Le 9 au soir, deux brigades anglaises : les 11e et 36e de la 78e division anglaise mirent le cap sur Bône et Bougie espérant, par la côte, prendre de vitesse les Allemands et s'emparer de Bizerte : objectif principal du débarquement fixé par Churchill. Les brigades anglaises débarquèrent le 11 à Bône et Bougie : subissant les attaques en piqués des Stuka allemands. Elles prirent du retard pour se rejoindre et furnt suivies par la « Blade Force », improvisée en toute hâte à Alger, commandée par le colonel Dull, chef et tacticien de grande valeur. C'était une troupe composite formée par les 17e et 21e régiments de Lanciers, un régiment d'artillerie de campagne et un bataillon motorisé de la Rifle Brigade. La « Blade Force » fut renforcée par un bataillon de chars américains de type Valentin et Croisé, moins puissants en ce début de bataille que les chars allemands qui leur furent opposés. Elle dut rejoindre par la route Bône et prit du retard également. L'offensive sur Bizerte prévue dès le 12 pour devancer l'arrivée de renforts germano-italiens fut retardée.

Le 9 a été peut-être la seule occasion offerte aux Anglais et aux Français de contrôler Bizerte. Les avions allemands qui, à quelques heures, suivaient prudemment le test du poser des trois premiers sur la piste d'El Aouïna seraient retournés à leurs bases s'ils avaient été pris sous le feu. Le coup d'arrêt mené avec une supériorité indiscutable aurait été encore possible le 10 et le 11 : les deux bataillons de para anglais (des unités d'élite) auraient été largués à Bizerte et Tunis au lieu de Souk el Arba le 16, suivis de la 36e brigade britannique qui avait facilement débarqué près du petit port de Bône et qui aurait foncé sur Tunis au lieu d'attendre d'être rejointe quelques jours plus tard par la 11e brigade et la Blade Force.

Carte 4 – Intervention britannique du 9 novembre 1942

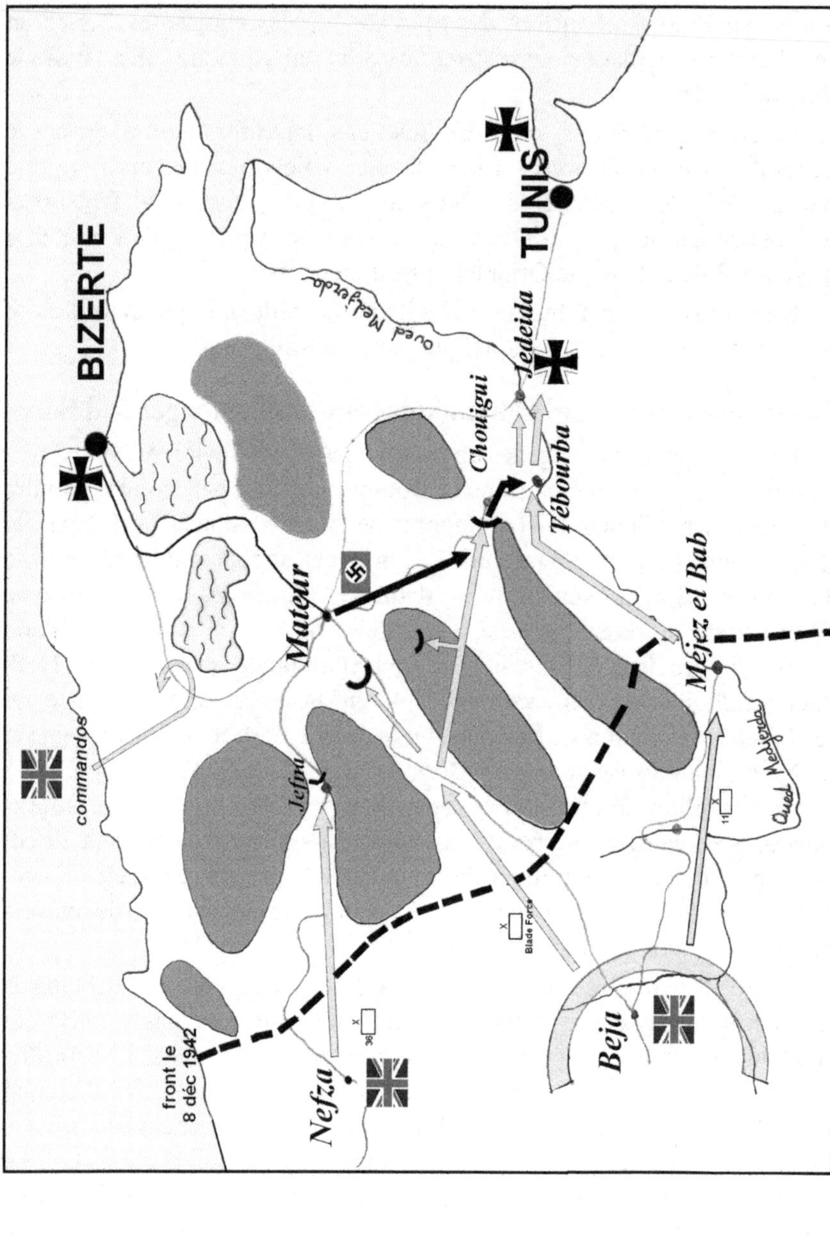

Anglais et Français n'ont pas saisi une occasion unique. Churchill aurait bondi, lancé ses hommes, l'aviation dont il disposait à Gibraltar, envoyé sa 2e division blindée et aurait réussi à faire intervenir la marine américaine en Méditerranée, décoller les avions américains et bombarder de toute urgence les aérodromes d'El Aouïna, Depienne près de Tunis, Gabès et les petits aérodromes de la côte. Alors que l'aviation américaine s'installa tranquillement et stationna en presque totalité au Maroc jusqu'à l'intervention orageuse de Patton en mars 43 ! « *Et l'Air Force, où est-elle ?* », premiers mots adressés au général Fredendall qu'il venait remplacer et dont une division avait été étripée à Sidi Bou Zid et Seïtla par les blindés de Rommel. Fredendall voulant obstinément abandonner Tébessa et rejoindre Constantine.

Les jours suivants, après le poser des avions allemands, le général Barré décida de faire reculer pas à pas le groupement Le Coutleux en opposant la plus mauvaise volonté aux demandes allemandes d'avancer sur la route et, au final, d'interdire le contrôle de Medjez. Profitant des heures gagnées, il poursuivit le déplacement de ses troupes vers la vallée de la Medjerda.

Le 13, les avant-gardes de la DMC (général Welvert) se déplacèrent à marche forcée de Constantine vers Tébessa : trois régiments de tirailleurs, un régiment de cavalerie, un d'artillerie. Le général Juin étant pressé de constituer un détachement de sûreté à Tébessa.

16 novembre

Le général Barré (CSTT) disposait de trois régiments d'infanterie sur la côte tunisienne : les 4e RTT à Kairouan, le 4e RMTZ à Tunis, et le 43e RIC ; deux régiments de cavalerie, le 4e Chasseurs d'Afrique et le 4e Spahis tunisien ; un régiment d'artillerie, le 68e RAA à trois groupes dont un motorisé et la 8e Légion de la Garde, à six escadrons.

À noter que la défense de Bizerte, place forte selon les plans de défense, fut renforcée par trois bataillons prélevés sur les forces du général Barré. Celui-ci, mettant en place sa défense de la Medjerda, les demanda à l'amiral Derrien qui refusa de les lui rendre, bien qu'il affirmât déjà s'en tenir à une stricte neutralité. Attitude qui inquiéta sérieusement les généraux Barré et Juin.

Le général Barré fut renforcé le 16 par un détachement prélevé sur la DMC aux ordres du colonel Lorber, fort de 3 bataillons et d'un groupe de transmissions.

L'Instruction personnelle et secrète du général Juin prescrivait que « *tout en assurant la défense de Bizerte, maintenir les communications avec l'Algérie et notamment la pénétrante Tunis-Béja-Souk Ahras. À cet effet conserver à tout prix la région montagneuse à l'est d'une ligne Beja-Téboursouk, et retarder l'ennemi sur la Grande Dorsale* ».

Barré, qui n'a pas réagi devant les premiers atterrissages des avions allemands, les 9 et 10 novembre, sur l'aérodrome d'El Aouïna, maintint son interdiction d'ouvrir le feu. Les automitrailleuses du 4e Chasseurs d'Afrique aux ordres du colonel Le Couteulx de Caumont, toujours placées dans l'axe de la piste attendirent impatiemment l'ordre de les détruire et d'interdire leurs atterrissages. Le Couteulx se désespèra devant l'occasion manquée.

Devant le « statu quo » de Barré et le renforcement quotidien des forces allemandes et italiennes, Juin qui le connaissait bien ne cessa de lui téléphoner, furieux, allant même lui demander : « *Pour qui es-tu ? – Je suis avec vous évidemment* » lui répondit Barré qui, sans perdre son calme, expliqua patiemment à Juin la nécessité de prolonger de quelques heures encore des relations pacifiques avec les Allemands et les raisons qui l'avaient amené à ordonner à ses troupes de respecter fermement une neutralité armée autour d'El Aouïna : permettre aux unités de quitter leurs garnisons sur la côte tunisienne (Kairouan, Sfax, Sousse, Gabès), évacuer les armements, les munitions et les matériels très abondants, cachés et entreposés lorsque la ligne Mareth a été démantelée.

Ce n'était pas la première fois que Barré étzit confronté à une situation difficile. Déjà en Syrie, alors qu'il commandait le 6e REI son régiment souhaitait rejoindre la Résistance en Palestine, mais, par esprit de discipline il avait obéi aux ordres du général Dentz et combattu les Australiens. Le général Barré étant placé sous les ordres de l'amiral Esteva, le général Juin, son camarade et ami, veillait de près à ce qu'il n'obéît pas à Esteva et se plaçât sous les ordres du général Giraud. Ce qui ne faisait aucun doute pour Barré qui rêvait de se battre contre les Allemands et gagnait du temps pour mettre en place son dispositif afin de barrer la route vers l'Algérie le long de la Medjerda.

Barré rendit compte à Juin qu'il avait fait déplacer de nuit son PC de Béja à la ferme Cailloux près de Thibar et donné l'ordre à ses troupes, dès le 10 novembre, de venir s'installer, aussi discrètement que possible, non sur la première ligne de défense définie par Juin dans son Instruction personnelle et secrète du 9 mai 1942 mais moins en retrait qu'initialement prévu, respectant ainsi la nouvelle directive de Juin. C'est-à-dire de Béja à Téboursouk avec avancée sur Medjez el-Bab.

Quant à l'amiral Derrien, qui commandait la base de Bizerte, il resta les jours suivants dans une totale et incompréhensible inaction appliquant « la stricte neutralité » prescrite par l'amiral Esteva, même lorsque le 19 novembre les combats franco-allemands eurent commencé. L'amiral

Derrien[2] aurait pu surprendre de dos les forces de l'Axe et retarder leur mise en place. On peut penser que les ordres contraires, impératifs, d'autorités très diverses signifiés plusieurs fois par jour à l'amiral Derrien avaient fini par créer un choc psychologique le plaçant dans une situation de blocage complet.

De l'avis unanime des chefs militaires et des historiens, le choix du général Barré s'est avéré la solution la plus raisonnable et rationnelle. Par ailleurs, son comportement fut admirable durant toute la campagne. Juin aurait eu mauvaise grâce et tort de ne pas le reconnaître et lui en donna raison.

Et pourtant, à entendre rapportées ses conversations téléphoniques, on peut penser qu'il n'aurait pas réagi comme le général Barré du 11 au 19 novembre, faisant bombarder les avions allemands qui se posaient à El Aouïna et Depienne et les faisant prendre sous les feux des automitrailleuses et des blindés du colonel Le Couteulx situés à proximité et dans l'axe des pistes d'atterrissage.

Car, que peut-on penser finalement des justifications selon lesquelles le général Barré avait eu raison d'attendre : les Allemands acceptant de tergiverser... faisant débarquer des troupes d'élite ? Le temps travaille-t-il pour vous lorsque l'ennemi accepte la discussion, s'il n'y trouvait pas un intérêt supérieur ? Les Allemands n'ont cessé d'user de menaces, artifices, promesses, chantages pour gagner du temps. La teneur du premier ultimatum de Nehring-Kesselring demandait : laissez-moi passer, du second : mettez-vous avec moi !

Juin regretta longtemps que Barré n'ait pas pris immédiatement une attitude offensive, ce qui aurait peut-être évité une campagne longue et difficile si les Alliés étaient intervenus rapidement, ce qui n'a pas été le cas. Cependant, bienveillant, Juin l'excusa et écrivit dans ses Mémoires[3] : « *J'aurais voulu qu'il ouvrît le feu et le lui demandais sans cesse au téléphone : mais pour des raisons dont il était, il faut bien le reconnaître, le meilleur juge, étant sur place, il préférait ruser avec l'adversaire tout en évitant de se laisser pénétrer par lui.* » Barré continua à temporiser avec l'adversaire pendant plusieurs jours et parvint à mettre un dispositif de quatre groupements à hauteur de Medjez pour défendre l'accès à l'Algérie par la vallée de la Medjerda.

Plus loin, Juin montra une entière compréhension de son attitude : « *à la réflexion, c'est Barré qui avait raison, il a gagné un temps précieux qui a permis à nos troupes de gagner nos positions de défense sur la Grande*

---

2. L'amiral Derrien paya cher son attitude : contraint de se rendre aux Allemands le 8 décembre avec toutes ses troupes, il fut condamné en 1945 et mourut misérablement en prison en 1946, alors qu'il avait été gracié quelques jours auparavant.

3. Maréchal Juin, *Mémoires*, Tome 1 : *Alger, Tunis*.

Dorsale, de remplir sa mission qui était de couvrir la mise en place de l'armée anglaise dans le Nord tunisien, et livrer une bataille contre les Allemands, avec les faibles moyens dont il disposait, aurait tourné au désastre. »

17 novembre

Des Junkers 52 transportant 3 compagnies du bataillon de Garde du feld-maréchal Kesselring tentèrent d'atterrir à Gabès mais firent demi-tour, pris sous le feu des fusils mitrailleurs du lieutenant Argoud du 3e R.C.A. ! Argoud reçut l'ordre de se replier. Le lendemain, ces junkers 52 posèrent les trois compagnies allemandes à Skira pensant que la défense de Gabès devait être sérieuse !

On ne peut s'empêcher de rapprocher cette action de celle qu'aurait pu réaliser Le Coutleux le 9 novembre à El Aouïna ! De toute évidence, les réactions du Fliegerkorps X auraient été insupportables. Elles le furent d'ailleurs quelques jours plus tard avec des bombardements et des opérations aéroportées importantes. Contrôlant des bases aériennes capitales non seulement en Tunisie mais aussi en Algérie, l'ennemi avait les moyens de nous faire souffrir.

Il faut bien se rendre compte que les troupes de Tunisie, éparpillées par les commissions d'armistice italiennes de Médenine à Bizerte, étaient fortes seulement de 12 000 hommes. Démunies d'armements et de matériels de soutien modernes, elles ne ménageaient pas leurs efforts pour se préparer à reprendre la lutte rapidement tout en récupérant en 24 heures le maximum de matériels camouflés. Elles ont été bien heureuses d'avoir quelques jours pour gagner les zones fixées et engager le combat au moment voulu.

Ce qui confirme à postériori le bien-fondé des décisions du général Barré qui a su évaluer les réactions ennemies, ses propres capacités de résistance mais aussi les délais d'intervention des autres forces françaises et alliées en Afrique du Nord. L'Histoire a rendu justice à son discernement en dépit des regrets du général Juin.

Mise en place de la défense de Medjerda (18 novembre)

Renforcer ses forces au nord de la Tunisie a toujours été l'un des soucis majeurs du général Barré qui ne disposait que de 4 bataillons à Tunis, pas de chars, pas d'aviation. De plus, il avait été rendu très inquiet par les affirmations de respect de la neutralité de l'amiral Derrien qu'il ne comprenait pas.

En dépit de toutes les difficultés, il réussit en un temps record à mettre en place les renforts nécessaires pour interdire coûte que coûte la pénétration vers l'Algérie par la vallée de la Medjerda ce qui était la menace la plus urgente.

Il répartit ses forces en quatre groupements dont l'énumération des éléments serait de nos jours fastidieuse[4].

Le général Barré qui suivit l'ordre du général Juin de quitter Tunis fut à son nouveau PC, à 4 km à l'ouest de Thibar où il fut rejoint le 18 novembre par le général Giraud et le général Juin.

Toute l'aviation française de Tunisie fut regroupée à Biskra sur ordre du général Péquin. Les missions de reconnaissance du Sud tunisien paraissaient bien compromises.

Il faut remarquer qu'après l'ouverture du feu le 19 novembre, dès le 20 novembre la Brigade légère mécanique d'Algérie (BLMA) fut à Aïn Beïda suivie le 23 par la Division de marche d'Alger (DMA), c'est-à-dire deux-trois jours après le début des hostilités... mais elles avaient eu le temps de commencer à faire mouvement.

Dispositif et missions des groupements

- Le groupement motorisé Le Couteulx (PC Medjez el-Bab) avait pour mission d'interdire à l'ennemi de contrôler les rives de la Medjerda ainsi que le nœud routier situé à l'ouest de Medjez el-Bab. Dans la nuit du 18 au 19, il fut renforcé par des éléments américains épaulant la 78e DI anglaise : un bataillon d'artillerie (12 pièces), des mitrailleuses de 12,7 et des canons antichars ainsi qu'un détachement d'infanterie britannique que Le Couteulx intégra dans son dispositif.
- Le groupement Bergeron (PC Béja) avec des compagnies de tirailleurs, de chasseurs et d'artillerie tunisiennes barrait, à partir de Medjez el-Bab, la direction de Mateur.
- Le groupement Trémeau (PC Téboursouk) avec 4 détachements mobiles barrait l'axe Medjez el-Bab – Téboursouk.
- Le groupement Moreau (PC Le Kef) couvrait les accès du Kef.

---

4. Il paraît préférable de les résumer :

– Le **groupement réservé n° 1 (motorisé) du colonel Le Couteulx** : 1 bataillon à 4 escadrons (III/43e RIC) comprenant un groupe d'escadrons mixtes motocyclistes du 1/4e RCA ; un escadron de chars DI : le 7/4e RCA : un escadron motocycliste, le 2/8 de la Garde ; un groupe d'automoteurs d'artillerie à 2 batteries (III/62e RAA) ; une compagnie motorisée du 34e Génie ; une compagnie automobile du Train (101/26).

– Le **groupement Bergeron** : 2 bataillons (1er et 4e RMTZ) ; un groupe automobile d'artillerie (1/62e RAA) ; 3 escadrons à cheval (3e et 4e RCA), le 1/8 escadron de la Garde ; 1 compagnie hippomobile du 34e Génie.

– Il y a à Bizerte **3 batteries antiaériennes** du groupe 1/412e RAA mais aux ordres de l'amiral Derrien. Le général Barré peut espérer qu'il réagira enfin.

– Le **groupe de chasse** 11/7, basé à Sidi Ahmed ; les **bombardiers** des groupes 1 et 1/25 qui furent desserrés le 10 à Kairouan.

– À Bizerte, l'amiral Derrien disposait d'un ensemble défensif fermé à toute intrusion par mer et voie de terre et surtout trois batteries antiaériennes qui auraient considérablement gêné l'aviation allemande les premiers jours.

– Enfin, le **groupement du colonel Lecourtier** est à Kairouan (120 km de Tunis).

Ces groupements furent soutenus par les points d'appuis de Souk el Khemis et de Souk el Arba forts chacun de trois compagnies et d'une batterie d'artillerie.

Le général Barré contrôlait également les points de passage, à la jointure des deux dorsales, débouchant par la dépression d'Ouesselatia vers les centres importants du Kef et de Tébessa. Enfin, il assurait la surveillance du Sud tunisien.

19 novembre

Le général Nehring arriva pour prendre le commandement du 90e corps d'armée allemand. Il amena avec lui quelques unités : un escadron d'automitrailleuses, une batterie de 88 Flak (canons antichars qui ont fait tant de mal aux chars Mark 11 anglais en Libye), un bataillon de sapeurs parachutistes. Hitler s'engagea à le renforcer par six autres divisions dont trois blindées ! En fait, il s'en tint à trois. Il s'étonna que ses troupes fussent restées cantonnées autour des aérodromes : « *Qu'attendez-vous pour leur tirer dessus !* » La réaction de Nehring rejoignit celle de Juin, chacun d'eux pensant que l'initiative immédiate leur aurait donné l'avantage !

Articulation des forces germano-italiennes en deux groupements

L'un sur l'axe Bizerte-Mateur comprenant les troupes déjà en place, rassemblées en « un groupement Barenthin » comportant un bataillon de parachutistes allemands, deux bataillons italiens, un groupe de canons d'assaut... et un groupe de Tunisiens qui les renseignèrent efficacement. Ils furent rapidement renforcés devant la menace anglaise par des unités blindées et des groupements antichars.

L'autre sur l'axe Tunis-Tebourba avec le 5e régiment de parachutistes à deux bataillons (colonel Koch) de la division Hermann Goering.

Enfin, les Allemands disposaient d'un appui aérien à proximité immédiate sur la base d'El Aouïna.

Les forces allemandes occupèrent rapidement Sousse et Sfax afin de contrôler la route côtière.

Dès 7 h 20, un avion allemand survola Medjerda à basse altitude.

À 8 h 15, un parlementaire allemand donna un quart d'heure aux Français pour se rallier.

L'ultimatum allemand fut repoussé par le général Barré. Les Allemands ouvrirent le feu.

Ils cherchèrent à contrôler Medjez el-Bab qui commanda les deux routes de Tunis menant à l'Algérie par la Medjerda. **La campagne de Tunisie était engagée.**

Combat de Medjez el-Bab (19 novembre 1942)

Ce premier engagement de la campagne de Tunisie livré par l'Armée d'Afrique aux forces allemandes mérite d'entrer dans l'Histoire, car c'est le premier coup d'arrêt porté aux Allemands. Pour l'armée d'active, cette journée fut belle et la remplit d'ardeur.

À 10 h 45, des Stuka et des Messerschmitt bombardèrent l'agglomération et les routes autour du carrefour, détruisant des véhicules, causant peu de pertes. Puis l'artillerie ouvrit le feu sur nos positions détruisant quelques chars du régiment Le Couteulx situés aux lisières sud de Medjez el-Bab. Au nord, des parachutistes allemands franchirent la Medjerda à un gué et, pris sous le feu d'un peloton blindé, furent stoppés et obligés de se mettre à l'abri du talus de la berge.

L'après-midi, ayant reçu des renforts, les Allemands repartirent à l'assaut d'un point d'appui (PA). Mais les défenseurs, des coloniaux, eurent le temps de creuser des tranchées, de s'entourer de barbelés et d'emplacements minés. L'infanterie coloniale parvint à les arrêter tandis qu'une contre-attaque lancée par les cavaliers les repoussa en leur infligeant des pertes sensibles. Plus au nord, une tentative de franchissement de la rivière fut brisée avant que les parachutistes allemands n'aient atteint la rive opposée.

Pendant toutes ces actions, les artilleurs français et anglais intervinrent près des PA attaqués ; des tirs de contre-batterie sur les batteries ennemies et des files de camions amenant des renforts.

Puis, des avions allemands vinrent bombarder la petite ville sans que les artilleurs américains, arrivés dans la matinée et qui ne dispoaisent pas d'armements antiaériens, pussent riposter. Ils renforcèrent, par un bataillon blindé américain, l'offensive anglaise qui se déroulait au nord de la Medjerda en direction de Bizerte.

Au soir du 19 novembre 1942, le groupement Le Couteulx repoussa donc les tentatives allemandes de s'emparer d'un carrefour important après une journée de combat qui coûta aux Français 5 tués et 26 blessés. Un succès défensif qui leur mit du baume au cœur après avoir regardé de longues journées, l'arme au pied, les avions allemands débarquer leurs cargaisons !

Dans la nuit du 19 au 20, le groupement britannique, qui couvrit le flanc nord de Le Couteulx, se replia sans prévenir, car il manquait de munitions. Elles ont été épuisées dans la défense d'El Abiod, une montagne isolée mais occupant une position importante. Malgré trois actions offensives ils ne purent la garder : les Allemands recevant des troupes et du ravitaillement chaque jour car El Abiod est très proche de la mer. C'est un point d'observation idéal au nord de la Medjerda qui fut l'enjeu de combats incessants bien que les Anglais ne pussent le contrôler à nouveau. (Le repli anglais, sans que Le Couteulx soit prévenu, montre combien la dualité de commandement apparaît déjà néfaste et dangereuse.)

Non couvert sur sa gauche, contraint de se replier, Le Couteulx allait couvrir Béja en se portant à Sidi Smail et Munchar. Le 20, en fin de matinée, les Allemands contrôlaient Medjez el-Bab qu'il fallait reprendre à tout prix : Hannibal disait déjà que « *tenir Medjez, c'était tenir Tunis* ». En tunisien Medjez signifie « gardien des clés ». Medjez fut repris le 26, sans combat, par les Anglais car Le Couteulx avait laissé les restes du pont, le carrefour et ses alentours complètement inutilisables. Les Allemands délaissèrent Medjez momentanément et recherchèrent une route plus à l'ouest. Les Anglais puis les Français reprirent Medjez en décembre et le gardèrent opiniâtrement jusqu'à la fin de la Campagne.

Le combat de Medjez el-Bab fut un combat modeste : peu de forces y furent engagées mais il ne faut pas oublier que le 19 novembre les forces Alliées étaient bien loin.

Le sacrifice des petits gars du 62e RAA, des coloniaux et des gardes du détachement Le Couteulx ont fermé ce jour-là les portes de l'Algérie et pesé lourd sur la suite de la guerre.

Le 21 novembre, des soldats du 11/15e RTS en renfort du groupement de Tunis, attaqués par une colonne italienne renforcée de chars en détruisirent 4, firent 14 prisonniers et mirent en fuite le reste du détachement.

TROISIÈME PARTIE

Les trois phases des opérations en Tunisie

La première se déroula du 18 novembre 1942 avec la bataille de la Medjerda jusqu'au début janvier 1943. Elle fut marquée par la tentative anglaise de s'emparer de Bizerte, la contre-attaque des forces de l'Axe et la résistance des forces françaises pour leur interdire l'accès en Algérie.

Fin décembre, de durs combats franco-britanniques, non couronnés de succès, sont engagés pour contrôler le massif du Zaghouan qui domine Tunis au sud-est. Durant toute cette période, s'étalant sur 200 km, les forces françaises s'emparèrent des principaux cols et points de passage des deux dorsales et surveillèrent le Sud tunisien.

La deuxième phase du 3 janvier au 19 mars 1943 fut celle des contre-attaques de l'Axe par une action enveloppante, une offensive « Weber » de janvier à la mi-février pour accéder à l'Algérie par le nord, tout en menant simultanément une attaque par le sud en direction du Kef.

Puis, dès l'arrivée de Rommel de Tripolitaine, l'offensive « vent de printemps » fut déclenchée, à la mi-février, à partir du Sud tunisien, avec le but stratégique d'isoler les forces alliées du nord de la Tunisie. Cette manœuvre aurait pu réussir sans l'arrivée de la VIIIe Armée sur la ligne Mareth. Les forces britanniques obligèrent celles de l'Axe à interrompre « Vent de printemps » et à s'organiser en défensive le long de la côte tunisienne.

Enfin la troisième phase se termina le 13 mai par la reddition des forces de l'Axe après la conquête de Tunis le 8 mai et la remontée le long de la côte de la VIIIe Armée aidée par le Corps d'Armée Français (CAF) tenant chaque col et empêchant tout débordement.

Carte 5 – Situation le 18 novembre 1942

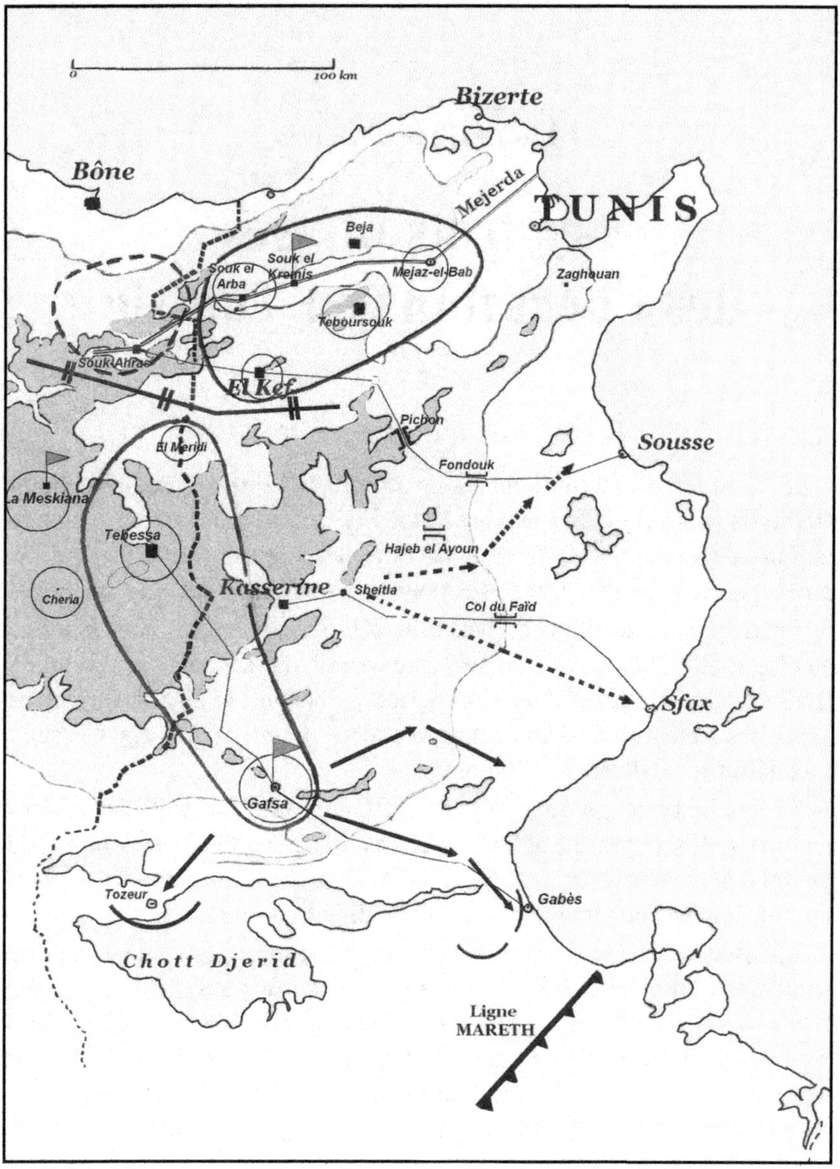

CHAPITRE 1

Observations préliminaires

Missions des forces françaises

La directive n° I du général Giraud, le 14 novembre, reprenait l'idée de manœuvre de l'IPS de mai 42 et les généraux responsables veillèrent à préserver les effectifs nécessaires pour résister et tenir la première ligne de défense.

Le général Giraud a toujours été tenu au courant des initiatives de Juin, les approuvant totalement. Ils œuvrèrent en toute confiance et amitié, Giraud transmettant et appuyant ses demandes auprès du général Eisenhower. Juin connaissant le caractère entier de Giraud lui écrivit amicalement une longue lettre le conseillant sur la conduite à tenir et la manière de procéder à l'égard des grands chefs anglo-saxons : « *ne jamais les contredire brutalement : ils se braqueront, être patient, leur suggérer en souplesse les solutions auxquelles on veut parvenir et surtout les amener à prendre eux-mêmes la décision !* » Il agit de même avec Anderson, gagna son amitié et sa confiance dans ses qualités militaires et sa connaissance du terrain. Il put ainsi l'influencer habilement dans ses choix tactiques.

Ces mois de novembre 42 à février 43 mobilisèrent toutes les forces françaises pour apporter un soutien aux Anglais, contraints de se replier après une difficile offensive au nord de la Medjerda et empêcher les forces germano-italiennes d'agrandir leur tête de pont au sud de la Medjerda et contrôler la Dorsale Orientale.

Délais d'intervention des forces anglo-américaines

Regroupés au Maroc, les Américains donnèrent la priorité à l'instruction de leurs troupes, ce qui était nécessaire, se gardèrent du côté de l'Espagne et surtout ne firent pas intervenir en Tunisie leur aviation stationnée au Maroc.

La 78e DI britannique lança seule, dès le 21 novembre, une attaque pour contrôler Bizerte : objectif qui tenait à cœur à Churchill et qu'elle faillit atteindre. Elle dut se replier avec l'aide des Français pour couvrir ses flancs. L'arrivée des premiers éléments de la 6e DB, division blindée britannique, lui permit vers la mi-décembre de résister à l'offensive allemande.

Le Combat Command B du colonel Robinett de la 1re DBUS (général Ward), seule unité américaine détachée auprès des forces françaises avec le bataillon parachutiste motorisé du lieutenant-colonel Raf, furent particulièrement appréciés et rendirent des services inestimables à nos troupes démunies de chars, antichars et armements individuels modernes.

L'avant-garde de la 9e DIUS (général Eddy) était le 25 décembre dans la région de Tébessa pour soutenir la DMC qui n'avait pas de blindés mais seulement quelques véhicules vétustes bloqués par la pluie et la boue début décembre.

La 34e DIUS (général Ryder) parvint le 24 novembre au nord de Souk Ahras mais fut entièrement occupée par les Américains à protéger les voies de communications jusqu'à la mi-janvier (2 000 km de Casa à Tunis). Cette mission ne paraissait pas essentielle mais répondait, au début de l'affrontement, à quelques interventions aéroportées allemandes par l'envoi de planeurs avec des commandos ayant la mission de détruire les ponts et passages à niveau sur la route Constantine-Bône, longeant l'étroite voie ferrée à voie unique.

La 1re DIUS (général Ward) rejoignit à Tébessa, le 24 décembre, le deuxième Corps d'Armée du général Fredendall mais ne parvint pas à gagner Gafsa à temps pour empêcher, le 16 janvier, la jonction des troupes de l'Axe de Tunisie et Tripolitaine.

La 3e DIUS arriva en Tunisie début mai et ne fut pas engagée.

L'engagement des unités US apparut d'une insupportable lenteur aux troupes au contact. Cela tint à plusieurs causes :

- la distance du Maroc à la Tunisie, les durées de trajet accentuées par le faible débit dû à l'étroitesse de l'unique voie ferrée, qui leur était affectée cependant en priorité ;
- la hantise d'une attaque allemande par l'Espagne immobilisa une division américaine, et retarda considérablement l'intervention de leurs forces aériennes ;
- enfin et surtout, l'instruction et la cohésion des troupes US nécessitaient un sérieux complément de formation. Leur ignorance du

combat face à des unités aguerries leur coûta des pertes très sensibles en hommes et armements malgré le courage dont elles firent preuve, provoquant notre estime et nos regrets de ne pas disposer de leurs moyens de combat.

La méfiance de Roosevelt envers les autorités françaises ainsi que son peu d'estime pour l'armée française jusqu'à la réunion qu'il décida de tenir à Anfa, le 23 janvier 1943, dans les faubourgs de Casablanca, ne l'incitèrent pas à pourvoir l'Armée d'Afrique d'un minimum d'armements modernes.

C'est ainsi que l'on peut constater qu'en Afrique du Nord les Anglo-Saxons menèrent une guerre à leur rythme, sous leur commandement, les Français jouant le rôle d'auxiliaires aussi précieux que nécessaires mais ne furent jamais associés à la prise de décisions majeures. Pour les chefs d'état-major du « combined chief staff », préoccupés par la préparation d'« Overlord » – le débarquement en Normandie –, l'armée française n'existait plus et comme l'a dit un jour Roosevelt : « *la France n'existe plus et, en tant que grande Puissance, n'existera plus.* »

Pourtant, sur le terrain, les chefs alliés comme les combattants apprécièrent la présence indispensable des Français et le courage de ces hommes se battant avec acharnement dans un dénuement complet. Les troupes françaises, précieuses par leur agressivité, furent sollicitées et présentes dans tous les corps d'armée des Alliés pour conquérir, occuper les djebels, les zones de passage peu propices aux forces blindées et motorisées.

C'est la raison pour laquelle il apparaît inadmissible que les Alliés se soient garder de réarmer tant soit peu l'armée française sous le faux prétexte qu'ils recevaient le strict nécessaire alors que les ports débordaient de matériels et d'armements entassés. Lors des conférences de presse sur le terrain, les correspondants de guerre anglo-saxons qui revenaient du front firent part de leur indignation sans succès... Les grands chefs s'en tinrent à ne pas être avares de compliments ! Il faut néanmoins rendre justice au général Anderson qui donna à la Brigade blindée française ses chars Valentin dès que la 6e division blindée anglaise a été dotée de chars plus puissants.

Finalement, la guerre en Afrique du Nord a été par sa durée, son terrain, la rudesse des combats, un entraînement nécessaire des états-majors et l'aguerrissement des troupes américaines. L'intelligence d'utiliser au mieux le terrain et la conjugaison des efforts ne s'inventent pas et ne s'apprennent pas dans les écoles militaires. La campagne de Tunisie a été un fructueux entraînement de l'armée américaine avant les opérations majeures qu'elle aura à mener en Europe. On imagine mal ou trop bien l'armée américaine débarquant directement en Italie, sans connaître l'épreuve du feu contre les forces de l'Axe.

Les Anglais, fidèles à leurs habitudes, agirent en fonction de leurs objectifs : s'emparer au plus vite de Bizerte, faciliter la progression de la VIIIe armée en Libye et sa victoire en Afrique. L'échec de leur première offensive sur Bizerte les amena à établir une collaboration précieuse et très loyale avec les Français dans la partie nord de la Tunisie sous le commandement du général Anderson.

Avec le temps, on peut mesurer combien l'engagement des Alliés recevant rapidement un excellent accueil de la population était loin de répondre au magnifique élan de cette population d'Afrique du Nord et de son armée, s'engageant totalement à leurs côtés avec pour seule motivation : venger la défaite de 40 et libérer la France.

Organisation du commandement français et limites d'actions avec les forces anglaises

Le 20 novembre, la Brigade légère mécanique d'Algérie (BLMA) du colonel Touzet du Vigier était à Aïn Beïda.

Le 23 novembre, la Division de marche d'Alger (DMA), du général Deligne (1er, 2e et 9e RTA, 65e RAA) vint s'intercaler entre le CSTT du général Barré et la DMC du général Welvert.

Le 25 novembre

Le général Juin, nommé chef direct des forces françaises engagées en Tunisie, créa le « DAF » (Détachement d'Armée Française) qui coiffait le CSTT et la Division de marche du Maroc (DMM) du général Mathenet, en cours de déplacement vers la Tunisie.

Le XIXe CAF (Corps d'Armée Française) était placé sous les ordres du général Koeltz : il englobait la DMC, la DMA, le groupement saharien.

Juin gardait la BLM, seule division motorisée possédant des chars, en réserve d'intervention à Aïn Beïda.

La ligne générale de défense s'étendait de Medjez à Kairouan, en passant par Bou Arada, Siliana, Kessera, Maktar.

La limite des deux corps d'armée anglais et français était fixée à Montesquieu-Ksour-Maktar-Kairouan.

À la suite d'une réunion avec les généraux Clark et Anderson, le général Giraud télégraphia au général Juin qui s'attendait à ce que toutes les troupes françaises et anglaises au nord de la Tunisie fussent placées sous un même commandement opérationnel « *qu'il aurait à régler avec le général Anderson toutes les modalités de mouvements* ». En clair, c'était convenir que chacun commanderait les siens : Juin les Français, Eisenhower les Anglo-Américains.

Le manque de commandement unique sur le théâtre d'opérations pénalisa les forces alliées et françaises, alors que la bataille venait de s'engager.

Ce fut donc par « une entente réciproque » que les opérations furent conduites. Erreur majeure sur le plan opérationnel. Juin finit par se sacrifier et demanda, arrachant l'accord du général Giraud, à se placer sous les ordres d'Anderson.

En attendant un commandement unifié, il se montra habile et aimable avec Anderson qui apprécia son expérience, sa connaissance du terrain et suivit souvent ses conseils.

CHAPITRE 2

Première phase Novembre 1942-début janvier 1943

La première phase, du 19 novembre à début janvier 1943, fut assurée pratiquement par les Français seuls à contenir les Allemands au nord de la Tunisie, aider les Anglais à se replier au nord de la Medjerda et repousser les contre-attaques allemandes afin de pénétrer en Algérie.

Pendant ces combats au nord de la Tunisie, les Français durent contrôler les deux dorsales, notamment la Petite Dorsale durant la deuxième quinzaine de décembre. C'était très important car nous n'avions pas les forces militaires suffisantes pour occuper la côte ; or il était important de contrôler les cols de la Petite Dorsale afin de pouvoir intervenir rapidement sur la côte pour empêcher la jonction des forces de Rommel se repliant devant la VIIIe armée de Montgomery, avec celle de von Arnim, remplacé le 9 décembre par le général Nehring, commandant les forces de l'Axe en Tunisie.

Enfin, il était important de surveiller le Sud tunisien par où pouvait déboucher une attaque surprise dans le Sud algérien.

C'était appliquer le plan de défense du général Juin défini dans sa directive personnelle et secrète du 8 mai 1942.

Cette première phase fut donc marquée par plusieurs événements : les efforts de l'Armée d'Afrique agissant totalement sans l'aide des forces alliées pour contenir en Tunisie les forces de l'Axe tout en mettant de surcroît en place une couverture de 200 km le long des Dorsales ; l'offensive anglaise pour conquérir Bizerte, son échec et son repli avec l'aide du Corps Franc d'Afrique et d'unités françaises ; l'échec de l'offensive française vers Pont-du-Fahs fin décembre 1942, suivie de la défense acharnée des zones montagneuses encadrant la plaine d'Ousseltia. Enfin, la prise de Ghat dans le Fezzan et les premiers contacts avec la colonne Leclerc le 23 février.

Carte 6 – La première phase

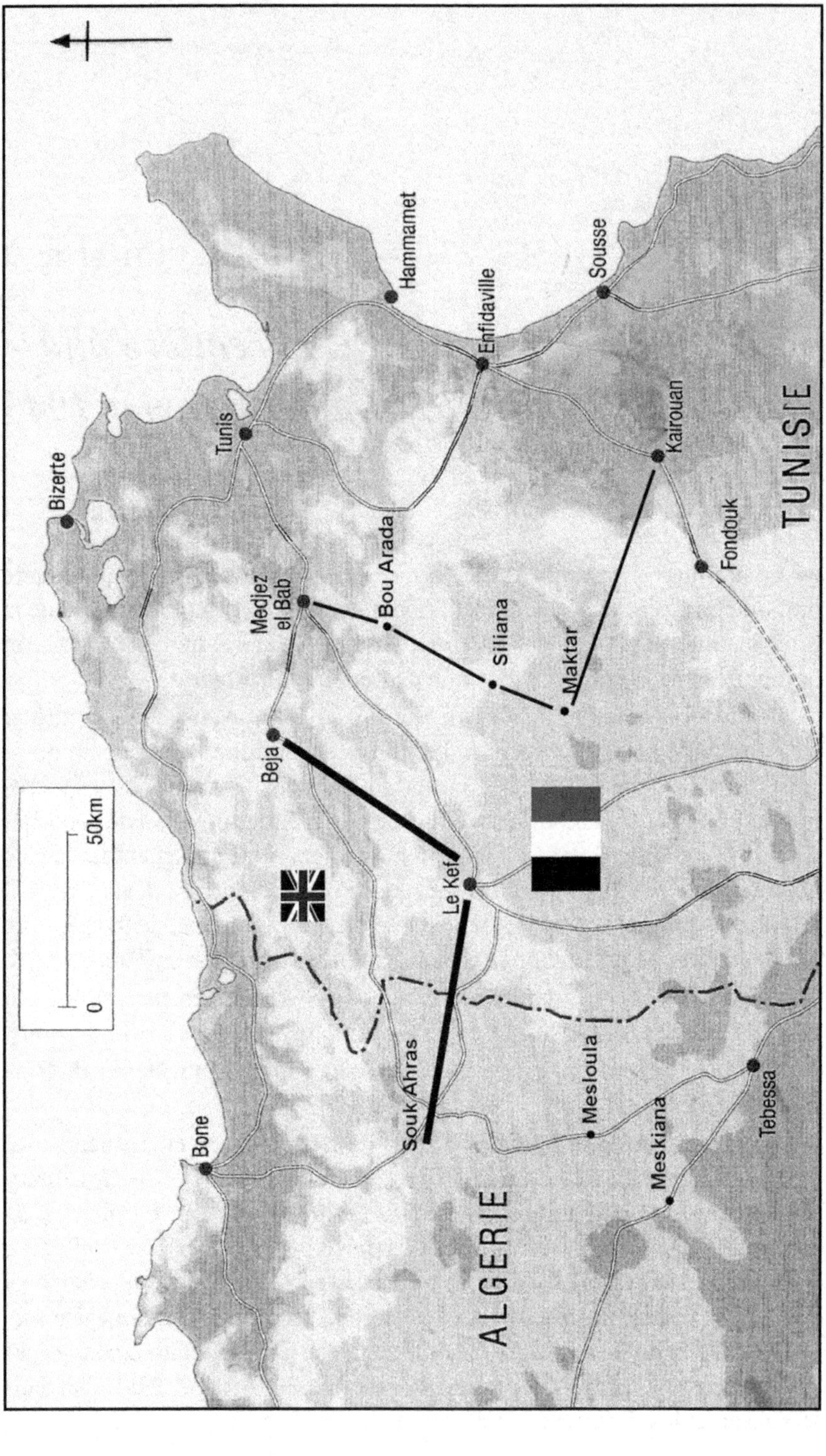

Première attaque britannique vers Bizerte

Dès le lendemain du « cessez-le-feu » à Alger, le 9 novembre, les Britanniques cherchèrent à prendre seuls et par surprise le contrôle de Bizerte. À cet effet, un bataillon de parachutistes britanniques occupa le petit port de Bougie, au 2/3 de la route Alger-Bizerte. Le 11 novembre, un second bataillon fut à Bône, à 150 km de Bizerte environ. On voit que, depuis leur débarquement à Alger, les Anglais n'avaient pas perdu de temps. Bône, excellent petit port, est également un carrefour routier : les voies côtières de Mateur à Bizerte, de Djebel Abiod à Béja et à Medjez el-Bab se croisent à Bône.

Si les Britanniques avaient foncé avec une brigade débarquée dès le 9 à Bône, Bizerte aurait été conquise avec ou sans les forces du CSTT du général Barré car la route Mateur-Bizerte (150 km) était encore libre de toutes forces allemandes suffisantes pour résister. La guerre de Tunisie aurait alors pris une tournure différente.

Parachutés à Souk el Arba, les Britanniques prirent Béja le 16 novembre et 3 compagnies du Royal West Kents appuyées par un régiment d'artillerie occupèrent Djebel Abiod le 17. Ce petit village, au pied d'un massif isolé à 2-3 km de la mer, a des vues sur tout l'environnement : Béja, Medjez..., surveille et tient sous ses feux le carrefour des routes Bône-Bizerte et Bône-Béja par où passaient obligatoirement renforts et ravitaillements sans avoir à faire un long détour de 30 km par des routes tortueuses en terre battue, vite boueuses. D'où son importance.

Les forces anglaises s'attendirent mutuellement et furent regroupées entre le 11 et le 17 novembre : six jours qui coûtèrent Tunis aux Britanniques car durant ce temps les Allemands avaient amené, par voie de mer, des unités toutes prêtes de Sicile. Les compagnies britanniques de tête furent immédiatement attaquées par trois bataillons et une vingtaine de chars amenés par voie de mer avec le consentement de l'amiral Esteva, résident général en Tunisie. L'aviation allemande dominant largement les quelques Spitfire venus de Gibraltar. Les Anglais résistèrent 48 heures aux assauts et attaques aériennes, avant de se replier et après avoir détruit 14 chars ennemis sur 20.

La tactique de l'aviation allemande était astucieuse : ses avions se tenaient hors de portée jusqu'à ce que les Spitfire britanniques venant de Gibraltar rentrassent à leurs bases se ravitailler. À ce moment-là, estimant la voie libre, les pilotes allemands arrivaient, masqués par les collines, survolaient les routes tirant sur tout objet visible : simple camion, voiture, motocycliste isolé rendant impossible d'acheminer l'approvisionnement de jour. Les routes étaient devenues un cimetière de véhicules brûlés entre Béja et Tebourba.

Bien que renforcé par mer chaque jour de 1 000 à 3 000 soldats allemands, Djebel Abiod fut reconquis les premiers jours de l'offensive du 25 novembre puis définitivement perdu par une forte contre-attaque allemande jusqu'à la fin de la campagne, obligeant le soutien et l'approvisionnement des forces britanniques à faire de longs détours de nuit, dans des chemins détrempés.

Ce n'est que le 25 novembre seulement que le général Allfrey, commandant le Ve corps britannique, engagea la 78e division du général Evelegh sur trois directions :

- au nord, la 36e brigade, sur Djebel Abiod-Bizerte ;
- au centre, la Blade Force (17th/21st Lancers) renforcée d'un bataillon blindé américain avant-garde de la 6e DB qui ne fut complète que fin décembre ;
- au sud, la 11e brigade sur Béja, Medjez, Tunis.

Les deux brigades eurent du mal à se rejoindre par la route côtière, sans cesse bombardée par les Stuka basés à El Aouïna et les pistes d'Oudna !

Le 26 novembre, la 11e brigade reprit Medjez el-Bab, sans combat. Comme cela a été signalé, le colonel Le Couteulx avait rendu inutilisables le passage de la Medjerda et ses environs proches avant d'aller couvrir Béja. Du coup les Allemands avaient délaissé Medjez.

Les forces de l'Axe se renforçaient quotidiennement. Durant la semaine de retard sur les prévisions d'attaque britannique le rapport de forces avait changé : le 27, il y avait déjà 25 000 Italo-Allemands dans la tête de pont de Tunis : 15 000 Allemands, 10 000 Italiens, une centaine de chars. La 10e Panzer du général Fischer et la 334e de montagne du général Weber étaient en cours de débarquement le 26 novembre. Les blindés, dès leur descente de bateaux, étaient immédiatement envoyés vers Tebourba.

Le 30 novembre, les Allemands pouvaient réagir aux attaques britanniques. La lutte fut stabilisée dans la zone Tebourba-Chouigui où la Blade Force et la 11e brigade furent contenues par les blindés de Lueger et les parachutistes de Koch. Les Anglais furent contraints de se replier devant une attaque allemande appuyée par l'aviation.

Le 27 novembre, un bataillon de la Blade Force réussit l'action remarquable de s'infiltrer et de se glisser jusqu'au terrain d'aviation de Djedeïda, à proximité de Bizerte, où il détruisit au sol une quarantaine d'avions allemands. Les Anglais se préparaient à déposer un bataillon de parachutistes à Depienne pour détruire les avions du terrain d'Oudna, proche de Tunis, mais ils furent stoppés le 29 à Tebourba avec des pertes sévères. Un bataillon, le 2nd Hampshire, fut réduit à 250 hommes sur 800 et subit des pertes sévères de chars. Sous la contrainte, il fut obligé de se replier.

C'est alors que le général Nehring, qui avait reçu la visite du maréchal Kesselring, se rendit compte du danger et engagea toutes ses forces disponibles : unités parachutistes et troupes d'assaut, nombreux canons antichars de 88 mm et 40 blindés dont 5 Tigre (les chars les plus puissants du moment, leur blindage et leur portée étant sans égale). Ils attaquèrent le bataillon de la Blade Force qui depuis six jours s'accrochait farouchement le long d'une chaîne de collines escarpées, déclenchant un feu d'enfer épuisant leurs munitions mais faisant croire à l'ennemi qu'ils disposaient de renforts importants. La Blade Force attendait impatiemment l'arrivée de la colonne blindée américaine qui aurait pu leur permettre de rétablir leur position. Arrivés à leur hauteur, les blindés américains contournèrent le massif et, en colonne, poursuivirent sans s'arrêter leur avance. C'est alors que les Allemands leur tendirent un piège qu'ils renouvellèrent plus tard contre la 9e DIUS franchissant la Dorsale Orientale.

Cela consistait à faire replier leurs chars, de puissants Pz IV, bien en vue des chars américains qui s'engageaient à leur poursuite, et à déclencher au bon moment un rideau de canons antichars postés le long de la colonne américaine dont ils firent un massacre, tandis que les Mark 4 firent demi-tour et achevèrent les chars encore indemnes. Le 3 décembre, les Anglais évacuèrent Tebourba après avoir perdu 1 000 hommes et 50 chars.

On peut suivre au jour le jour toutes les actions des troupes anglaises durant la campagne de Tunisie dans une historiographie passionnante écrite, dès 1943, par John d'Arcy-Dawson, un correspondant de guerre « par monts et par vaux », comme il se présente, ancien militaire. Ce vieux briscard, toujours en première ligne, est un témoin au regard aigu, attentif, avide de tout enregistrer : le « eye-witness » rêvé qui retrace des combats pris sur le vif, il y a soixante-dix ans ! Il affirme que, lors de l'opération Torch, les Américains n'avaient pas débarqué leurs meilleurs chars, estimant que les chars de type Valentin et Croisé étaient suffisants pour surclasser les blindés français qualifiés par eux d'« *antédiluviennes guimbardes* ». Cependant les chars US étaient excellents, capables de se déplacer partout sans le moindre anicroche mais leurs canons two-pounders[1] étaient impuissants contre le blindage des tanks allemands. Les Américains firent venir rapidement, mais trop tard, leurs Sherman qui surclassèrent nettement les Mark 4 des Allemands. Comme les canons antichars de type Valentin ne perçaient pas le blindage avant des chars, ceux-ci essayaient de rester groupés pour être moins nombreux à présenter leurs flancs mais, durant cet hiver pourri, cette parade était souvent vaine car ils s'enlisaient dans le sol boueux.

1. Canons antichars de 40 mm, peu puissants : ne perçant pas l'avant des chars allemands.

En Tunisie, le canon antichar six-pounders[2] s'est montré supérieur au canon du char, même celui du Tigre ! 90 % des tanks américains ont été détruits par les canons antichars allemands et non par l'artillerie montée sur char.

Premières contre-attaques ennemies (30 novembre-15 décembre)

Le 3 décembre, après l'évacuation de Tebourba par les Britanniques, le temps était exécrable, les véhicules motorisés s'embourbaient et le moral des hommes était très mauvais.

Le 4 décembre, exploitant leur succès, une offensive fut déclenchée par le général Fischer. Il utilisait ses chars Mk IV et quelques Tigre, armés de canons très puissants, écrasant de leurs feux l'infanterie britannique même accompagnée de blindés. Les tirs efficaces et puissants de l'artillerie britannique les sauvèrent souvent du désastre.

La 78e DI, ayant perdu toute puissance offensive, se replia. C'est alors que l'ennemi s'infiltra par la montagne avec ses parachutistes, la menaçant d'encerclement. En effet les Britanniques, blindés et motorisés, ne disposaient pas assez d'infanterie pour assurer leur flanc-garde en terrain montagneux. Le général britannique Allfrey demanda alors l'aide du général Barré qui se tourna vers Juin. Celui-ci promit de lui donner 3 bataillons de la DM d'Alger en voie de transport vers le 19e Corps. Mais les Anglais eurent besoin de renforts immédiats.

Les troupes françaises de Tunisie aidèrent efficacement les Britanniques à couvrir leurs flancs attaqués par des unités parachutistes de la division Hermann Göring. Un bataillon du 4e RTA du général Barré fut désigné ainsi que les deux bataillons du Corps Franc d'Afrique, unité originale de volontaires français, placée sous les ordres du général Anderson. Ces derniers, peu armés, instruits en quinze jours par les Anglais et initialement quelque peu délaissés, se sont battus et fait décimer avec une détermination qui force l'admiration. Ils ont été sauvés de l'extermination par un bataillon supplémentaire et trois groupes de Tabors mis à la disposition du général Allfrey à un moment critique où le général Barré avait le plus grand besoin de toutes ses troupes pour faire face à une contre-attaque allemande au sud de son dispositif.

Le Corps Franc d'Afrique mérite une mention spéciale

Le général Giraud créa le Corps Franc d'Afrique le 25 novembre 1942, placé sous le commandement du général de Monsabert jusqu'au 8 février 1943 puis remplacé par le colonel Magnan (un ancien du « Groupe des Cinq »). Ce Corps Franc devait donner l'occasion de se battre à tous ceux qui s'étaient vu refuser l'intégration dans une unité régulière.

---

2. Canons antichars puissants dont furent dotées également quelques automitrailleuses.

Gabriel Favreau, 2/3e REI, 1943.

Jean Lapouge.

Commandant René Baudry, 7e RTM.

Louis, Philippe et Bernard Lavaysse.

Une famille de patriotes français en Algérie qui, de père en fils, a participé à tous les engagements de la France depuis 1940 ; une famille de pionniers qui, ayant tout perdu le 22 juillet 1962 en quittant l'Algérie, s'est spécialisée, lourde de chagrin mais avec la même énergie, dans l'élevage de bovins en Dordogne.

X., Khalen, Izquierdo, Favreau, Violès, X.

Pause, janvier 1943.

Il était composé uniquement de volontaires, sans distinction de race ou de religion : des jeunes de dix-huit ans, des volontaires FFL refusant d'être incorporés « en territoire vichyste sous protectorat américain », de nombreux « républicains espagnols » – de vaillants combattants – maintenus en internement en application des directives de Vichy ; l'Afrique du Nord faisait partie intégrante de la France. Les juifs maintenus dans des camps protestaient de leur patriotisme mais la conception rigide de la légalité restait entre les mains d'autorités civiles et militaires héritées de Vichy. Ces législations n'avaient pas été immédiatement abrogées par l'amiral Darlan, pressé par les événements, ce qui ne l'excusait pas pour autant. Il dut faire rapidement annuler ces prescriptions face à de véhémentes critiques venues de toutes parts y compris des États-Unis ! Cela augmenta les appréhensions de Roosevelt sur l'héritage vichyste des cadres nord-africains[3].

Le Corps Franc d'Afrique comprit finalement, au lieu de deux brigades escomptées, deux puis trois bataillons : le 1er bataillon (capitaine Balensi), le 2e bataillon (capitaine Mozzoli), auxquels se joignit en février le 3e bataillon (capitaine Gaillard). Il fut directement placé aux ordres du général Giraud qui le mit à la disposition du général Anderson. Celui-ci dut pourvoir à son armement : ni mitrailleuses, ni antichars, quelques mines, l'excuse étant que l'armée britannique n'avait que le juste nécessaire. Anderson lui affecta un secteur d'opérations entre la vallée de la Sedjemane et la mer, du cap Serrat au cap Negro où cependant il mena la vie dure à l'ennemi, patrouilles et coups de main au cours desquels des prisonniers furent capturés.

Ardent, peu armé et sans véritable formation militaire (quinze jours d'instruction à Arzeu !) nous retrouvons le 1er bataillon CFA lors de l'ultime offensive de von Arnim le 26 février 1943. Il fut attaqué par des éléments très supérieurs de la division Manteuffel appuyés par une batterie de 155 et trois pièces de 88, dont l'objectif était la station de Sedjemane-cap Serrat. Après une lutte acharnée (une compagnie anéantie), le bataillon parvint à décrocher échappant à l'encerclement et le commandant Durant coordonna une contre-attaque avec le 2e bataillon CFA et l'appui d'artilleurs britanniques qui participèrent avec efficacité au combat. Ils atteignirent Sedjemane le soir. Les pertes de cette journée s'élevèrent à 8 tués dont un officier, 20 blessés et 126 disparus. Il en fut ainsi jusqu'au 26 mars : le CFA fut renforcé parfois par quelques unités britanniques et se battit, complètement démuni, avec un rare acharnement au sud de Sedjemane dans les djebels Aïn-Chouma. Il perdit au cours d'une contre-attaque contre les parachutistes allemands 130 hommes mais, en liaison avec le 60e Goum, leur infligea les mêmes pertes grâce à l'efficacité de l'artillerie.

---

3. Frédéric Harymbat dans *L'Algérianiste* n° 145.

Étalé sur plus de 15 km, non ravitaillé, recevant des missions ingrates de couverture des forces anglaises qui se replièrent, le Corps Franc ne fut plus en état de combattre. Il n'eut plus le moral malgré un message très élogieux du général Freeman-Attwood, commandant la 46ᵉ division britannique.

Remis en condition dans la région de Tabarka, étoffé par des hommes et des cadres du RICM et 3 goums du 4ᵉ Tabor, le CFA du colonel Magnan retrouva l'ardeur et le moral élevé que ces hommes possédaient lors de sa création. Le 14 avril, le CFA passa aux ordres du IIᵉ CAUS (général Bradley) et, comme nous le verrons lors de l'offensive anglaise de la victoire finale, se couvrit de gloire à trois reprises dans les combats précédant la prise de Bizerte.

À la fin de la campagne, le général de Monsabert intégra sans aucune difficulté ces valeureux combattants dans sa division lors de la réorganisation de l'Armée d'Afrique. Ils se distinguèrent par la suite dans les durs combats menés pour conquérir l'île d'Elbe et préparer le terrain à la veille du débarquement en Provence.

Peu connu, même au sein de l'Armée d'Afrique, le Corps Franc d'Afrique mérite un développement particulier en raison du courage et de la combativité dont il a fait preuve.

Reprise de l'offensive franco-britannique sur Tunis

Le 7 décembre, les Britanniques furent donc contraints d'évacuer le piton isolé d'El Abiod, au nord de Medjez el-Bab. après un combat acharné et l'avoir repris à deux reprises.

C'est alors que le général Allfrey, commandant le 5ᵉ corps, craignit le pire et voulut, le 8 décembre, se replier jusqu'à l'oued Zerga pour se reconstituer et prendre un peu de repos. Il demanda au général Barré d'abandonner Medjez et de se replier à leur hauteur : Djebel Abiod-Béja-Oued Zerga. Barré objecta avec force qu'abandonner Medjez, c'était livrer à l'ennemi le seul verrou sur la Medjerda en direction de Constantine. Aussitôt averti par Juin, Giraud parvint à décider Eisenhower de ne pas abandonner Medjez. Celui-ci décida de conserver la ligne de défense passant par Medjez el-Bab que les Français prirent à leur charge.

Allfrey se rangea à l'ordre d'Eisenhower mais demanda à être renforcé. Barré mit à sa disposition deux bataillons du 9ᵉ RTA de la DM d'Alger qui venait d'arriver.

Les unités blindées de la 6ᵉ DB britannique de la 78ᵉ DI, en cours de débarquement, partirent se concentrer autour de Téboursouk.

Finalement le repli fut limité à la ligne Tamera-Sidi N'ir-djebel Ang-Medjez el-Bab-Goubellat-Bou Arada.

Ce même 8 décembre, à Bizerte, l'amiral Derrien et toutes les forces dont il disposait se rendirent aux autorités allemandes, cédant à un ultimatum.

Juin se rendit compte que l'offensive des Anglais était non seulement bloquée mais que ceux-ci en se repliant laissaient libre la zone montagneuse ceinturant le nord de la Medjerda. Il décida rapidement de contrôler la zone montagneuse à l'est de la Medjerda pour garder une possibilité d'attaquer Tunis.

La possession de ce vaste demi-cercle se terminant à l'ouest sur le massif du Zaghouan était importante.

À cet effet, il suggéra au général Allfrey que les Anglais s'accrochassent à hauteur du verrou de Medjez (que nous gardions !), sans perdre l'initiative de relancer l'attaque avec la 6e DB de Téboursouk vers Massicault, au nord de la Medjerda.

Quant aux forces françaises, elles agiraient, au sud et à l'ouest de la Medjerda, en direction de Pont-du-Fahs (aujourd'hui El Fahs) à une soixante de kilomètres de Tunis, en liaison avec les forces blindées et l'artillerie anglaises gardant la route menant de Tunis au Kef.

La petite plaine au sud de Pont-du-Fahs est située à l'ouest du djebel Zaghouan, derrière le réservoir de l'oued Kébir. Elle est traversée par des pistes en dur permettant le déplacement rapide, par tous les temps, de blindés prenant de flanc tout débordement, à droite ou à gauche du réservoir de Kébir. Ce qu'ignoraient Anglais et Français qui disposaient de quelques patrouilles de reconnaissance et manquaient d'avions de reconnaissance.

Au sud du réservoir de Kébir se trouvait une zone bouleversée de djebels séparés par de profonds ravins marquant la jonction de la Petite et de la Grande Dorsale. La zone montagneuse au pied du djebel Zaghouan, bordant la plaine de Pont-du-Fahs, n'avait fait l'objet que de reconnaissances réciproques par manque d'effectifs de part et d'autre. Comme elle était intéressante à contrôler, elle allait devenir une zone de combats âpres et sanglants contre les Allemands qui, renforcés, en avaient saisi l'importance. Les Anglais s'opposèrent aux blindés allemands sur les axes routiers qui passaient à côté du réservoir. Ils aidaient les Français en faisant des pointes blindées sur les pistes s'enfonçant dans la forêt tant qu'elles ne furent pas trop boueuses, et des tirs d'artillerie quand leurs observateurs reçurent, retransmis en anglais par les observateurs français, les coordonnées d'objectifs valables. On imagine la difficulté de bénéficier à temps de l'appui de leur artillerie malgré toute la bonne volonté déployée de part et d'autre !

C'est ainsi que les Français, armés de fusils 07/15, disposant d'une section de mitrailleuses et de quelques mortiers par bataillon, transportés à dos de mulets, opposèrent à des unités d'élites d'infanterie allemande une résistance opiniâtre allant jusqu'au corps à corps pour tenir les hauteurs, les bois, les zones ravinées descendant jusqu'à la jointure des deux dorsales qui encadrent l'extrémité de la plaine d'Ousseltia.

Les premiers jours de décembre le temps était devenu exécrable, pluies diluviennes permanentes tandis que Tirailleurs, Zouaves, Goumiers, Légionnaires gravissaient les pitons, dévalaient les pentes des oueds en crue, se battaient avec acharnement contre d'excellentes troupes disposant de chars qui eux passaient partout, d'artillerie et de mortiers.

De plus, il était urgent, durant le même temps, d'interdire les passages et cols de la Dorsale Orientale jusqu'au sud, ce à quoi s'employa le général Koeltz avec le 19e CA.

Situation des forces de l'Axe

Le 9 décembre le général von Arnim arriva à Tunis pour remplacer le général Nehring et prit le commandement de la Ve Panzerarmee créée le 3 décembre par Hitler qui avait déjà promis trois Panzerdivision et trois Panzergrenadier division dont la Hermann Göring.

Le général von Arnim n'avait aucune connaissance de l'Afrique. C'est important à signaler. Il organisa ses forces en trois secteurs :

- au nord, la division von Broich, improvisée sur place ;
- au centre, la 10e Panzer ;
- au sud, la division Superga qui tint un front de 50 km à vol d'oiseau, de Pont-du-Fahs à l'ouest de Sbikha.

Les 10 et 11 décembre, les Allemands reprirent leurs attaques sur Medjez el-Bab avec 30 chars moyens et 2 Tigre : le village fut défendu avec succès par le 4e régiment mixte de Zouaves et de Tirailleurs (4e RMZT).

La Combat Command B américaine (CCB), constituée de blindés, s'enlisa en voulant gagner la rive nord de la Medjerda par une piste profondément boueuse. Pour comble d'infortune, elle dut abandonner une partie de son matériel : 18 chars, 132 half-tracks, 41 canons. Il ne lui resta que 44 chars[4].

Le 12 décembre, la Luftflotte disposait de 1 200 appareils, tandis qu'un pont aérien fonctionnait en permanence entre l'Italie, la Sicile et la Tunisie.

Le 15, les Germano-Italiens se renforcèrent par l'arrivée de :

- la division Hermann Göring,
- la 136e DI italienne,
- la 80e division italienne de parachutistes (Spezia),
- la Ve Panzerarmee, qui comprenait désormais quatre divisions allemandes (dont une Panzer) et trois divisions italiennes.

---

4. *In* George Howe, *Northwest Africa: Seizing the Initiative in the West*, University Press of the Pacific, 2005.

Combats de Pont-du-Fahs (20-29 décembre)

Le général Juin, à la mi-décembre, ordonnait au général Barré, qui bloque la vallée de la Medjerda à hauteur de Béja, d'atteindre Bou Arada et Siliana, d'envoyer des reconnaissances en direction de Pont-du-Fahs et de prendre liaison avec le 19e CA à Maktar.

Juin agit conformément à ce qui avait été convenu avec les Britanniques qui devaient attaquer au nord de la Medjerda, les Français plus au sud.

Il faut se rappeler que le commandement des forces françaises en Tunisie et celui des forces britanniques étaient indépendants l'un de l'autre : les deux opérations Juin-Allfrey furent donc livrées séparément.

Le général Barré, commandant le CSTT, chargé de l'opération française s'entendit avec le général Allfrey pour que la 6e DB assurât une couverture antichars et un appui artillerie de nos unités immédiatement à l'est de la route Pont-du-Fahs-Siliana. Allfrey accepta tout en nous demandant d'attaquer les premiers sans lier nos actions avec eux.

Cela n'enchanta pas Juin qui prescrivit alors au général Barré de s'établir en défensive du djebel Heidous jusqu'au barrage de l'oued Kébir et de préparer une action offensive à droite du barrage en direction du djebel Zaghouan. En somme, puisque les Anglais ne parvinrent pas à s'emparer de Bizerte-Tunis par la pince montagneuse nord, les Français le tentèrent par la région montagneuse sud.

Juin, ne disposant pas de chars et d'artillerie, ne pouvait attaquer qu'avec des unités d'infanterie dans la zone boisée et escarpée qui ceinturait à l'est la plaine de Pont-du-Fahs. Il s'agit d'un demi-cercle de massifs montagneux qui part de Bou Arada, à 25 km environ de Medjez el-Bab, côte 640, djebel Mansour, traverse la route qui mène du Kef à Tunis, le Chenadeff, la côte 736, le djebel Fkirine, le djebel Saïdane et, plus au nord, le djebel Zaghouan.

Du Chenadeff descendit une zone particulièrement difficile de djebels : Serdj, Bargou, Chirich qui marque la jonction de la Grande Dorsale et de la Petite Dorsale. Ces massifs encadrent la pointe du plateau du Kef qui, large au voisinage du Constantinois et de parcours plus facile, se rétrécit progressivement vers le nord-est.

Le 14 décembre, le général Juin mit à la disposition du général Barré les premières unités qui arrivaient du Maroc : la Division de marche du Maroc (DMM) du général Mathenet qui comprenait le 3e REI, le 7e RTM, les 2e et 3e Tabor, le REC et le 64e RAA.

En un mois, l'Armée d'Afrique se montra capable de mettre en ligne 4 petites divisions, alors que nos Alliés avaient à peine deux divisions en Tunisie. On comptait 60 000 Français pour 30 000 Alliés. Ce fut le moment choisi par Radio-Londres pour annoncer : « *l'Armée d'Afrique n'a pas quitté ses cantonnements.* »

Carte 7 – Pont-du-Fahs 1

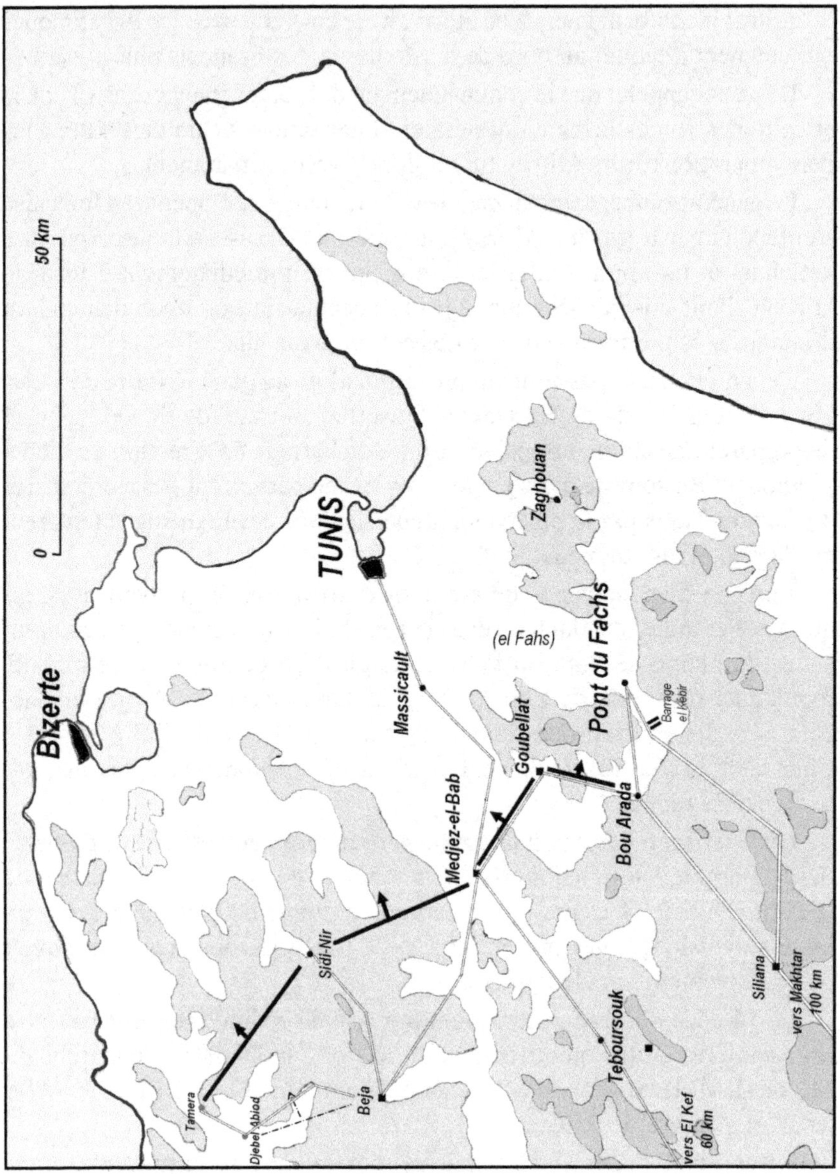

Attaques du groupement Carpentier

Au-dessous du barrage de l'oued Kébir, un groupement fut formé aux ordres du colonel Carpentier, commandant le 7e RTM. Son régiment fut renforcé par un bataillon de tirailleurs algériens (2e RTA), un bataillon de tirailleurs tunisiens (III/4e RTT), le 3e Tabor et un groupe d'Artillerie portée (III/67e RAA).

Il reçut le 14 décembre l'ordre du général Juin de reprendre les massifs montagneux qui mènent au djebel Zaghouan : les « djebels » de Fkirine et Saïdane et de poursuivre leur progression pour se rabattre sur la plaine de Pont-du-Fahs.

Carte 8 – Attaque Carpentier de décembre 1942

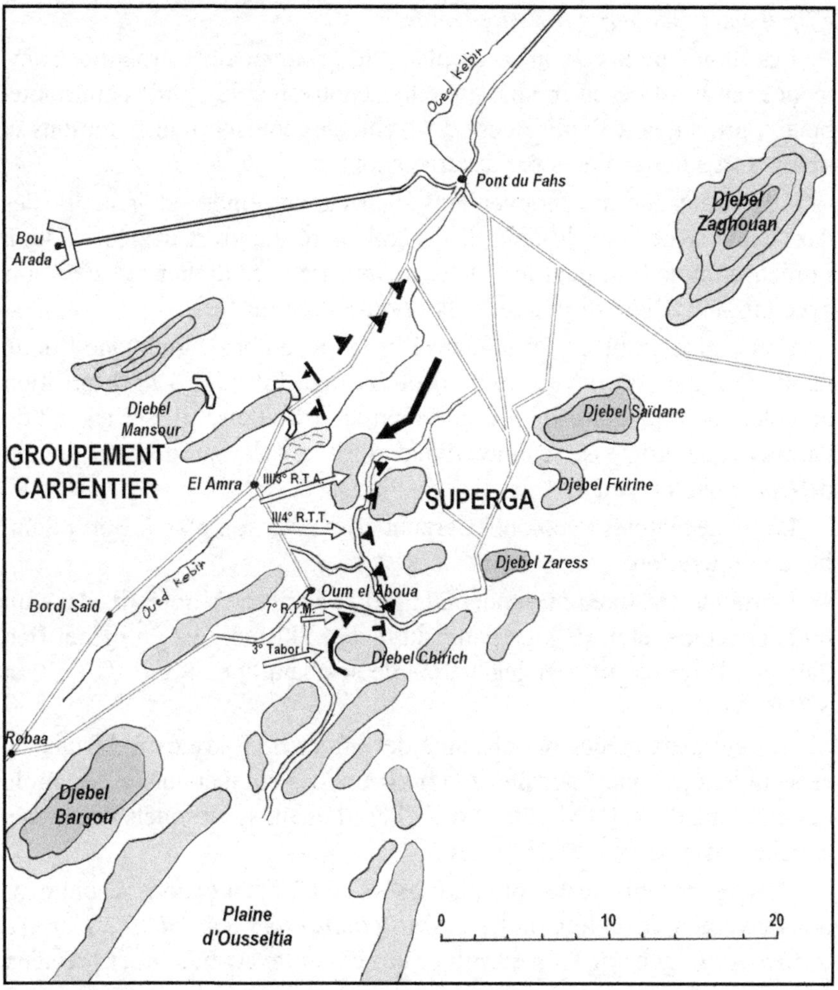

L'action devait disposer d'un appui de l'artillerie anglaise se trouvant proche de la route descendant de l'oued Kébir et passant non loin des djebels Bargou et Bordj Saïd. Les limites entre Français et Anglais n'étaient pas nettement définies et variaient un peu selon une entente locale en fonction du terrain mais chacun d'entre eux restait aux ordres de leur commandement : comme c'était prévisible, la coordination des actions sera souvent déréglée.

Le correspondant anglais John d'Arcy-Dawson se trouvant à la 6e DB fit une description dramatique des soldats de l'Armée d'Afrique qu'il approchait pour la première fois : « *habillés de loques, armés d'antiques tromblons et de quelques canons de 75, dépourvus de tout transport... leur vaillance est stupéfiante, car ils n'avaient aucune chance devant l'équipement moderne des Allemands.* »

Les mouvements de mise en place du groupement Carpentier commencèrent le 14 décembre par un temps épouvantable : pluie persistante, boue... provoquant l'enlisement des véhicules transportant munitions et vivres sortis des ornières par des tracteurs !

Apprenant que des mouvements suspects de blindés étaient signalés dans la plaine de Pont-du-Fahs, le général Barré, sur ordre du général Juin, fit mettre immédiatement le 3e REI en bordure nord du barrage de Kébir avec mission d'interdire la route Pont-du-Fahs-Siliana.

Cette mise en place fut effectuée le 19 décembre, tandis que l'unité du 4e RTT qui se trouvait au nord du barrage fut mise à la disposition du colonel Carpentier. Celui-ci lui donna l'ordre de se glisser au sud du barrage et de progresser en direction de l'est en éclaireur de l'attaque qui débuta le lendemain.

Le 19 décembre, le colonel Carpentier exposa son plan à Bordj Saïd, PC de l'opération.

L'attaque fut fixée au lendemain, 20 décembre. L'objectif, dans un premier temps, était de s'emparer du djebel Fkirine puis du djebel Ben Saïdane. Il prévoyait d'engager trois de ses bataillons : 3/4e RTT, 1er et 3/7e RTM.

Les combats menés par chacune des unités de l'Armée d'Afrique se ressemblent par leur intensité et la bravoure des combattants à l'exemple des combats du 7e RTM vers le djebel Zaghouan, sur lesquels nous nous attacherons du 20 au 29 décembre.

Il est regrettable de ne pouvoir tous les commenter et nous recommandons vivement la lecture du livre *Nous étions alors capitaines à l'Armée d'Afrique* du général Pierre Daillier qui est un exceptionnel et précieux recueil de témoignages concernant de nombreuses unités.

Combats du 7e RTM

Le commandement français ignorait – toujours pour les mêmes raisons : manque d'unités de renseignement et d'aviation – que pendant ces préparatifs le général von Arnim, s'étant renforcé, avait décidé d'élargir son front des hauteurs de Medjez jusqu'aux djebels, en avant du Zaghouan, afin de contrôler les voies d'accès sur Pont-du-Fahs et la zone montagneuse proche de Tunis.

Prêt à intervenir de part et d'autre de la plaine de Pont-du-Fahs, traversée par de petites routes en bon état, l'ennemi disposait de blindés puissants et de l'aviation de la base de Depienne, à proximité immédiate.

La Superga (division d'élite italienne), devançant les Français, tenait les hauts lorsque le groupement Carpentier avec le 7e RTM et les Tabors commencèrent leur progression.

Le I/7 RTM du commandant Baudry (que nous avons connu la nuit du 8 novembre lors du débarquement américain à Port-Lyautey au Maroc) était chargé de l'effort principal. Il attaqua en direction du djebel Zaress, appuyé sur son flanc gauche par le III/7 RTM (commandant Brissot-Démaillet). Ils furent couverts au nord par le III/4 RTT (Lorillot) et au sud par le 3e Tabor (Colbert-Turgis).

Le I et III/7 RTM furent précédés sur la piste Oum el Abouach par des automitrailleuses britanniques et appuyés par les feux du III/6 RAA et du II/66 RAA.

En raison des chemins boueux, et détrempés, l'artillerie anglaise qui devait les appuyer était en retard. L'heure d'attaque fut reportée de 7 h 30 à 10 heures. Les bataillons du 7e RTM se heurtèrent rapidement vers 11 h 30 à de fortes résistances ennemies à base d'antichars italiens. Ils furent bloqués près de leur base de départ.

Devant l'importance de la résistance ennemie, le général Barré mit le 2e Tabor à la disposition du colonel Carpentier.

Voici le combat du 1/7 :

« *Après l'échec du 20, l'action reprend le 21 décembre 1942 à 7 h 30. Mais sur l'axe d'effort la situation va devenir sérieuse. En effet, à 13 heures les deux bataillons du 7e RTM n'ont toujours pas pu franchir la piste 334-321 que l'ennemi tient sous le feu de son infanterie et de ses automoteurs. La situation devient sérieuse. L'aviation allemande se manifeste partout, tant sur la ligne de feu que sur les arrières immédiats ou lointains. Vers 15 heures, appuyée par un violent bombardement et des chars qui tiraient de flanc, une contre-attaque ennemie est déclenchée au cours de laquelle le commandant Baudry est tué d'une balle en plein cœur. Le 1/7 RTM est contraint de se replier à hauteur de la ferme Montrozier. La mort du commandant Baudry du 1/7 RTM a provoqué un flottement chez les*

Tirailleurs. Le colonel Carpentier décide de suspendre l'attaque. Le bilan des pertes françaises des 20, 21 et 22 décembre s'élève à 14 tués, 95 blessés et 58 disparus. »

Cette sobre et courte partie du texte racontant l'opération et la mort de son père est du colonel Dominique Baudry, fils du commandant Baudry. Il joint à ce texte des témoignages précieux : la lettre du capitaine Delcros, commandant la 3e compagnie, rapportant les circonstances de la mort de son chef à proximité de lui. Le commandant Baudry avait rejoint l'unité de tête et, se portant en avant de l'échelon de tête, observait le terrain pour reconnaître le dispositif ennemi. Debout, les jumelles à hauteur des yeux, il était la cible qui ne trompait pas l'ennemi à 250 mètres : celle du chef. Le capitaine Delcros s'en est toujours voulu d'avoir laissé son chef s'exposer ainsi. Le maréchal Juin écrivit une citation à « l'ordre de l'Armée » particulièrement émouvante. Le corps du commandant Baudry repose au cimetière français de Gamarth en Tunisie sur une colline dominant la mer près de Carthage.

Dans notre armée, on n'empêchera jamais nos chefs de se porter pratiquement seuls en tête de leur dispositif afin d'observer par eux-mêmes le terrain malgré les interventions respectueuses de leurs proches subordonnés. Combien de chefs de valeur aurons-nous perdus ainsi !

« *Avec le 7e RTM, à partir du djebel Chirich, le colonel Carpentier reprendra l'attaque le 27 décembre vers le nord : carrefour 321 et djebel Zaress. Le premier objectif est de contrôler la crête El Bahalil qui bloque toute progression. Le régiment ne peut que préserver son avance. L'attaque reprend le 28 matin en fonçant par la montagne et le 3/7 s'empare d'El Bahalil où il laisse une compagnie et poursuit sa progression pour s'installer sur les pentes du Krerkine.* »

Le 29, le régiment reçut l'ordre de décrocher sur une ligne de terrain plus basse, les régiments tunisiens et algériens voisins ayant été débordés, le 7e RTM risquait d'être encerclé. Ordre est donné de ne pas essayer de poursuivre notre action et de s'installer défensivement pour empêcher l'ennemi de déboucher sur les plaines de Siliana et d'Ousseltia. Grande fut la déception de nos troupes qui mesuraient la pauvreté de nos moyens : le courage ne peut suppléer à tout.

L'attaque ayant échoué, la DMM passa en posture défensive repoussant les tentatives d'infiltration ennemies. La résistance ennemie fut de plus en plus dure.

En effet, l'ennemi lança une puissante contre-attaque obligeant la DMM à résister sur la ligne barrage de l'Oued el Kébir-Pichon-Faïd-Maknassy.

Les unités de la Division de marche du Maroc (DMC), après leur échec à Pont-du-Fahs fin décembre, résistèrent avec opiniâtreté à la contre-offensive de l'Axe disposant d'aviation, utilisant leurs blindés sur les pistes descendantes les moins embourbées, ce qui n'était pas prévu par ce temps affreux. Ils disposaient également d'unités d'infanterie aguerries, riches en mortiers et antichars. Les combattants de la DMM se battaient au corps à corps, s'accrochant jusqu'à la dernière extrémité à chaque djebel : les Tabors avec leurs groupes de Goumiers, couteaux à la main, étaient particulièrement redoutés. Ils se sentaient enfin à armes égales ! Ils se disputèrent les massifs depuis le nord-est de la dorsale jusqu'au djebel Chirich qui marque la séparation des deux dorsales.

Anglais et Français furent attaqués sur les limites qui séparaient leur zone d'action et s'appuyèrent mutuellement : chars et artillerie anglais le long de la route, fantassins français dans les montagnes proches.

La DM du Maroc continua à mener de durs combats retardateurs. L'attaque se poursuivit en direction de Rebaa, Siliana.

Goumiers et Tirailleurs continuèrent à s'accrocher djebel par djebel faisant l'admiration des Anglais qui eux-mêmes, sur l'axe Tunis-Le Kef, menèrent de forts engagements avec des fortunes diverses.

La 6e DB du général Keightley fut enfin au complet, encore équipée de blindés de types Croisé et Valentin (excellents en tout terrain mais ne perçant pas de face le blindage allemand) et de quelques Sherman qui commencèrent à arriver ; mais les Tigre ne purent encore être arrêtés que par des tirs de flanc et de l'artillerie.

La 6e DB anglaise, meilleure unité de la 1re armée britannique, était appuyée efficacement par des batteries d'artillerie qui agissaient, quand elles le pouvaient, au profit des Français.

Les Anglais attendaient dans un avenir proche une division d'infanterie, la 46e DI, et se préparaient à de nouveaux combats très durs. Von Arnim s'obstina toujours à vouloir percer du côté de la Medjerda ou contourner par le sud.

Du côté anglais, le général Anderson donna vers le 20 décembre l'ordre à Allfrey d'attaquer, sur la rive gauche de la Medjerda, le djebel Ahmera malgré la pluie. Les Allemands s'accrochèrent durant trois jours pour tenir ce verrou-clé. Les combats furent farouches, le bataillon du 3e Tirailleurs Algériens donné en renfort grimpa la montagne pour couvrir le flanc de la brigade anglaise qui, à plusieurs reprises, contrôla et reperdit le djebel... Le général Allfrey se résigna à ne pas relancer une attaque importante et laissa le djebel Ahmera à l'ennemi. Celui-ci le garda jusqu'à la grande offensive de printemps et le djebel mérita bien son surnom de « Long Stop Hill ».

Eisenhower, devant les pluies et les orages persistants où s'enlisaient dans la boue ses blindés et half-tracks, maintenant au sol son aviation, ordonna le 25 décembre : « *pas d'attaques importantes avant mars !* »

Juin, apprenant plus tard la décision d'Eisenhower, écrivit dans ses Mémoires que s'il avait été averti plus tôt, il aurait différé l'attaque lancée contre Pont-du-Fahs par un temps épouvantable.

Occupation de la Grande Dorsale

Le 21 novembre, le XIXe Corps du général Koeltz fut renforcé par la Division de marche algérienne (DMA) du général Deligne et la Brigade légère mécanisée (BLM) du colonel du Vigier. Le général Juin, sur proposition du général Koeltz, lui donna l'ordre de s'établir sur la Grande Dorsale pour déboucher ultérieurement sur Sfax et Gabès et empêcher les troupes de Rommel de se joindre aux forces du général Nehring afin de recevoir des renforts, du ravitaillement et du carburant, ce dont ils avaient absolument besoin.

La Division de marche de Constantine (DMC) fut en place dans la région de Tébessa, renforcée par un bataillon de parachutistes américains (3e bataillon du 509e régiment, commandé par le lieutenant-colonel Raff). Les parachutistes formaient alors des unités peu connues, nouvelles dans la guerre, très sélectionnées et entraînées. Ils étaient de redoutables combattants, craints des Allemands et des Italiens, à la pointe de tous les combats.

Dès le lendemain, la DMC envoya des détachements dans les centres les plus importants : Sbeïtla, Gafsa et sur les principales hauteurs qui entourent Tébessa.

Le 24 novembre, le général Koeltz avait averti ses troupes que si la mission du corps d'armée était d'ordre général défensif, elle ne devait en aucun cas se traduire par une attitude passive. Les unités devaient mener une guérilla active : « *C'est la raison pour laquelle j'ai suggéré au général Juin de jeter dans le massif des Matmata, au sud de Gabès, un groupe de Tabors Marocains avec mission de harceler les communications ennemies entre Médenine et Gabès, je porte mon PC à Aïn Beïda pour me rapprocher des DM d'Alger et de Constantine.* »

Koeltz fit preuve d'une grande activité : le 30 novembre, il fit occuper la Grande Dorsale dans sa partie centrale : région de Thala-Sbiba-Maktar, barrant les routes venant de Sfax, Kairouan et Gabès. Avec l'accord du général Juin, des éléments légers venant du Kef entrèrent à Maktar.

La situation de la DMC au centre du dispositif de « couverture » est intéressante à suivre : les Tirailleurs en place sur les hauteurs virent passer et revenir au fond des vallons des unités américaines sans être avertis ni bien comprendre ce qui se passait. Mais, dès qu'elles étaient accrochées, on envoyait immédiatement les unités de Tirailleurs ou de Tabors les plus proches pour les aider à décrocher ou reprendre la position et s'y tenir !

Le lieutenant Lapouge consigna dans ses carnets que les automitrailleuses blindées américaines qu'il apercevait au pied de son piton étaient celles du lieutenant-colonel Raff. Après avoir chassé les légères unités italiennes en reconnaissance à Sbeïtla, elles reçurent une autre mission plus au nord avant de reprendre le contrôle du col du Faïd. Après un échec, elles furent aidées par le 7e RTA, qui maintint des éléments.

Lapouge ignore a également que deux bataillons de la division italienne Centauro arrivés à Gabès étaient dirigés vers Kasserine et le col du Faïd.

Récit Lapouge :

« *Le 25 novembre à huit heures du matin, arrivée à Kasserine ; nous apprenons qu'après notre passage une puissante colonne motorisée américaine a liquidé des Italiens en quelques minutes : 50 Italiens tués, 80 prisonniers. De retour à Sbeïtla : nous contemplons le champ de bataille : chars brûlés, effets et matériels italiens, lettres (fratello carissimo...). Lettres expédiées quatre jours auparavant, ce qui nous fait râler. Des Américains, plus de nouvelles. Le capitaine nous fait bondir à la sortie du village où aboutissent les deux routes de Sfax et Kairouan : des colonnes motorisées viennent sur nous par ces routes. La compagnie est seule avec trois canons de 25 et quatre de 75. "Ils" approchent et croient que Sbeïtla est encore à eux. On ouvre le feu, ils ripostent, et cela allait tourner mal pour nous lorsque six avions américains décrivent des cercles et les bombardent méthodiquement : cris de joie des tirailleurs "Ah ! si on avait eu ça en 40 !"*

28 novembre.

Toujours à Sbeïtla. Je pose des mines antichars et des barbelés. Le lendemain, passage d'un avion allemand qui ne bombarde pas.

Lundi 30 novembre.

Ce carnet est le seul moyen de savoir le jour où l'on se trouve.

J'ai oublié de marquer hier que la pluie continue et n'arrête pas depuis deux mois ; cette nuit je me suis réveillé avec caleçon et chemise trempés : une gouttière juste au-dessus du ventre.

Passage à 9 h de dix voitures blindées américaines qui vont faire un coup de main sur Sidi Bouzid, à 45 km en avant, au pied du col du Faïd. Elles sont rentrées ce matin à 5 h après s'être trompées de village et n'avoir rien fait. Matériel superbe : voitures blindées découvertes regorgeant d'armes : canons de 37, mitrailleuses de 20, etc. Le lieutenant J. des chasseurs d'Afrique, qui participait à l'opération avec huit hommes est furieux : le commandement aurait dû être donné à un Français. Le capitaine Chabrier devient enragé avec seulement trois camionnettes pour le déplacement de la compagnie.

Quand les Américains nous donneront-ils du matériel ?

On commence à en avoir marre d'être dans ce village où l'on oublie tout à fait que l'on est en première ligne. Si nous n'avançons pas, nous risquons de ne jamais barouder. Le capitaine s'est déjà proposé pour un coup de main sur Kairouan, la compagnie déguisée en indigènes !

Mercredi 2 décembre.

À deux heures du matin, 100 véhicules blindés (ceux du Combat Command du colonel Robinett) et autres ont traversé nos lignes. Ce sont des Américains qui, renforcés de la 4e compagnie du régiment, vont attaquer le col du Faïd tenu par Allemands et Italiens. Aucune nouvelle ce matin. Maintenant (14 heures) des ambulances et des camions viennent de passer, disant que cela bagarre dur. Une compagnie va être envoyée en renfort. Nous attendons impatiemment.

Jeudi 3 décembre.

Journée glaciale.

Nouvelles du combat du col du Faïd. Nous sommes envoyés en renfort. Arrivés à 13 h à Sidi Bouzid où se trouve le PC, des balles sifflent autour de moi : c'est mon baptême du feu ! Six Stuka allemands nous mitraillent. Je commande le tir en DCA avec mon 1er groupe. Deux fois nous voyons revenir les avions en lâchant deux bombes chacun qui font grand bruit et fumée. Je me rends au 2e groupe, sur la crête, qui est aux premières loges : les tirailleurs sont un peu affolés. Les Stuka reviennent cette fois-ci au ras du sol dans un bruit de tonnerre. Il est difficile de ne pas avoir peur. Je suis à plat ventre sur la crête, la tête derrière un rocher, le corps ramassé : j'épaule moi-même une mitrailleuse. Leur passage semble durer une éternité. Les balles sifflent autour de ma tête, tout près. Je suis sûr d'être atteint et finalement tout se termine. Je regroupe mes gars éparpillés derrière la crête : pas de morts, ouf ! Puis départ pour le col où nous appuyons, sur sa gauche, une compagnie qui donne l'assaut. Le col du Faïd est à nous ! les avions reviennent bombarder : toutes mes pièces tirent, mes tirailleurs se défoulent !

On veille. Cette nuit, il fait très froid. »

Ce récit montre combien aux petits échelons on ignorait le déroulement des opérations en cours et notamment les interventions multiples des parachutistes du lieutenant-colonel Raff et des blindés du colonel Robinett qui possèdaient une rapidité de déplacement qui nous faisait défaut. Il faut leur être reconnaissants de leur disponibilité totale.

Le 3 décembre donc, des éléments de reconnaissance italiens à Kasserine et au col du Faïd furent neutralisés par les hommes du lieutenant-colonel Raff et les deux compagnies du 7e RTA. Leur mission principale était, à l'origine, de sonder les passages des dorsales, sans s'y accrocher, pour savoir s'ils étaient tenus.

Début décembre, le temps était devenu exécrable et fut pire de jour en jour paralysant les unités blindées, motorisées et l'aviation allemande.

À signaler qu'à la mi-décembre les Germano-Italiens ont été renforcés par l'arrivée de la division Goering, la 136e DI italienne et la 80e division italienne de parachutistes (Spezia).

Conquête de la Dorsale Orientale

Le général Koeltz, toujours offensif, lança la conquête du centre et du sud de la Dorsale Orientale.

La division de marche d'Alger (DMA), de son côté, entra à Ousseltia et occupa le col de Djeloula après avoir chassé des éléments légers italiens. Toutefois le général Deligne craignit que l'ennemi ne réagît sur son flanc gauche car il se renforçait du côté de la passe de Fondouk qu'il occupa le 16 décembre ainsi qu'Ousseltia. Le lieutenant-colonel Raff effectua un coup de main de nuit sur Maknassy.

L'objectif du général Koeltz, renforcé par la DMA, était de contrôler toute les passes importantes de la Dorsale Orientale : les passes du djebel Ousselat et de Pichon et, plus au sud, le col du Faïd sur la route de Sfax, plus bas encore, la route menant de Gafsa à Gabès.

La prise du col du Faïd par le lieutenant-colonel Raff et les Tirailleurs du 1er RTA fut un succès : l'ennemi ayant hissé le drapeau blanc, laissant entre nos mains 117 prisonniers dont 78 Allemands. Il réagit violemment avec son aviation.

Suivit la manœuvre du contrôle de Pichon le 9 décembre, sous les ordres du général Deligne. On ne pouvait négliger Pichon car l'ennemi pouvait venir à revers, au nord par le col du Djeloula, au sud par la passe de Fondouk.

Ainsi, le 17 décembre au soir, l'aile gauche du XIXe Corps était parvenue à devancer l'ennemi sur deux passes importantes de la Dorsale Orientale. On constata qu'il se renforçait mais l'inquiétude concernait à présent la Tripolitaine car le général Welvert signala que des blindés ennemis avaient occupé le seuil de Maknassy sur la route de Sfax à Gafsa et qu'il avait dû envoyer des éléments sur Metlaoui et Tozeur. Il était inquiet car il ne disposait que d'éléments de reconnaissance. Averti par le général Koeltz, le général Juin lui répondit qu'il avait demandé au général Giraud quatre bataillons et trois groupes d'artillerie... mais quand arriveraient-ils ?

La lutte pour la Dorsale Orientale ne tarda pas. Craignant que le XIXe Corps voulût déboucher sur Sousse, von Arnim avait envoyé des renforts dans le secteur de Kairouan qui venaient tâter le Fondouk et le Djeloula. Les 22 et 23 décembre, l'ennemi fit entrer en ligne son infanterie et essaya de déborder. Il échoua. La lutte devint de plus en plus dure et les Allemands finirent par occuper Pichon, rejetant les Tirailleurs du 9e RTA. Ceux-ci, entraînés par leur chef de corps, le colonel Maunier-Condroyer, contre-attaquent farouchement avec les bataillons Marty, Goutard... La compagnie

Bessaguet se battit en grimpant les pentes sous un barrage infernal. D'abord fixée à mi-pente, repartit avec un tel élan que l'Allemand lâcha pied, abandonnant un important matériel. L'ennemi se replia durant la nuit : Pichon fut réoccupé. Le XIXe Corps d'Armée a eu le dernier mot mais son front s'étendit sur deux cents kilomètres tandis qu'heureusement la situation se stabilisa dans le Centre tunisien mais les pertes furent lourdes.

Les généraux Deligne, du Vigier et Welvert demandèrent vivement des réserves mobiles... Ce dont le général Koeltz était dépourvu. Il surveilla avec inquiétude le sud de son dispositif, n'ayant rien à opposer en cas d'irruption de forces venant de la Tripolitaine.

Dans l'Est saharien

Dès son arrivée, le général Delay, commandant du front Est saharien, avait rapproché les forces de Touggourt et des oasis de la frontière de la Tripolitaine et du Fezzan. Le premier objectif fixé par le général Giraud avait été d'occuper les cols de Djanet dans le Tassili, des Adjers et de préparer une action sur Ghat. Ces missions avaient été remplies : la petite garnison italienne de Ghat s'était rendue sans opposer de résistance mais surtout les premiers contacts avec la colonne Leclerc étaient pris.

Bilan fin 1942

En face d'un ennemi agressif, mordant, possédant de puissants moyens d'investigations et de rupture et sachant exploiter à fond un succès, nos troupes purent tenir en dépit d'attaques coûteuses en décembre. Leur sacrifice – le mot n'est pas exagéré pour de nombreuses unités – ne fut pas vain, puisque l'ennemi a été arrêté sur la ligne générale Medjez el-Bab-Bou Arada et la Dorsale Tunisienne.

Il convient d'insister sur ces premiers mois de campagne, si glorieux et riches en héroïsme, en combats désespérés que les communiqués n'ont traduits à l'époque que par des phrases banales et conventionnelles « vives activités de patrouilles », « attaques ennemies contenues ».

Peu importe : le mot d'ordre de l'Armée d'Afrique était TENIR.

Tenir les axes principaux, les crêtes dominantes. Chaque unité avait un front immense, séparée de l'unité voisine par un intervalle atteignant la dizaine de kilomètres. Tenir et toujours faire du volume : tromper l'ennemi sur la valeur de nos effectifs – harceler les lignes adverses par des patrouilles sans cesse renouvelées, mordantes. Cela au prix de quels efforts, de quelles fatigues... la pluie qui ne cessait pas... la boue qui submergeait tout, enlisait les convois, coupait les unités de leur ravitaillement !

Tous, Tirailleurs, Spahis, Goumiers, Chasseurs, Artilleurs, Légionnaires, animés du même esprit ont durement fait payer à l'ennemi ses succès du moment, enrayer la ruée. Tous, sans espoir de prochaine relève, se sont battus avec l'énergie du désespoir, un armement désuet mais ils ont tenu sur les lignes de défense prévues.

Les Anglais que nous avons soutenus en combattant à leurs côtés ont été surpris par l'esprit de camaraderie de nos troupes à leur égard et profondément admiratifs du courage et de l'allant avec lequel nous nous battions aux pieds d'abruptes montagnes. Un de leurs correspondants de guerre, John d'Arcy-Dawson, les a décrits à nouveau : « *habillés de loques, armés d'antiques tromblons et de quelques 75, dépourvus de tout transport, leur vaillance était stupéfiante* ».

Le général K. Anderson, qui fut commandant en chef quelques jours plus tard, réagit vivement au cours d'une réunion à laquelle Dawson assistait, alors que tous les correspondants de guerre faisaient une moue ironique à l'évocation des combattants français. Anderson, homme très calme, d'une voix forte dit sèchement qu'il ne pourrait « *jamais assez chanter les louanges des Français, pour avoir tenu ferme la Grande Dorsale au début de la campagne. Sans leur inébranlable fermeté, nous n'aurions sans doute pu conserver Medjez, puisque nous n'avions pas assez d'hommes pour défendre la longue chaîne de montagnes s'étendant de Tunis à Tébessa. Ils brûlaient de se battre, leur courage et leur enthousiasme étaient magnifiques. Si on leur avait confié des armes et des équipements convenables* (ce que demandait, suppliait, sans cesse le général Giraud à Eisenhower) *ils auraient rendu des services bien plus appréciables encore, tels quels, il est étonnant qu'ils aient réussi le moins du monde à tenir les Allemands en échec* ».

Les Anglais, très limités en armements et approvisionnements, donnaient aux unités avec lesquelles ils luttaient les rares Stens qu'ils possédaient en réserve (mitraillettes très appréciées dont nous étions totalement dépourvus), parfois quelques véhicules de transport et Anderson avait promis que leurs chars Croisé et Valentin, très supérieurs à nos D1 de la BLM, nous seraient affectés lorsqu'ils auraient reçu leurs Sherman. Une franche camaraderie de combat s'était installée entre nous ainsi qu'une excellente coopération sur le terrain.

Il faut le dire qu'en décembre 1942 et janvier 1943 les Alliés n'avaient pas en Afrique du Nord d'effectifs suffisants – infanterie en particulier – pour s'opposer à une occupation rapide de la Tunisie et une pénétration profonde en Algérie.

Que serait-il advenu ? L'ennemi possédant alors un théâtre d'opérations au lieu d'une tête de pont aurait pu débarquer des effectifs beaucoup plus considérables ! Le cours des opérations en eût été profondément transformé !

CHAPITRE 3

Deuxième phase
Les contre-attaques de l'Axe
(3 janvier-9 mars 1943)

Cette période connut initialement de dangereuses contre-attaques allemandes aux ordres du général von Arnim, voulant à tout prix s'ouvrir les portes de l'Algérie par le nord de la Tunisie, conquérir la partie centrale montagneuse et l'extrémité de la Dorsale Orientale ainsi que la plaine d'Ousseltia vers l'est. Il lui fallait auparavant contrôler les passes importantes de Pichon et du Faïd.

Les forces anglaises, durement éprouvées au nord de la Medjerda, reculèrent mais tinrent bon. Les forces françaises livrèrent des combats retardateurs acharnés dans les djebels au sud du Zaghouan. Elles réussirent finalement, avec l'aide des blindés de la 6e DB, à contenir l'ennemi dans la région centrale et empêcher que, manœuvrant par le sud, il ne prenne le Kef. Elles ne purent garder l'extrémité de la Dorsale Orientale, interdire aux forces ennemies de s'engager dans la plaine d'Ousseltia, repousser ses attaques sur les cols principaux permettant d'accéder à la région côtière.

Du côté des Alliés, il convient de signaler la création d'un commandement allié unifié et l'arrivée de la VIIIe Armée après une brillante offensive à hauteur de Mareth.

Le fait dominant de cette deuxième phase est incontestablement en février la contre-attaque « Vent de Printemps » de Rommel en direction de Tébessa qui aurait pu lui ouvrir les portes de l'Algérie.

Durant cette phase décisive, l'Armée d'Afrique a toujours été présente, partout en première ligne, effectuant rapidement d'éprouvants déplacements à pied suivis de combats difficiles, de pertes sévères mais assurant une aide indispensable, très appréciée par les Alliés.

L'« offensive Weber » (3-24 janvier 1943)

Les forces allemandes étaient regroupées dans la Ve Panzerarmee du général von Arnim : les 10e Panzer, division Hermann Goering, division de marche von Broich et 3 divisions italiennes.

Rommel, encore en Tripolitaine, n'allait pas tarder à pénétrer en Tunisie avec sous ses ordres des forces très éprouvées qu'il parvint à reconstituer, grâce au port de Gabès et à la supériorité aérienne de l'Axe permettant à de nombreux cargos de traverser le détroit de Sicile. Complétée, l'Afrikakorps disposa des 15e, 21e Panzer, 90e Légère, plus la 164e DI allemande et six divisions italiennes. La 21e Panzer précéda de quinze jours la remise en état et le regroupement des autres forces, ce qui permit à Rommel de l'utiliser prématurément.

Fait important pour la suite des opérations : l'OKW avait décidé qu'en Tunisie, Rommel serait sous les ordres de von Arnim à la grande satisfaction de celui-ci. Rommel, discutant les ordres d'Hitler, l'avait indisposé à son égard.

Combat de Fondouk el Okbi (3 janvier 1943)

La première attaque de von Arnim fut dirigée sur la passe de Fondouk traversée par la route de Sbeïtla à Kairouan, débouché le plus direct pour les Forces Alliées vers la côte tunisienne à hauteur de Sousse. Elle répondit à la crainte de von Arnim que les Alliés ne fissent effort vers la région côtière pour empêcher la jonction des forces allemandes de Tunisie avec celles de Rommel venant de Tripoli. Crainte partagée par Rommel qui envoya au plus tôt la 21e Panzer.

Ce 3 janvier, les Allemands s'emparèrent par surprise de Fondouk tenu par un détachement comprenant le 2/2e (RTA) placé provisoirement sous les ordres de la DM d'Alger. Son dispositif comprenait une compagnie d'infanterie avec une section antichars du 68e RAA, en retrait, face à la passe. D'autres unités occupaient les sommets : le Cherichera et le djebel el Haouareb.

Vers 7 h 30, une colonne d'une quinzaine de chars allemands réussit à pénétrer et à se faufiler, sans se faire déceler, par le lit de l'oued Margenil longeant, derrière la Dorsale, les pentes rocailleuses du Cherichera. Ils surprirent et anéantirent le dispositif antichars. Au même moment, les deux sommets furent attaqués par de l'infanterie appuyée par des chars situés à l'extérieur de la Dorsale, hors de portée de nos antichars. Les éléments de défense de Fondouk parvinrent à se rétablir un peu en arrière. Fort heureusement, une escadrille américaine attaqua les chars à l'intérieur de la passe, leur infligea des pertes et les contraignit à se retirer à l'extérieur de Fondouk.

Le 2e RTA renouvella ses assauts à plusieurs reprises, essuyant de lourdes pertes (environ 300 hommes), sans parvenir à reprendre la côte 354, la plus élevée à droite du col, qui permettait de reprendre le contrôle de Fondouk.

Ce col commandait l'accès entre les deux Dorsales, il fallait tenter de le reprendre. Une dizaine de jours plus tard contre-attaquaient un bataillon du 7e RTA venu à pied du Faïd et les blindés américains de la CCB (colonel Robinett) revenus à toute allure du nord de la Tunisie ainsi que les blindés anciens de la Brigade légère mécanisée (BLM) qui étaient à Bou Khadra. Remarquons que le colonel Robinett, déplaçant les blindés de sa CCB du nord au sud du théâtre d'opérations, est toujours parvenu à nous apporter, à temps, une aide essentielle : « *Je suis aux ordres du général Juin !* » disait-il à ses supérieurs hiérarchiques américains.

Carte 9 – Combat de Fondouk et Okbi du 3 janvier 1943

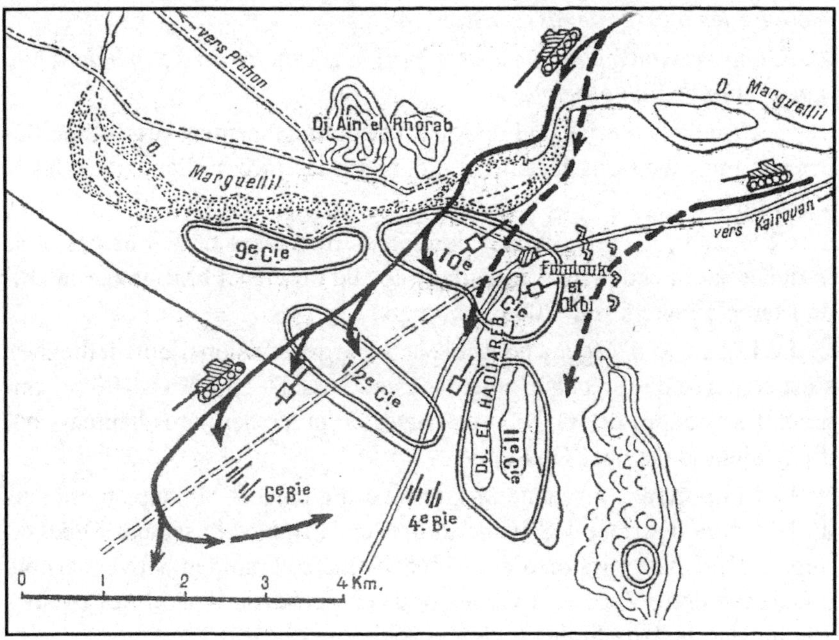

Les mouvements français étaient effectués par d'épuisantes marches d'approche : mitrailleuses à dos... d'autant plus insupportables que les unités Alliées se déplaçaient dans des camions et des cars spacieux, les doublant au bord de la route. Très éprouvant pour le moral ! Peu importe, les Français furent toujours présents aux moments importants.

Nos troupes pour reprendre le Faïd étaient en place le 13 janvier.

Suivons le combat mené par la compagnie Lapouge du 7e RTA.

Le 14 janvier, après une nuit de récupération, son capitaine lui annonça qu'ils attaqueraient le lendemain la côte 354 dominant Fondouk.

« *Vendredi capitaine m'annonce que nous allons attaquer demain le fameux piton où le 2e Tirailleurs a déjà perdu 40 morts et 54 blessés.*

Oui, nous allons à l'attaque !

Attaque de la côte 354 :

15 heures, effroyable préparation d'artillerie, la compagnie s'élance sur la pente rocheuse : la boucherie commence... les Allemands sont dans de vraies casemates.

À 9 heures les cadres de la section sont tués : l'aspirant Goujon, le lieutenant Boumesbeur, le sergent-chef Rousset qui tombe une première fois, se relève au cri de "en avant" pour mourir quinze pas plus loin.

Trois fois la compagnie reflue puis remonte en hurlant ... les avions allemands apparaissent dans le ciel au lieu des américains promis. L'ennemi bombarde avec des obus fusants. Je reste sur les flancs du 354 avec ma section : les blessés gémissent sans eau...

Retour crevant à notre base de départ, mitrailleuses à dos pendant huit heures. Fin de nuit glaciale. »

L'échec de la reprise du Fondouk fut douloureusement ressenti par les troupes françaises qui parvinrent à contenir les forces allemandes dès la sortie du col.

Cependant, l'esprit offensif des forces françaises ne faiblit pas et se traduisit par la conquête d'un village au sud du djebel Fkirine par la DM du Maroc où elle faisait 200 prisonniers.

Le 12, la DM d'Alger a bousculé la Superga (division d'élite italienne), s'est emparée des djebels Bou Dabous et Ousselat en faisant 100 prisonniers. Les troupes du XIVe Corps contrôlèrent les dernières hauteurs qui dominaient la plaine d'Ousseltia.

Fait important : la venue progressive d'éléments blindés américains du IIe Corps d'Armée US (général Fredendall) dans le secteur Tébessa-Sbeïtla-Faïd avec mission d'agir offensivement et rapidement vers la côte tunisienne entre Sousse et Gabès pour empêcher la liaison des troupes allemandes de Tripolitaine et de Tunisie.

Cela inquiéta vivement von Arnim qui aurait voulu garder le maximum de ses forces dans le nord pour percer le front anglo-français de la Medjerda avant l'arrivée de Rommel. Il fut contraint cependant d'envoyer la 10e Panzer, une de ses deux divisions blindées, vers Sfax et d'élargir son attaque pour réduire le saillant de la Dorsale Orientale proche de la route côtière.

Offensive von Arnim entre Bou Arada et l'oued Kébir

L'armée von Arnim, renforcée journellement, était puissante : la Ve Panzerarmee en Tunisie comprenait 75 000 Allemands, 26 000 Italiens et 280 chars et 14 Tigre dont on savait qu'ils étaient les chars les plus redoutables du moment tandis que les Alliés faisaient également venir des chars puissants, Sherman et Churchill : dernier mastodonte supérieur au Tigre.

Avant que Rommel n'eut complété ses effectifs et fut en état de mener une action importante, ce qui n'allait pas tarder, von Arnim voulut absolument remporter une victoire qui lui ouvrît les portes de l'Algérie. Sa jalousie envers lui ne cessa pas et coûta cher à la coordination des opérations allemandes. Comme l'écrivit Rommel dans ses mémoires, une attaque conjointe : von Arnim au nord, Rommel au sud, aurait eu de grandes chances de réussite. C'était à l'état-major des forces en Italie de l'imposer si les grands chefs, Kesselring et le Grande Supremo, avaient fait preuve d'un sens stratégique développé.

Le 18 janvier, la 10e Panzer avec 70 chars dont le bataillon comprenant 15 Tigre, la 334e division de montagne et la Superga attaquaient simultanément depuis la partie nord de la Medjerda jusqu'aux massifs montagneux au sud du Zaghouan.

Les Anglais, attaqués de part et d'autre de la Medjerda, contenaient difficilement les attaques allemandes avec l'aide de 4 puis 6 bataillons français du CSTT (général Barré) et devaient abandonner Gafsa et Feriana. Les Allemands n'avaient pas de chance avec leurs Tigre qui s'embourbaient et s'enlisaient : autant de proies offertes ! La saison des pluies ne cessait pas.

Les Allemands s'emparèrent du djebel Mansour qui se trouve au milieu du cirque de montagnes ceinturant Tunis, et attaquèrent la région montagneuse au sud du Zaghouan, de part et d'autre de la route Tunis-Pont-du-Fahs-Le Kef. L'armée française allait connaître de durs moments.

L'attaque allemande n'avait pas seulement pour objectif le nord de la Tunisie entre Bou Arada et l'oued Kébir mais visait également le saillant français coiffant la Dorsale Orientale. Après la prise du djebel Mansour, l'attaque se poursuivit vers Rebaa et Siliana, c'est-à-dire vers le nord de la Grande Dorsale, lorsque brusquement la quinzaine de Tigre progressant en tête bifurqua de 90 degrés, s'engagea dans la plaine, menaçant de prendre à revers les positions françaises sur la Dorsale Orientale.

Carte 10 – L'offensive von Arnim

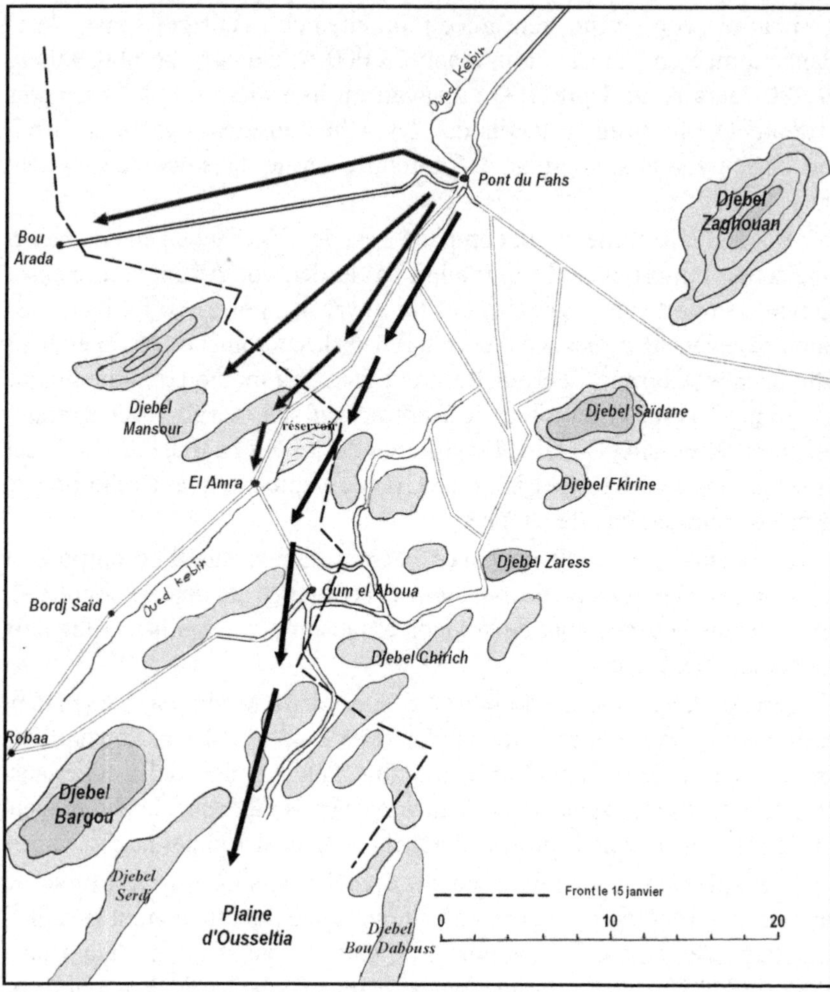

L'attaque de l'oued Kébir (18 janvier)

Le 3e REI (colonel Lambert) avait pris position le 19 décembre au nord du réservoir de Kébir, la veille de l'attaque du groupement Carpentier. Son dispositif, le 18, était le suivant : le II/3 REI à l'est, le 1/3 REI à l'ouest, le PC du colonel Lambert à El Amra à la corne gauche du réservoir sur la route Pont-du-Fahs-Robaa et le 3/III plus au sud. Le 3e groupe du 63e RAA du capitaine Guidetti avait détaché une batterie dans chacun des deux bataillons au nord du réservoir, la troisième surveillait l'intervalle qui les séparait.

Le 18, à 6 heures du matin, une forte unité de fantassins allemands appuyée par des tirs violents attaquèrent d'abord le II/3 du commandant

Boissier qui livra un combat mémorable ne pouvant être renforcé par le 1/3, séparé de lui par la route où, de part et d'autre, descendaient des colonnes de chars.

Carte 11 – L'attaque de l'oued Kébir du 18 janvier 1943

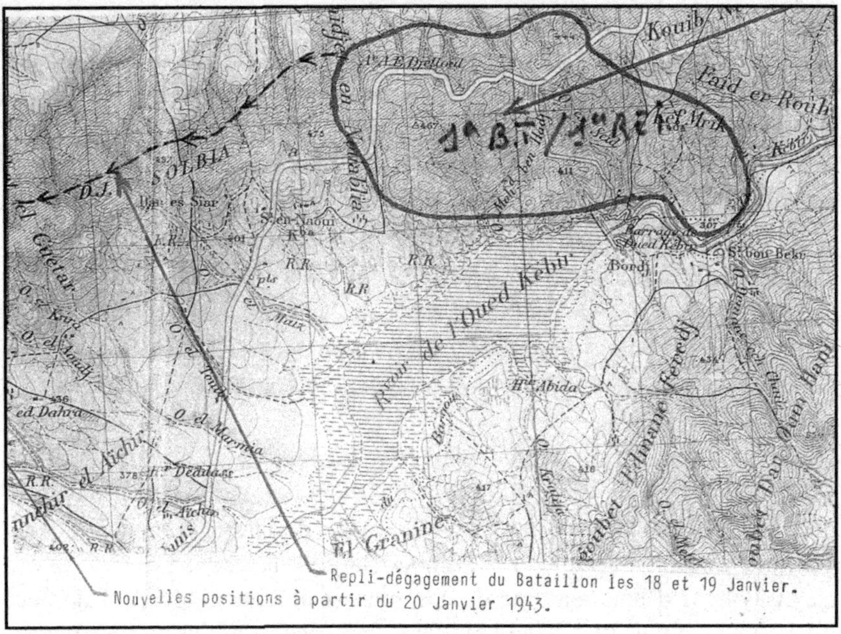

Les légionnaires, submergés vers midi, restèrent sur leurs positions et se battirent à mort. Grièvement blessé, le commandant Boissier fut fait prisonnier. Les survivants essayèrent de rejoindre le régiment en contournant le réservoir par l'ouest. Comme les Allemands continrent le 1/3 à l'est et que des blindés foncèrent en direction d'El Amra, les bataillons se battirent isolément. Le 3/3 est venu à El Amra soutenir le colonel Lambert qui maintint son PC au milieu des combattants et rendit compte au général Barré qu'il ne quitterait sa position qu'en cas d'une nouvelle attaque blindée. Vers 16 heures, sur ordre du général Barré, il décida de décrocher vers le Bouzinet, côte 560, avec les survivants de son régiment, sans avoir averti de son repli le colonel Carpentier qui se trouvait quelques kilomètres plus bas, subissant de flanc une forte attaque blindée.

Combat de nuit d'Oum el Abouad

Le 7e RTM, le vaillant régiment dont nous avons suivi les combats fin décembre, se trouvait sept kilomètres plus bas à l'est de la route d'El Amra et faisait face, à la tombée de la nuit de la même journée, à une violente attaque de chars venant de la ferme de Monrozier : une progression de chars lourds faisant feu à répétition, appuyée par des fantassins tirant à la mitraillette avec des balles traceuses. L'ennemi, ne pouvant être arrêté, s'engouffrait dans une brèche et se dirigeait vers le carrefour d'Oum el Abouad. Averti, le colonel Carpentier envoya vers le carrefour la 2e compagnie ainsi qu'une section antichars. Inutile de décrire le terrible combat que livrèrent ces deux éléments face aux blindés allemands : les pièces antichars impuissantes de face aux blindés ; les servants tirèrent jusqu'à la dernière limite sur les côtés des chars avant d'être massacrés par les fantassins. Encore une fois une lutte à mort, inégale et perdue d'avance, livrée par toutes nos unités. Quel exemple ! Combien de combats épiques comme celui-ci pourrait-on décrire tout au long de la campagne de Tunisie !

L'ennemi tint les carrefours d'El Amra et d'Oum el Abouad plusieurs kilomètres au sud.

Après une contre-attaque sur el Abouad, le général Mathenet prescrivit au colonel Carpentier de replier tous ses éléments à l'intérieur du massif du Bargou où ils furent à l'abri des chars... et les fantassins ennemis ne s'y risquèrent pas !

De toute la DM du Maroc, seul le détachement du colonel Lagarde se trouvait à l'est de la route, le soir du 19 janvier, sur les positions qu'il occupait à Karachoum, contrôlant le petit col de Djeloula menant vers la plaine d'Ousseltia à hauteur du djebel Bargou. Lagarde avait été averti qu'un convoi d'une centaine de camions et de chars, aperçu à hauteur d'El Amra, roulait vers le sud tandis qu'un escadron d'automitrailleuses de la Légion étrangère avait été envoyé pour tenter de les ralentir par des barrages successifs. Lagarde, n'ayant plus de liaison avec sa division, décida de s'installer sur la partie sud de la passe : le djebel Bou Dabous, qui lui permettait de faire face à une pénétration venant de l'extérieur, en l'occurrence les éléments précurseurs de la Superga et de se replier vers le sud.

L'ennemi enfonçait notre front, rejetant les unités de part et d'autre de la route venant de Pont-du-Fahs, provoquant le retrait des unités d'artillerie anglaises les plus importantes et celui de nos soutiens, ce qui semait la panique à Ousseltia. Inquiet, le général Juin avait demandé au général Anderson d'alerter les instances supérieures et de leur demander de lui fournir une masse de blindés puissante qui lui faisait défaut. En attendant des renforts blindés, il gardait la CCB Robinett prête à intervenir sur l'un ou l'autre versant de la Grande Dorsale suivant que l'ennemi pousserait sur Siliana ou sur Ousseltia. Robinett étant à Maktar, il l'engagea au nord d'Ousseltia où, avec l'appui de l'aviation, ils parvinrent à stopper la progression des blindés mais ne les obligèrent pas à se retirer.

Carte 12 – Combats des 18 et 19 janvier 1943

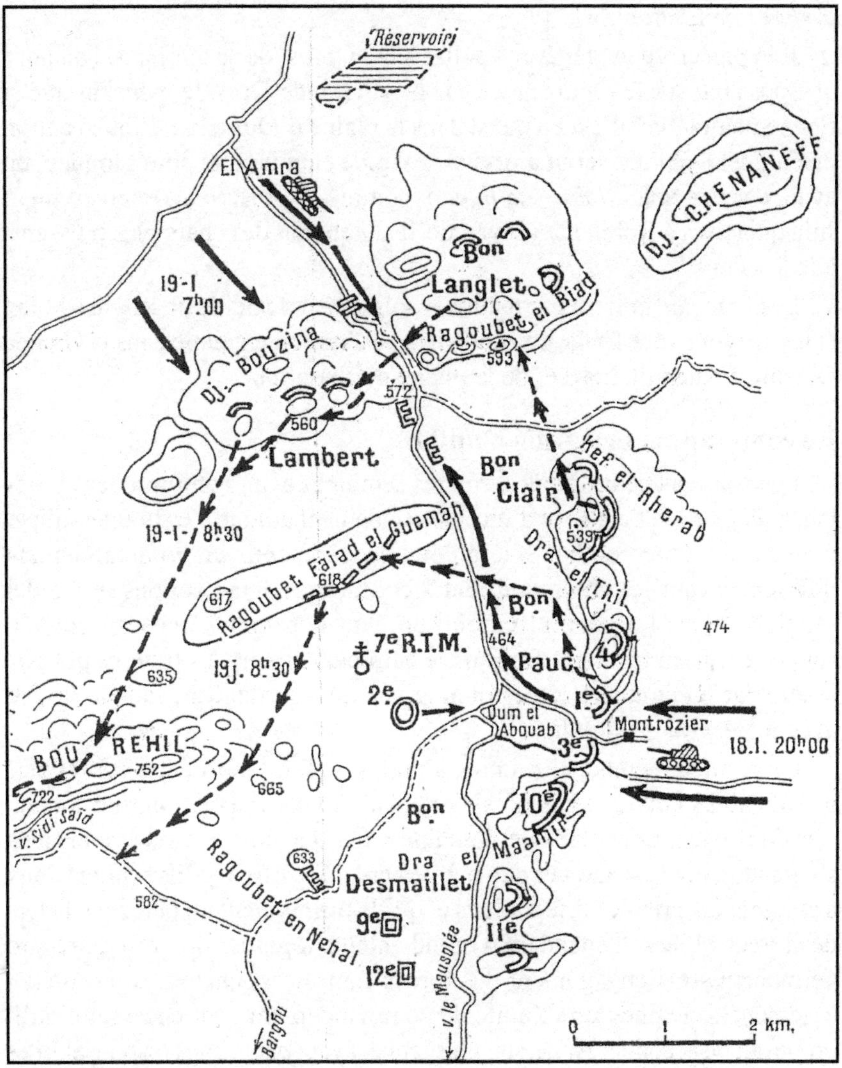

Source : Croquis du général Daillier, *Nous étions alors capitaines à l'Armée d'Afrique*.

Le général Anderson demanda au général Allfrey d'envoyer un groupement blindé de la 6e DB plus au sud sur la route Siliana-Maktar-Thala afin d'éviter toute remontée ennemie sur Le Kef par Thala.

Juin exprima au général Giraud son sentiment profond de la situation : « *La contre-attaque allemande partie de Pont-du-Fahs, orientée alors en direction de Robaa, semble s'infléchir sur la direction d'Ousseltia, et l'ennemi peut avoir l'intention demain soit de continuer son effort vers Siliana, soit plutôt de pousser dans la trouée d'Ousseltia pour prendre à revers notre défense de la branche Est de la Dorsale et peut-être sur les arrières de Pichon*[1]. »

Juin prescrivit au général Koeltz, XIXe Corps, de se tenir aussi au nord que possible sur le rebord intérieur de la Grande Dorsale, pensant que si l'ennemi attaquait d'est en ouest dans la plaine d'Ousseltia, l'intervention du colonel Robinett serait alors assez rapide et puissante pour bloquer son avance « *par une attaque de flanc* » comme le prescrivait expressément Juin qui tenait à Robinett et savait qu'il attaquerait des chars plus puissants que les siens !

Les Français finirent par maîtriser solidement le défilé de Rouhia-Sbiba et le carrefour vers Thala, empêchant la pénétration ennemie dans la Grande Dorsale à partir du nord et de la plaine d'Ousseltia.

Le commandement Allié s'unifie

Les combats de ces trois dernières semaines avaient montré les graves inconvénients de l'absence d'un commandement unique : les troupes alliées menant le même combat côte à côte, chacune sous un commandement différent, ayant le plus grand mal à coordonner leurs actions et s'aider mutuellement. Le général Giraud en était conscient, mais ne pouvait supporter qu'en territoire français le commandement des troupes pût être assuré par un étranger. Rare point de vue qu'il partageait, sans le savoir, avec le général de Gaulle !

Un commandement allié unifié s'imposait. Il fut décidé à la conférence d'Anfa, le 23 janvier. Le général Giraud n'y fit pas opposition, surmontant certaines déceptions dans ce domaine alors que Juin insistait pour qu'il s'entende avec Eisenhower qui, habilement, lui affirma qu'ils seraient deux à assumer les grandes orientations et qu'ils formeraient un tandem à la tête des forces alliées. Cependant, Giraud entendait garder un droit de regard permanent sur l'engagement des forces françaises. Quant à Juin, il était tellement convaincu que l'unité de commandement était nécessaire qu'il proposait de seconder Anderson plus jeune, ayant exercé des responsabilités inférieures aux siennes, notamment en temps de guerre. Ils s'entendaient très bien et Anderson suivait soigneusement ses conseils.

Les détails furent mis au point du 21 au 24 janvier au cours d'une réunion à Telergma présidée par le général Eisenhower en présence des généraux Truscott, Anderson et Fredendall. Le général Juin fut convoqué à Constantine le 24 pour être mis au courant des décisions prises. Il apprit avec stupeur que la DAF, selon Eisenhower, « *avait terminé sa mission de couverture, glorieusement remplie et qu'ayant besoin de laisser souffler*

---

1. Général Koeltz, *Une campagne que nous avons gagnée – Tunisie 1942-1943*, p. 195.

les unités, ne pourrait que servir d'appoint en infanterie dans les zones anglaises et américaines ». C'était davantage par méconnaissance profonde des aspirations françaises que par volonté d'écarter le commandement français de toute conduite des opérations alors que les alliés disposaient, à présent, de forces considérables. Aussitôt, Juin, prévenant le général Giraud, s'éleva avec force contre cette proposition affirmant qu'elle était inadmissible pour des raisons morales et de prestige et qu'il était absolument nécessaire sur le front de Tunisie de maintenir une zone de commandement français. Ceci dit avec fermeté. Gênés, les généraux alliés acceptèrent immédiatement cette proposition.

Le général Giraud veilla toujours de près à ce que l'on ne mît pas l'armée française sur la touche en l'émiettant dans les corps d'armée qui en avaient tous besoin ! En revanche, il leur détachait momentanément quelques unités selon les nécessités.

Tout naturellement, le général Anderson dont les troupes se trouvaient sur tout le front nord de la Tunisie jouissait depuis début janvier d'une autorité incontestée. Le général Juin qui depuis le début des opérations faisait le lien entre les armées anglaises et françaises, faisant fi d'un amour propre mal placé, avait officiellement demandé auparavant que le général Anderson commandât directement les trois corps d'armée, tout en gardant autorité sur l'emploi de toutes les unités françaises, ce qui fut accepté. Le général Anderson fut désigné responsable du théâtre d'opérations, commandant les trois corps d'armée.

Au nord : un Corps britannique du général Allfrey : le Ve corps de la côte à Bou Arada (78e DI ; 16e DB du général Keightley ; 46e DI avec le Corps Franc d'Afrique à 4 bataillons).

Au centre : un Corps d'Armée Français (CAF) du général Koeltz de Bou Arada à Fondouk exclu qui engerbait le groupement du général Mathenet avec la majeure partie des troupes françaises ainsi que la 1re DIUS (général Terry Allen) à laquelle furent détachés 6 bataillons français. Les Français étaient satisfaits qu'une division américaine fût placée sous leurs ordres.

Au sud : le IIe Corps d'Armée US (IIe CAUS) du général Fredendall qui rejoignit le secteur de Tébessa avec la DM de Constantine ; la 1re DBUS du général Ward ; la 9e DIUS du général Eddy ; la 34e DIUS du général Ryder.

Rien n'était changé en ce qui concernait le détachement de l'Est saharien du général Delay.

Une réserve de Corps d'Armée : le CCB Robinett.

Le Commandement en chef des troupes tunisiennes fut dissous : le général Barré avait autorité sur les services de la DAF et le commandement territorial du Constantinois et de la Tunisie non occupée.

Le général Juin supervisa les forces françaises et assura le lien avec le général Anderson.

On remarque que, dans chaque corps d'armée, des bataillons français furent affectés, se déplaçant à pied avec leur armement et réussirent à être toujours au cœur des combats.

Il était également prévu que, dès l'entrée de **la VIIIe armée en Tunisie, le général Alexander prendrait le commandement du 18e groupe d'armées, coiffant les Ire et VIIIe armées britanniques**. Ce qui, évidemment, ne pas plaisait pas au général Montgomery qui se battait à partir de l'Égypte depuis deux ans et estimait que l'armée d'Alexander devait l'aider à entrer le premier à Tunis.

Combats fin janvier-14 février avant le début de l'offensive « Vent de printemps » de Rommel

L'opération Weber a permis à Von Arnim de conquérir le saillant de la Dorsale Orientale vers la côte et les passages du Karachoum, de l'Ouchtalia et le col de Djeloula, éloignant la poussée d'une action Alliée vers la mer. Néanmoins, la concentration de blindés et la reprise de la plaine d'Ousseltia faisaient craindre à von Arnim une action des Alliés pour reprendre les massifs nord de la Dorsale Orientale et déboucher sur la côte. Il estimait donc nécessaire de reconquérir le col du Faïd dans le prolongement de son offensive.

La conception du général von Arnim était de mener deux attaques simultanées : attaquer le col du Faïd par l'extérieur de la Dorsale, par la 21e Panzer de Rommel qui venait d'arriver en Tunisie, en précurseur de l'Afrikakorps, tandis qu'il infiltrerait à l'intérieur de la Dorsale Orientale la 10e Panzer au sud du col par Rebaou. En même temps, Weber, agissant plus haut de part et d'autre du djebel Bargou, tenterait de prendre pied sur la partie nord de la Grande Dorsale.

Les cols étaient minés et les versants abrupts les dominant étaient tenus par les troupes françaises qui appartenaient au sous-groupement Nord de la DMC (général Schwartz), lui-même aux ordres du IIe CAUS (général Fredendall).

Le dispositif français aux ordres du colonel Bertrand, commandant le quartier du Faïd, était tenu de part et d'autre du col par le 2e Tirailleurs Algériens et le 2e Zouaves renforcés par deux batteries d'artillerie. Au débouché du Faïd, en arrière sur la plaine étaient disposés des sections du génie et deux sections d'artillerie, quelques canons de 47 inoffensifs cependant devant les blindés ennemis !

Par le Faïd passe la route de Sbeïtla-Kasserine et celle de Gafsa par Sidi Bou Zid. Elles mènent à Sfax par le Sahel.

Carte 13 – Combat du Faïd (30-31 janvier)

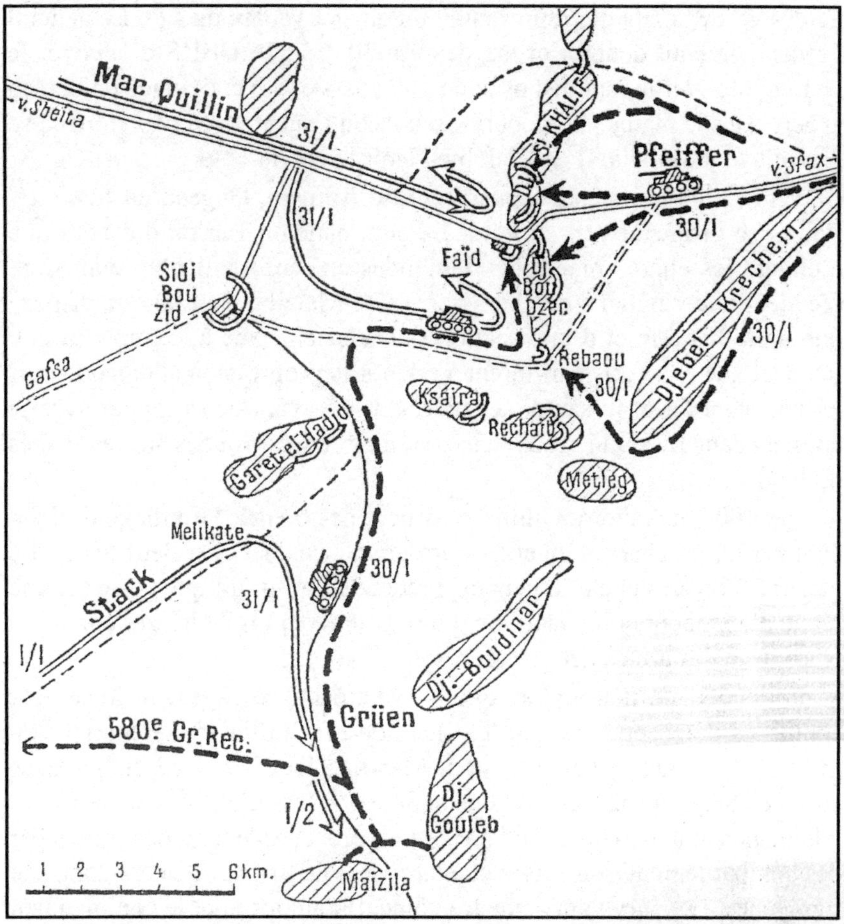

L'attaque du Faïd, déclenchée à l'aube du 30 janvier, fut, ce jour-là, un échec pour la 21e Panzer repoussée, à deux reprises, par les tirailleurs et artilleurs, déclenchant au plus loin les tirs de leurs batteries ainsi qu'un feu nourri des quelques mitrailleuses lourdes que nous possédions, impressionnant les agresseurs. Le soir, le col était toujours tenu.

Plus au sud, après s'être introduit par la passe de Maizila, un groupement de reconnaissance avec environ 20 blindés avait été stoppé à hauteur de Sidi Bou Zid.

À l'est, le passage du Rebaou était défendu par une compagnie.

L'infanterie allemande, attaquant de nuit, parvint à s'emparer du rebord nord du col mais les tirailleurs tenaient l'autre côté, gardant la possibilité de se replier au sud. Appel avait été fait au général Fredendall, commandant le corps d'armée, d'envoyer d'urgence des unités blindées, en priorité vers le Faïd alors que les munitions commençaient à manquer et de se garder vers Maizila qui représentait un danger venant du sud. Le général Fredendall avait donné l'ordre, dès 9 h 30, à la 1re DBUS d'envoyer le général McQuillin, qui disposait de 100 chars et qui était placé un peu en arrière dans la plaine, de secourir les cols du Faïd et du Rebaou tout en se gardant vers Maizila. Il espérait bien tenir le col du Faïd.

Vers 12 h 30, des chars apparurent furtivement, longeant la côte intérieure, se dirigeant vers le Faïd. Le commandant Bertrand espéra que c'étaient les chars américains demandés en renfort. Il n'en était rien, c'étaient une vingtaine de chars venant de Maizila. Bertrand ne disposa que de la batterie et d'une section qui faisaient face à l'entrée du col. Pendant une heure, ils parvinrent à ralentir la progression allemande puis le lieutenant Oriol fit sauter ses pièces de 75 avant de se replier avec le commandant Bertrand. Tous deux rejoignirent les troupes sur les pentes du Faïd.

Les 100 chars de McQuillin n'avaient pas bougé. Le village du Faïd était perdu, les chars allemands s'arrêtèrent sans pénétrer dans le col. Le général Welvert appela le général Fredendall et lui dit que ce serait une honte d'abandonner un bataillon qui se battait depuis 24 heures contre 50 chars avec des armes dérisoires !

Le lendemain matin alors que les Allemands engageaient le combat contre les défenseurs du col, les chars de McQuillin arrivèrent à 1 200 mètres obligeant les chars venant de Maizila à leur faire face, en quelques coups de 88, huit chars américains flambèrent, les autres se replièrent. Les Allemands attaquèrent le Faïd par l'ouest précédés le long des pentes par des bombardements, les crêtes étant arrosées de fusants, de percutants, de fumigènes. Les survivants, une trentaine d'hommes dont le commandant Bertrand, parvinrent à se glisser à mi-pente et à s'échapper vers le nord pendant que les chars de Maizila foncèrent dans le col.

Il faut souligner que la plupart des unités américaines, chefs et soldats, étaient à leur baptême du feu, qu'ils formaient des paquets dispersés, fonçaient vers Sidi Bou Zid, offrant de magnifiques cibles de flanc et subissaient de fortes pertes.

Devant les insuccès de Fredendall, le général Anderson lui donna l'ordre de suspendre ses actions offensives et de regrouper sa 1re DB dans la région de Sbeïtla.

Les cols du Faïd et du Rebaou étaient perdus. L'officier du 2e bureau de la 21e Panzer écrivit dans son rapport officiel que « *les tirailleurs du 2e régiment de tirailleurs qui défendaient le col l'ont tenu avec la plus grande énergie jusqu'à ce que nos grenadiers soient arrivés à quelques mètres d'eux. Plus de 100 cadavres furent trouvés dans le col* ».

Le Bargou

Le général Weber avait cherché à déborder le Bargou par les deux flancs : à l'ouest, une compagnie de chars Tigre fut bloquée par la 36e brigade britannique qui avait reçu ses nouveaux canons de 57 perçant les Tigres de flanc. Au nord-est, la division Mathenet, d'abord malmenée le premier jour à hauteur du Mausolée, l'avait reconquis le lendemain.

Le 31 janvier, Weber lança l'opération Eilbote II le long de la route venant de Pont-du-Fahs et progresse d'environ une dizaine de kilomètres vers Pichon avant d'être contenue. L'opération « Weber » prit fin après des résultats mitigés.

Après quelques jours durant lesquels les troupes franco-anglaises pansèrent leurs plaies et se complétèrent en hommes et munitions, la bataille reprit, cette fois-ci, à leur initiative. Le général Anderson ordonna aux parachutistes anglais d'attaquer le Djebel Mansour en liaison avec une unité de légionnaires. Sa conquête devait permettre d'attaquer de flanc les arrières des forces ennemies, traverser le débouché de Pont-du-Fahs et s'installer sur le versant nord de la Grande Dorsale.

Les combats du djebel Mansour

Le Mansour, d'une altitude de 650 m, domine la plaine de Pont-du-Fahs au centre de l'arc de cercle montagneux ceinturant Tunis. C'est une position clé, magnifique observatoire, d'où l'on voit sur des kilomètres à la ronde les massifs environnants et même, par jour de grand beau temps, ce qui n'était pas le cas depuis des semaines en raison des pluies diluviennes, le clocher de la cathédrale de Tunis ! Occupée et aménagée depuis le début des hostilités par les Allemands, cette position était un objectif de choix non loin des limites entre les zones anglaises et françaises.

Collée contre le Mansour, faisant un angle droit avec lui mais séparé par un ravin profond, s'élève la crête d'El Alligha. À partir de ses pentes Est, très raides couvertes de taillis, l'on peut se camoufler, poster des observateurs, observer de jour le flanc du Mansour et, pour le cas où il serait conquis par les forces alliées, régler des coordonnées de tir précises aux batteries chargées d'appuyer la progression des unités allemandes envoyées de nuit le reconquérir. Le sommet du Mansour est une plateforme de 80 m de côté, indéfendable de jour aux tirs d'artillerie si l'on n'avait pas installé de véritables casemates. Ce à quoi s'étaient employés les Allemands depuis qu'ils l'occupaient.

L'artillerie anglaise était placée entre Bou Arada et le Mansour, enfouie sur des collines couvertes d'épais taillis les dissimulant aux Stuka. De leur position, on ne voyait pas les pentes Est d'El Alligha.

Carte 14 – Combats du djebel Mansour

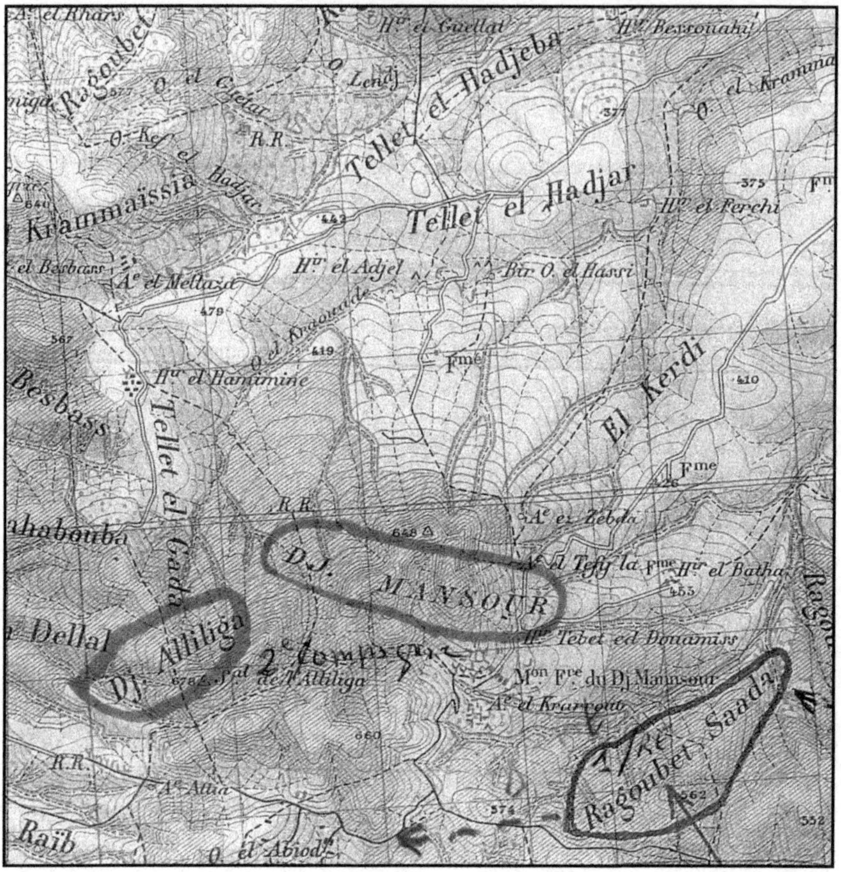

Les Anglais, profitant de ce que les combats s'étaient portés dans la partie sud des zones montagneuses des Dorsales, voulaient en profiter pour prendre le Mansour. Mais ils étaient à bout de souffle et, apprenant que le 3e REI fortement éprouvé à hauteur du réservoir de Kébir devait passer non loin, ils firent appel à la Légion étrangère. Ils devaient mener une attaque ensemble.

Trop sûrs de la valeur de leurs parachutistes, n'attendant pas les Français, ils attaquèrent le 2 et le 3 sans succès avec un bataillon de parachutistes. Le 4, ils réussirent à conquérir le Mansour au prix de pertes énormes qui ne leur laissaient aucune chance de résister à une nouvelle attaque. Ils firent alors appel à la Légion mais un peu tard et se replièrent comme ils le purent.

Le soir du 4 février, une compagnie de Légion fut détachée du 3e REI, qui, éreinté et se repliant, ne pouvait faire davantage alors qu'il aurait fallu un bataillon.

Le 3e REI devait passer durant la nuit du 4 février au sud du Mansour, se retirant du nord du réservoir d'el-Kébir sous peine d'être encerclé par l'avance allemande et ayant besoin d'effectuer un mouvement vers l'ouest pour se remettre des pertes des jours précédents.

Voici quelques extraits du récit du combat parus dans le journal *Le Combattant* du 8 novembre 1943.

« *Le 4 février, les 150 paras anglais, derniers survivants d'un bataillon étaient à bout de forces, ayant de nombreux blessés n'ayant pu être évacués et s'accrochaient au bas d'une pente, libérant au sommet un plateau d'une centaine de mètres : le toit du Mansour.*

C'est avec soulagement qu'ils virent arriver en fin de nuit une compagnie de légion : la 2e compagnie du 3e bataillon du régiment, particulièrement soudée et entraînée. Après une ascension rapide et épuisante par des légionnaires revêtus légèrement malgré la pluie et les nuits froides : une chemise, deux pull-overs, deux paires de chaussettes et une bande molletière enroulée autour des jambes pour s'infiltrer entre les taillis en faisant moins de bruit. Les hommes, lourdement chargés, avaient laissé, sur un ordre ferme, une dizaine de mulets camouflés au pied du Mansour. À peine arrivé, le commandant de compagnie: le capitaine Favreau [père de l'auteur] prend contact avec le colonel anglais : immédiatement les légionnaires aident à évacuer plus bas les blessés les moins transportables sur des brancards de fortune, sachant que l'inévitable assaut allemand ne se produirait pas de jour en raison du terrain et de l'artillerie. Le capitaine sait qu'il ne dispose pas d'appui de l'artillerie mais parvient à trouver un radiophoniste anglais ayant la liaison avec ses batteries et qui parle un peu le français. Disponible et plein de bonne volonté, il l'emmène avec lui avec l'accord des Anglais. Il sera très précieux, réglant toute la journée des tirs de l'artillerie anglaise, du 240, sur les pentes Est d'El Alligha, forçant à décrocher les observateurs ennemis qui transmettaient les coordonnées en fonction de la progression allemande dont les batteries, à plusieurs kilomètres de là, allongeaient de nuit leurs tirs suivant les fumigènes de couleur marquant la progression allemande. La neutralisation de ces observateurs que l'on voyait dévaler les pentes d'El Alligha, à la grande joie des légionnaires, sera d'autant plus nécessaire que les batteries allemandes arrosaient les pentes et le sommet du Mansour pendant la progression de leurs combattants et s'arrêtaient lorsque les troupes d'assaut, parvenues à mi-pentes, les prévenaient par une grappe de fusées de couleur.

Rapide entente : Français sur le Mansour ; Anglais survivants qui n'avaient pu être évacués, restant sur la piste qui descendait vers leur unité. La compagnie occupe les mêmes positions allemandes, remarquablement placées. Les légionnaires sortent avec ardeur les morts de leurs trous, enterrent Anglais et Allemands et, oh bonheur !, trouvent un véritable arsenal d'armements : 4 mitrailleuses avec de nombreuses bandes de 250 cartouches, des pistolets mitrailleurs, des grenades à mains, des tonnes de munitions et des rations vite appréciées ... C'est l'euphorie. Ils ont enfin un armement équivalent à celui de l'ennemi! Dès les ordres donnés, la mise en place faite, ils s'entraînent au maniement des armes, l'attente sera longue à grelotter au fond des trous, claquant des dents... Vers 4 heures du matin, les assauts se succéderont sur les trois points d'appuis entourant le plateau, repris, lorsque l'un tombait, avec l'aide d'un groupe réservé – quelques légionnaires durement "arrachés" par le commandant de compagnie à leurs chefs de section en sous-effectifs. Puis, assaut général allemand sur le plateau en courant d'abord, puis vite en rampant, repoussé par des tirs meurtriers au ras du sol. "C'est la Hermann Goering", hurle un légionnaire allemand. Les grenades à manche voltigent, le tir de "minen" devient intense, suivi de rafales courtes à 10, 30 mètres : c'est le premier qui tire qui crible l'adversaire. Bref un combat comme nombre d'unités d'élite en ont connu. Par trois fois, leurs assauts seront repoussés. Les légionnaires survivants se jetaient dans les emplacements des camarades tués ou hors de combattre et reprenaient leurs armes.

Carte 15 – Combat de Djebel Mansour

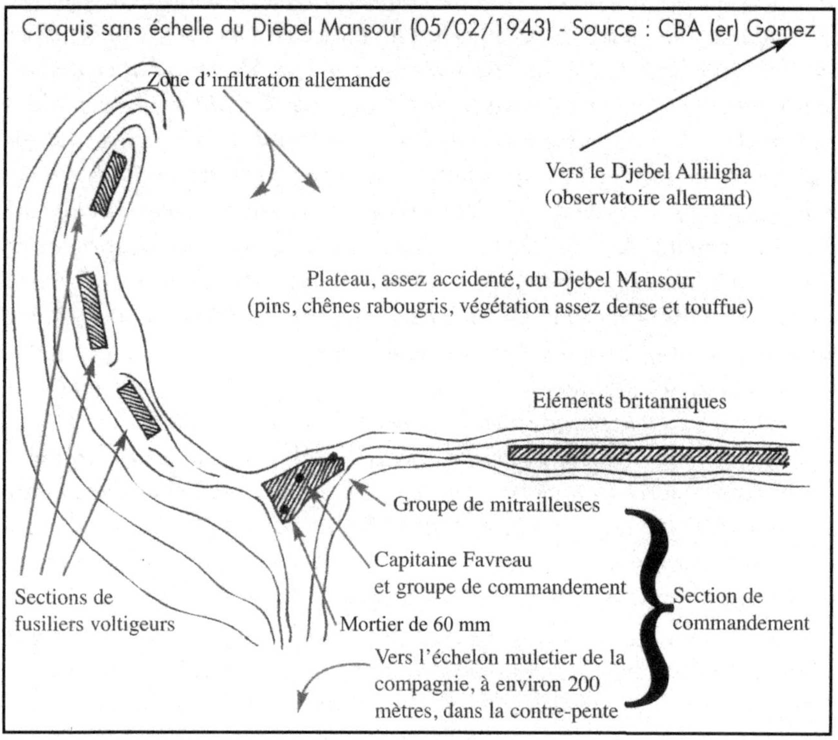

Plus intéressants sont les exploits individuels extraordinaires et le nom de quelques-uns de ces héros.

C'est devant le groupe, à 20 mètres d'un trou tenu par les Allemands, que le légionnaire Belfert grièvement blessé rampe, se traîne... Mais où se dirige-t-il ?... Il est fou ! tenace, avance encore quelques mètres, atteint le corps mort d'un camarade, lui prend son arme et continue le combat jusqu'au moment où une balle lui projette la tête en arrière... C'est Zcscroche, un servant de mitrailleuse remplaçant le copain mort à ses côtés, qui tire, cerné à trente mètres, jusqu'à ce que sa tête s'affaisse ; c'est Escriba, fort comme un turc, tirant des bandes de mitrailleuses qui, braqué dans le dos par un Allemand, soulève la mitrailleuse et son trépied, les balançant en arrière par-dessus sa tête, assommant l'agresseur ; c'est le sergent Kahlen, apprécié de tous, dont les parents recevront ce texte de citation, dont voici la fin "... a brûlé plus de 8 000 cartouches, changeant trois fois de canon en cours de combat, blessé mortellement d'une balle à la tête n'a eu qu'une pensée – sauver ses pièces". [Son père, l'adjudant-chef Kahlen, à la retraite au Maroc depuis plusieurs années, obtint l'autorisation de reprendre du service avec son grade dans le bataillon où son fils avait servi.] *Kahlen était particulièrement apprécié de ses camarades et les survivants ne cesseront de le regretter.*

Le premier point d'appui est entièrement aux mains de l'ennemi : tous ses défenseurs ont été tués. Seuls, en rampant, trois hommes rentrent, un sous-officier, le sergent Izquierdo, le caporal Gomez-Urtizberea et le lieutenant Vieulés, tous trois blessés légèrement[2]*... Il faudra exiger plus tard que Vieulés, une seconde fois blessé sérieusement, quitte le terrain sur ordre.*

Au lever du jour, à 7 heures, les Allemands ont pris pied en deux emplacements de groupes et lancent un quatrième assaut, les cernant. Les vingt hommes qui restent foncent pour se dégager : deux hommes tirant à chargeurs entiers, deux pour les protéger lançant des grenades. Le sergent Gable, une autre figure de la compagnie, est grièvement blessé et mourra quelques instants plus tard.

Les assauts partiels de l'ennemi se succèdent, tenaces.

---

2. Le lieutenant Vieulés fut 7 fois blessé avant de commander le 3e REI. Il mourut en Algérie dans un attentat.

Le sergent Izquierdo fut un des capitaines les plus extraordinaires du 1er REP. Il écrivit le combat du Mansour dans son livre sur sa carrière militaire.

Le caporal Gomez-Urtizberea termina sa carrière comme chef de bataillon en 1967 à la Légion étrangère. Il écrivit le combat du Mansour dans trois numéros du *Képi blanc* en 2008. Il est le dernier combattant du Mansour toujours en vie... Il souffrit beaucoup en lisant le récit écourté de ce combat !

Le capitaine Favreau a écrit un article dans le journal *Le Combattant* en octobre 1943 où les noms de ses légionnaires et le sien sont mentionnés par une croix.

À 8 heures 45, ils sont 15 formant un demi-cercle : 8 légionnaires indemnes ainsi qu'un adjudant-chef, le lieutenant Vieulés blessé mais restant sur le terrain, le commandant de compagnie vient d'être grièvement blessé à la tête par une balle, le sergent Izquierdo, le caporal Gomez-Urtizberea... Ils sont complètement cernés sur trois côtés. L'adjudant-chef Gontier, magnifique combattant d'origine suisse, prend le commandement des éléments restants et, entraînés par lui, ils foncent pour se dégager, forcent un passage et dégringolent dans le ravin principal, le capitaine porté par Escriba, Vieulés par un autre légionnaire, longtemps poursuivis par un feu nourri : les plus valides soutenant les blessés. Ils réussissent à rejoindre leurs mulets, indemnes, bénissant l'ordre de les avoir laissés dans le ravin, en bas. Mais, ce ne sera pas encore fini, ils essuieront des tirs d'artillerie durant 4 km dans les ravins et subiront trois bombardements de 12 Stuka, sans dommage heureusement, les bombes tombant une cinquantaine de mètres devant eux. Ces avions avaient méthodiquement pendant le combat déversé leurs 5 bombes aux alentours du sommet du Mansour pour empêcher des renforts éventuels. Les Anglais valides voulant revenir à la rescousse.

Les rescapés sont l'adjudant-chef, 8 légionnaires indemnes et 11 blessés... Sans oublier le légionnaire Biarnez, genou traversé par une balle, que l'on retrouvera 26 heures plus tard, à proximité de nos lignes, hâve, méconnaissable, mais rapportant son FM, après avoir rampé sur le dos dans les ravins durant plus de quatre kilomètres !

Ainsi se termine ce combat... Faute de combattants. Tous ces légionnaires sont morts de façon splendide, comme il est de tradition à la Légion !

La 2e compagnie du 1er bataillon du 1er Régiment étranger a cessé d'exister momentanément en tant qu'unité de combat.

Le nom du djebel Mansour est inscrit sur le drapeau du 3e REI. »

Le récit de ce combat ressemble à de nombreux combats menés dans des situations différentes tout au long de la Campagne d'Afrique : les Pieds-Noirs, les Goumiers, les Tirailleurs, les Légionnaires, nos Artilleurs et soldats du Génie... Toutes les unités de l'Armée d'Afrique peuvent raconter des combats mémorables. Ils ont réellement soulevé l'admiration des Anglais depuis le début de la campagne, puis des Américains lorsqu'ils les eurent rejoints.

Comme cela a déjà était rapporté, le général Anderson ne tarissait pas d'éloges sur les Français. Lorsque des journalistes anglais, américains et des rapporteurs de la BBC fraîchement arrivés, l'interrogeaient avec un sourire toujours ironique sur les services rendus par cette armée sans armes et sans soutiens, le général Anderson, réputé pour son calme et sa modération, rendait à chaque fois un vibrant hommage « *à ces hommes virils, qui brûlaient de se battre, à leur courage, envers lesquels nous avons contracté une dette de reconnaissance pour la façon dont ils se battent depuis le début de la campagne* ». D'un ton sans réplique, les correspondants militaires en prenaient pour leur grade. Il écrivit une lettre au général Koeltz à la fin de la campagne, soulignant : « *Durant six mois, nous avons, Français et Britanniques, appris à nous connaître, à nous estimer et à nous aimer en une camaraderie plus étroite qu'il en existât jamais entre nos deux pays. Je tiens à remercier... tous vos officiers et tous vos hommes pour cette loyauté exaltante avec laquelle ils m'ont servi. Ce fut pour moi une expérience merveilleuse.* »

Rommel prépare l'opération « Vent de printemps »

Le 23 janvier, c'est le moment que choisit Rommel, contrairement aux ordres reçus, de tenir trois semaines encore la position Tarhuna-Homs, pour évacuer soudainement de 500 km la Tripolitaine, sauver son armée d'une destruction totale et installer son QG à Ben Gardane en Tunisie, laissant une partie de ses forces mener des actions offensives limitées de façon à inquiéter et ralentir la progression de la VIIIe Armée. Il protégea le retour de 30 000 Italiens qu'il ramena avec lui et leur enjoignit de fortifier la ligne Mareth dont les blockhaus vides ne pouvaient que servir d'abris, regrettant qu'on ne lui ait pas laissé le temps d'aménager une ligne fortifiée, démantelée par les Italiens, où ils auraient disposé des mines, barbelés, explosifs trouvés sur place, interdit certains passages.

Le 23 janvier, Montgomery entra à Tripoli précédé par d'énormes explosions annonçant la destruction des installations portuaires et des dépôts importants. Il comptait pouvoir raccourcir sa ligne de ravitaillement de plusieurs centaines de kilomètres et dut attendre un certain temps.

Furieux de l'abandon de la Tripolitaine, perle de l'Empire colonial italien, le Commando Supremo obtint de l'OKW que Rommel, ne respectant pas les ordres reçus, fût remplacé par le général italien Messe dans les meilleurs délais.

Rommel escompta que Montgomery, ayant en priorité à se ravitailler à Tripoli, serait rendu encore plus prudent par les attaques sur ses flancs et ses arrières.

Il arriva à Gabès, à court de carburant, se ravitailla, se renforça et réarma toutes ses unités, très amoindries, au bord de l'épuisement total. Il savait que ce repli important lui permettrait de disposer de plusieurs semaines.

Rommel n'ignorait pas que le commandement allié voudrait l'empêcher de faire sa jonction avec von Arnim et qu'il enverrait rapidement les forces importantes les mieux placées vers la côte pour lui couper la route. Il devait agir vite avant de reprendre la lutte face à la VIIIe armée bien qu'il disposât d'un certain temps, Montgomery ne pouvant, sans de lourdes pertes et un risque d'échec, lancer prudemment une offensive sur la ligne de Mareth sans se renforcer et disposer d'un soutien puissant d'artillerie et d'aviation.

Son premier souci, comme celui de von Arnim, était donc d'éviter que l'Afrikakorps et la Ve Armée du général von Arnim ne fussent séparées l'une de l'autre par une puissante attaque alliée menée de Gafsa vers la mer.

Rommel, apprenant que le IIe CAUS du général Fredendall avait reçu l'ordre de gagner la côte, voulut dans un premier temps écraser les zones de concentration alliées qui depuis début février se trouvaient à l'ouest de la Dorsale Orientale puis, pensa-t-il, son armée et celle d'Arnim réunies livreraient bataille à Montgomery à un moment où, franchissant la ligne Mareth, il n'aurait eu le temps ni d'aménager ses positions, ni de réunir toutes ses forces et serait vulnérable.

Il persuada Kesselring qu'en freinant sur des positions successives la VIIIe armée de Montgomery (2e DB et 5e DI) qui était encore à 500 km de la frontière tunisienne, il avait le temps de lancer une offensive sur le IIe CAUS qui en était à sa première opération et se déplaçait lentement entre les deux dorsales, en direction des cols du Faïd et du Rebaou.

Au préalable, il demanda à von Arnim de s'emparer de ces cols tenus par des forces françaises vulnérables et plaça temporairement sous les ordres de la Ve Armée la 21e Panzer qui l'avait précédée dans sa retraite. Von Arnim, en accord avec sa proposition, donna au général Weber l'ordre de conquérir ces cols au plus vite, tout en prolongeant sa mission vers Ousseltia, et ordonna à Rommel, pour qu'il n'oubliât pas qu'il était le commandant en chef, d'opérer à Sfax la jonction de leurs deux armées.

Le remaniement du Front allié

Du 2 au 13 février, réunis à Telergma, les généraux Truscot (adjoint d'Eisenhower, toujours présent sur le théâtre d'opérations), Anderson et Eisenhower, dans le cadre de la réorganisation du commandement allié, tenaient compte de l'épuisement des troupes françaises dont certaines se retiraient des premières lignes pour gagner une zone de récupération. Pressentant une offensive imminente de Rommel, les généraux américains décidèrent que la priorité était de tenir le plus solidement possible un front central sur l'arc de cercle que formait au nord la bordure des deux Dorsales et une ligne de défense ferme le long de la Grande Dorsale même si cela représentait l'évacuation de Gafsa, l'abandon de l'aérodrome de Précepte, seul aérodrome au plus près du théâtre d'opérations ayant une piste en dur utilisable par temps de pluie, ainsi que l'abandon de la ligne de défense sur la Dorsale Orientale.

Le CAF, sous les ordres du général Koeltz, qui s'était durement engagé à conquérir puis à tenir toujours les cols de la Dorsale Orientale, tout en surveillant les limites sahariennes, était vivement déçu, atteint moralement car il attendait la VIIIe armée et Leclerc.

L'ordre d'abandonner la Dorsale Orientale fut donné le 16 février.

La 1re DBUS du général Ward devait assurer avec les Français la défense depuis Fondouk jusqu'à la passe de Maizila, 20 km plus au sud et mener « une défense active » quelques jours encore pour gêner toute tentative de franchissement de la Dorsale Orientale.

En fait, du 4 au 8 février, Américains et Français s'attendaient chacun de leur côté à une attaque en tenaille débouchant du nord par la trouée d'Ousseltia et la passe de Fondouk. Les avis changeaient sur les lieux de l'attaque : le 13, c'est le général Koeltz qui annonçait pour le lendemain une attaque dans la région Robaa, Mausolée, Pichon... En fait, les actions attendues ne se développèrent pas où on les attendait, ce qui est fréquent à la guerre, mais visèrent Sbeïtla à partir de Maizila-Faïd et Thala par le col de Kasserine.

L'opération « Vent de printemps »

14 février – Rommel lança l'opération « Frühlingswind » (Vent de printemps), la plus violente et la plus dangereuse de ses contre-attaques contre les forces américaines qui menaçaient sa jonction entre son armée et celle de von Arnim. Il décida d'abord de détruire la concentration de forces blindées à Sidi Bou Zid en les faisant attaquer directement par le col du Faïd et, simultanément, à l'intérieur de la Dorsale par des forces blindées venues du nord et du sud.

Rommel confia le commandement de l'opération au général Ziegler qui installa son PC à La Fauconnerie. Ziegler disposa des 10e et 21e Panzer, forte de 120 chars.

La 10e, prêtée par von Arnim, arriva du nord, dut attaquer vers le sud après avoir repris le contrôle du col de Faïd par l'extérieur de la Dorsale Orientale et attaquer directement Sidi Bou Zid tandis que la 21e Panzer effectuait à toute allure, de nuit, l'exploit de se rendre du djebel Maizila-Bir Hafey, contourner le djebel Kebar, puis se rabattre vers Sidi Bou Zid, attaqué par le sud dès 5 h du matin.

L'échec de la 1re DBUS début février, la lenteur et ses erreurs d'objectifs, le manque de réactions de Fredendall avaient déclenché une vive protestation, par écrit, du général Giraud et l'ordre du général Anderson de regrouper la 1re DB dans la région de Sbeïtla, plus calme.

Vers 15 h, la 1re DBUS qui se déplaçait vers le Faïd en gros éléments sans coordination fut complètement encerclée.

Le Combat Command A (CCA) du général McQuillin, contre-attaqua, en venant du nord, pour dégager un régiment de la 34e DIUS. Il perdit 50 chars.

Carte 16 – Contre-attaque de Rommel du 14 février 1943

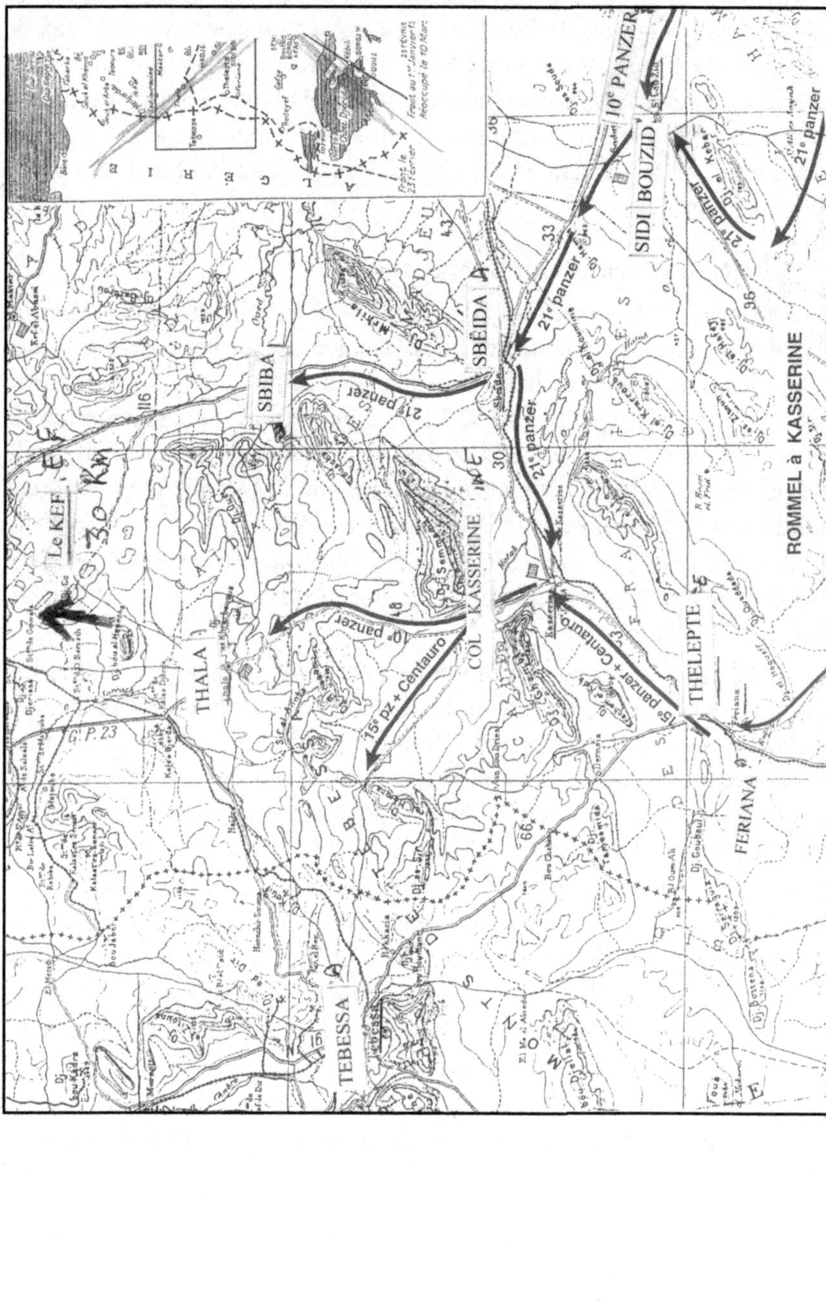

Une violente bataille de chars s'enclencha au cours de laquelle la 1re DBUS qui en était à son premier engagement ne put lutter contre les vétérans de Rommel, éprouvés par des dizaines de batailles dans le désert. Des masses de chars Grant, Lee, Shermann furent en flammes, le gros des forces américaines fut anéanti tandis que les survivants s'enfuyaient vers l'ouest. La 1re DBUS perdit 2 000 prisonniers au cours de ces combats, 80 chars et 86 half-tracks, les Combat Command A et C furent détruits. L'aviation allemande effectua de nombreuses attaques de blindés.

Rommel, dans ses Mémoires, ne tira pas gloire de cette victoire sur une troupe à peine instruite et rendit hommage aux équipages américains qui n'abandonnèrent pas leurs chars détruits et combattirent autour d'eux sans se rendre.

Sidi Bou Zid étant aux mains des Allemands, Ziegler reçut l'ordre de Rommel de pousser « *droit devant, sans discontinuer, de pourchasser durant la nuit l'ennemi en retraite, de s'emparer de Sbeïtla, et de continuer le plus au nord possible. Il faut toujours exploiter sans délai le moindre succès tactique. Un ennemi en déroute peut reparaître un peu plus tard avec toute son ancienne force*[3] ».

Les Américains, sous le coup du succès à Sbeïtla de la 21e Panzer, avaient évacué la garnison de Gafsa que des éléments de la 21e Panzer et de la Centauro occupèrent sans combat le 15 après-midi.

De son côté, von Arnim rappela à lui la 10e Panzer – contrairement à ce qui était convenu avec Rommel – et la dirigea vers Pichon plus au nord, von Arnim n'ayant pas renoncé à vaincre les Alliés en se déplaçant vers Maktar pour remonter au Kef.

C'est alors que germa dans l'esprit de Rommel la possibilité de faire enfin comprendre en haut lieu l'intérêt de transformer cette opération tactique en une opération stratégique de grande envergure : bousculer le IIe CAUS, foncer sur le nœud de communications de Tébessa par le col de Kasserine et poursuivre vers le nord, vers la mer : sur Bône où les Forces alliées n'ayant pas eu le temps d'amener des renforts seraient prises en tenaille entre celles de von Arnim et les siennes. Coupées de leurs ravitaillements, de leurs renforts, elles n'auraient d'autre solution que d'essayer de briser leur encerclement pour se replier de la Tunisie, ou d'opérer leur repli avant !

Cette solution était d'autant plus intéressante qu'une compagnie d'état-major s'était emparée de Metlaoui dans le sud-ouest pour faire sauter le tunnel de chemin de fer. Elle avait découvert des réserves importantes de toutes sortes : dépôts d'essence, masse de wagons, tonnes de phosphate visiblement abandonnées à toute allure.

---

3. Rommel, *La Guerre sans haine*, page 376.

Le général Liebenstein avec des éléments de sa division légère se dirigeait sans rencontrer de véritables résistances vers le centre important de Feriana puis l'aérodrome de Thélepte et avait appris, par des patrouilles de reconnaissance, que le feu avait été mis à des dépôts de Tébessa et que le 2e Corps d'Armée paraissait en pleine retraite.

Bref, Rommel était convaincu que c'était le moment et l'occasion pour von Arnim et lui-même d'avoir de l'audace, d'unir leurs efforts et de repousser les Forces alliées en Algérie.

Kesselring et le Supremo Commando se laissèrent convaincre bien que trouvant la manœuvre très hardie... Mais avec Rommel l'impossible n'existait pas !

Aussitôt, Rommel confia le commandement de l'opération au général Ziegler qui disposait des 10e et 21e Panzer avec 120 chars dont la compagnie de 19 Tigre du 501e bataillon de chars lourds[4].

C'est alors que von Arnim sentit qu'il ne serait pas le chef de cette victoire stratégique, mais ne put refuser de « prêter » la 10e Panzer tout en avançant mille raisons pour renoncer à cette offensive Tébessa-Bône, qu'il estimait trop dangereuse, signalant que le réseau de ravitaillements ne pourrait suivre une progression sur une pareille distance et le danger d'avoir des éléments insuffisants dans le nord. Il proposa vivement à Kesselring et au Supremo Commando, de passage à Tunis, de limiter l'offensive à une poussée vers le Kef qui agrandirait notablement leur zone opérationnelle en Tunisie.

Ébranlés, Kesselring et le Supremo Commando s'engagèrent à suivre de près le déroulement de l'opération et de l'orienter à temps vers Le Kef si nécessaire. De son côté, Eisenhower ordonna de diriger sur le front tous les renforts disponibles et pressa la 1re DIUS, en provenance du Maroc, d'envoyer de toute urgence ses blindés et son artillerie rejoindre Tébessa.

Le général Anderson demanda au général Allfrey d'envoyer le maximum de ses forces de Tunisie du Nord, notamment un groupement blindé de la 6e DB, pour les diriger vers le sud-ouest, contrôler la route Pont-du-Fahs-Siliana-Maktar afin d'éviter toute remontée ennemie sur Le Kef. Le général Welvert (le CAF) regroupa ses unités sur la Grande Dorsale, prêtes à lutter contre toute tentative de pénétration.

15 février – À l'aube, Ziegler se dirigea vers Sbeïtla avec la 21e Panzer ; une contre-attaque de la CCB échoua mais ses pertes furent minimes. Ziegler, sur des motifs que l'on pouvait comprendre après sa nuit de déplacement et sa journée de combat, faisait état des pluies, état des routes, fatigues, et ne poussait pas plus avant vers Sbiba-Le Kef, au grand mécontentement de Rommel qui lui reprochait également de s'engager par

4. Liddell Hart, p. 409 et 410.

la vallée sans contrôler les massifs qui la bordaient. Ziegler s'était habitué aux déplacements dans le désert en empruntant les grandes coulées.

16 février – Anderson ordonna le repli général sur la Grande Dorsale y compris pour le CAF, corps d'armée français, qui évacua la cuvette d'Ousseltia et prit sous ses ordres la 34e DIUS en plus de la 1re DIUS. La DM (à pied) évacua la Dorsale Orientale précipitamment : Gafsa, Tozeur, Metlaoui et se replia sur Feriana au prix d'indicibles souffrances des Français pour rejoindre à temps les Américains.

Le lieutenant Lapouge a tenu une chronologie de la retraite de son bataillon, le 7e RTA avec tout son « barda » : vivres, paquetages, armements, munitions, mines et brèles chargés des affûts de 75.

« *Nuit du 16 au 17 : Fondouk-el Orbi-el Ala (25 km en montagne) ; nuit du 17 au 18 : El Ala-Kessera (52 km pied) ; nuit du 18 au 19 (30 km en camions) ; nuit du 19 au 20 : Rohia-Le Kef, puis au-delà de Tébessa (240 km en véhicules), marche vers Dernaia, puis vers Absala : on s'installe sur la crête : l'ennemi est à 10 km paraît-il : on l'entend tirailler.*

Plus de 350 km en quatre nuits pour retrouver le colonel. Froid intense la nuit, trempés, pluies permanentes mais pas d'eau, pour boire, oueds jaunâtres. »

Carte 17 – La retraite du 1er bataillon du 7e RTA. Récit du lieutenant Lapouge

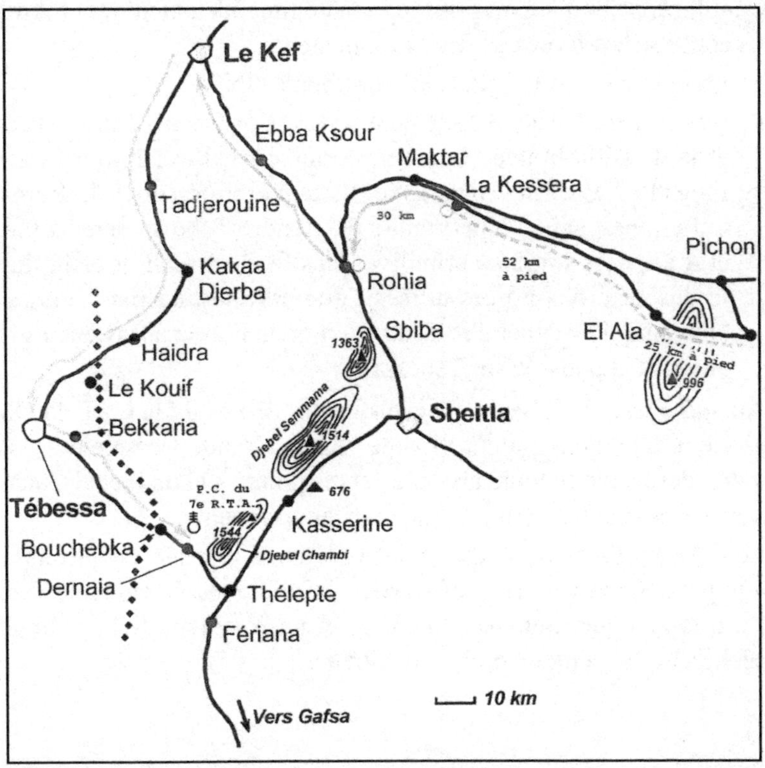

La Grande Dorsale comprend quatre pénétrantes, d'ouest en est :

- Feriana-Dernaïa-Tébessa ;
- Kasserine-Thala qui donne accès au Kef par le col de Kasserine ;
- Sbeïtla-Sbiba qui donne également accès au Kef ;
- enfin, il est toujours possible à partir du col de Kasserine d'obliquer vers Tébessa.

Juin et Giraud étaient convaincus que Rommel était assez audacieux pour foncer vers Bône, à la rigueur Constantine. Giraud l'exprima plusieurs fois à Eisenhower, lui montrant quelle catastrophe ce serait de laisser les Allemands pénétrer en Algérie donnant une extension incontrôlable au théâtre d'opérations qui, outre l'abandon de la Tunisie, ne permettrait pas d'assurer la liaison avec la VIIIe Armée.

Anderson, au contraire, pensait que Rommel choisirait une solution moins ambitieuse mais plus facile : le Kef, car la VIIIe Armée se pressait enfin ! C'était mal connaître Rommel mais cette dernière solution lui fut imposée à son corps défendant.

Revenons à Rommel qui bouillait d'impatience, trouvant que l'exploitation du succès de l'offensive vers Thala n'était pas assez rapide devant le désarroi adverse. Mécontent que la 21e Panzer n'eut pas immédiatement exploité vers le nord après s'être emparée de Sbéita, il décida de dissoudre le Kampfgruppe de Ziegler, prit sous son commandement direct l'Afrikakorps et divisa ses forces en deux groupements :

- groupement Est (21e Panzer) sur Sbeïtla-Sbiba ;
- groupement Ouest, directement sous ses ordres avec la 15e Panzer et la division blindée Centauro, orienté sur l'axe Ksour-Feriana-Ihelepte-Kasserine-Thala. Axe d'attaque préférentiel de Rommel qui espèrait avoir l'opportunité de prendre Tébessa dans la foulée et d'imposer son idée primitive, plus facile à réaliser étant donné le désordre des Forces alliées : atteindre la mer par Tébessa. Il convainquit le général Joldl au quartier du Führer à Rastenburg, qui autorisa la poussée sur Tébessa !

Au sud-ouest de Tébessa, placée sous les ordres de la CAF, la DMC après s'être rétablie à marches forcées sur la Grande Dorsale puis, sans s'arrêter, descendit de toute urgence vers la pointe sud du djebel Chambi, couvrit Tébessa et les dernières hauteurs environnantes.

Le CAF replia aussi sa droite sur la Grande Dorsale et verrouilla le carrefour de Sbiba vers Le Kef empêchant une poussée ennemie venant de l'est, tandis que, plus bas, la Garde et un régiment de la 6e blindée empêchèrent l'ennemi de monter de Sbeïtla.

Cependant, l'évacuation à la hâte du Sud tunisien permettait aisément à l'ennemi de pénétrer en Algérie par la trouée de Chéria ou vers Biskra en contournant les Némentchas.

Rommel y avait pensé mais la liaison avec von Arnim était prioritaire.

Toujours conscient du danger, le général Giraud, en plein accord avec le général Juin, le chargea de mettre en place aux ordres du général Boissau, un front Sud-Est tunisien avec les régiments récemment retirés du front : 4ᵉ RMTZ, 4ᵉ RTT, 3ᵉ REI « en demi repos ! » qui se joignirent aux forces du général Delay : un escadron du 12ᵉ Chasseurs d'Afrique et un groupe de six autocanons. Juin demanda des renforts au général Giraud, qui fit de son mieux... et les promit à une échéance trop lointaine.

17 février – Le groupement « Est » de Rommel prit Sbeïtla, après avoir repoussé une contre-attaque de la CCB.

Le groupement « Ouest » déboucha sur Thélepte, aérodrome qui avait l'avantage de posséder une piste en dur utilisable en tout temps, proche de Feriana qui fut prise à son tour. Les Américains eurent juste le temps d'incendier 30 avions et surtout un énorme dépôt d'essence. Ils improvisèrent de nouveaux champs d'aviation très rapidement, notamment à Kaala Gerba près de Sbeïtla sur une plaine suffisamment vaste et plane pour construire une douzaine d'aérodromes. L'aviation Alliée apporta une aide essentielle à Thala et Fondouk.

18 février : prise du col de Kasserine et attaque de Thala

Le 18 février fut calme. On sut plus tard que Rommel avait cherché à faire approuver par Kesselring et le Commando Supremo, son projet d'offensive éclair sur Bône. D'abord extrêmement favorables, ils furent influencés par von Arnim, faisant valoir que le temps leur était compté car la VIIIᵉ Armée arrivait à Mareth et qu'il fallait s'en tenir à des objectifs plus modestes. Changeant d'idées à nouveau, leur décision fut ferme et définitive : pas Bône, Le Kef seulement. À titre de consolation, on mettait enfin toute la 10ᵉ Panzer sous les ordres de Rommel. Si les Alliés avaient pu ce jour-là connaître la décision prise, ils auraient poussé un « ouf ! » de soulagement, sans être pourtant au bout de leurs peines !

Le 19 février, Rommel lança une attaque sur Le Kef par deux directions convergentes : 21ᵉ Panzer sur la route de Sbiba-Ksour : les 15ᵉ Panzer et division Centauro sur la route de Thala.

La 10ᵉ Panzer n'avait pas encore rejoint et se dirigea vers Sbeïtla. Rommel avait le choix de la diriger vers le nord en renforcement de la 21ᵉ Panzer et de faire l'effort vers Le Kef par Sbiba mais la fatigue montrée à Sbeïtla par la 21ᵉ Panzer le décida à se l'adjoindre pour faire effort sur Thala.

L'attaque du col de Kasserine par deux unités qui cherchèrent à s'infiltrer rapidement en suivant une piste dans le col fut un échec car, à la sortie du col, ils furent pris à partie par le colonel Stark, dont le régiment avait été constitué à la hâte par des unités disparates et les tirs des batteries d'artillerie, mises en place sur le djebel Hamra et le Zitoun, impressionnèrent les Allemands qui se retirèrent !

Rommel fut alors doublement furieux : le piétinement de la 21e Panzer à Sbeïtla et l'attaque manquée sur Kasserine : avait-on idée de passer dans un col sans en tenir les hauteurs qui le surplombaient, même si elles avaient 1 500 m de hauteur !

Il était pourtant difficile d'imaginer que s'emparer de Kasserine serait facile. La gorge de Kasserine est une fissure, un véritable coup de sabre séparant une montagne en deux : au nord le djebel Semama, au sud le djebel Chambi.

Deux pistes qui n'étaient que bosses, trous et rochers parcourent sur deux kilomètres un couloir de 800 mètres, au fond d'une gorge dominée de part et d'autre par de hautes falaises, tombant à pic. Ce qui rendait le col facile à défendre avec des observateurs d'artillerie. Du haut de falaises à 300 mètres de hauteur, des défenseurs pouvaient mitrailler, canonner sans merci ceux qui s'y seraient aventurés tandis que des tirs de mortiers et d'artillerie pouvaient les décimer, à l'entrée comme à la sortie du col.

Kasserine aurait été un obstacle redoutable s'il avait été tenu par une troupe aguerrie ! Malheureusement, les Américains ignoraient les principes élémentaires de la guerre et, de plus, au lieu de tenir sous leurs feux les accès de la gorge, se contentaient de surveiller les sorties d'assez loin. Si Kasserine avait été défendu correctement, Rommel ne passait pas et aurait été contraint de s'emparer d'un autre passage plus au sud, facile à forcer. C'était aussi l'opinion des chefs américains qui, inquiets, firent surveiller la pointe du Chambi à une vingtaine de km au sud de Kasserine, par le groupement Welvert, tandis qu'à ses côtés, légèrement en arrière, la Ire DBUS regroupait les éléments qui la rejoignait.

Dans l'après-midi du 20, Rommel, concentrant ses efforts, engagea la totalité de l'infanterie dont il disposait et la moitié de la 10e Panzer que von Arnim venait de lui restituer – une moitié seulement ! – par les deux pistes du col tandis que les bersagliers de la division Centauro sur les falaises et des éléments grimpant vers les sommets protégeaient leur progression.

Le col ainsi que le Chambi et le Semana étaient entre les mains de Rommel, le 20 au soir. Les deux pistes se séparaient à la sortie du col : l'une, étroite, menant à Tébessa entre plusieurs petits djebels caillouteux (Hamra, Zitoun) tenus par tous les éléments que les Américains avaient pu amener, tandis que leur artillerie, rapprochée au plus près, faisait un barrage de feux à la sortie du col. Robinett recevant ordres et contre-ordres finit par arriver le long de l'oued El Hatab, se mettant en place sur El Hamra, tandis qu'une partie du groupement Welvert faisait face à la division blindée italienne Centauro qui se présentait au passage à l'ouest du djebel Chambi.

La sortie du col s'ouvrait largement à droite par une piste contournant le djebel Bireno qui menait à Thala. Rommel choisit cette voie, faisant venir par le col artillerie et mortiers qui ouvrirent un feu d'enfer sur les djebels Hamra et Zitoun, terrifiant les hommes de Stark qui se replièrent en désordre. Rommel envoya aussitôt sa « demi-10e Panzer » sur Thala.

Pendant ce temps, sous les ordres de von Arnim, les unités italo-allemandes longeant la Dorsale Orientale faisaient effort sur El Hamra.

Le colonel Lang, qui commandait le secteur de Pichon avant l'offensive Weber, avait envoyé un groupe de reconnaissance blindée de la 334e Division, ainsi que deux bataillons du 46e RI sur les crêtes à l'est de Maktar.

Le général von Arnim, ne songeant qu'à son propre plan, espérait bien percer en direction de Maktar et prendre le premier Le Kef.

Craignant une poussée sur Thala venant de Pont-du-Fahs, le général Anderson avait envoyé à une dizaine de kilomètres deux régiments de la 26e brigade britannique commandés par un chef de valeur.

La Brigade Légère Motorisée tenait les deux pitons de part et d'autre de Sbiba.

Les grands chefs : Anderson, Fredendall, Ward commandant la 1re DBUS, remplacé par Nicholson en pleine action, donnaient chacun de nombreux ordres concernant l'évacuation de Tébessa, augmentant l'impression que le Commandement n'était plus maître de la situation.

En effet, à Tébessa, c'était l'affolement : les Américains évacuaient hâtivement les dépôts de vivres et de munitions vers Constantine et Souk Ahras, continuaient depuis la veille à mettre le feu aux dépôts d'essence qui recouvraient la ville d'un immense nuage noir angoissant.

Toutes les unités américaines dispersées à l'ouest dans la plaine d'Ousseltia et remontant vers Thala faisaient demi-tour, croyant que les Allemands l'occupaient, cherchant dans le plus grand désordre à se réfugier au plus vite vers Tébessa ou gagner les lisières les plus proches de la route de Tébessa à Souk Ahras.

Kasserine pris, Rommel dirigea aussitôt la 10e Panzer sur Thala mais fit bifurquer la 15e Panzer et la Centauro vers Tébessa, n'ayant pas complètement renoncé à poursuivre les passages menant à Tébessa avant de lui prescrire de se porter au nord de Thala, tandis que la DMC rassemblait les éléments qui lui restaient sur les hauteurs proches ceinturant le sud-est de Tébessa.

Fredendall, gardant en main la CCB Robinett, la dirigea vers la sortie de Kasserine puis, changeant d'idée, l'envoya défendre Thala. Quant aux derniers éléments blindés de la Ire DBUS, cherchant à porter secours aux troupes en mauvaise posture sur les djebels Hamra et Zitoun, ils étaient attaqués par les vétérans du 8e régiment de Panzer ayant franchi le Retab entre les djebels sur un pont de fortune. Ils traquèrent les chars réfugiés le long des massifs. Les Américains durent s'enfuir à pied et perdirent 70 chars environ et 30 véhicules blindés.

Pendant ce temps l'attaque des unités du nord sur Sbiba-Maktar se heurtait à une résistance acharnée du Corps d'Armée Français sur les collines au sud de Sbiba et les massifs de part et d'autre de la route venant de Bou Arada-Siliana vers Maktar tenue par les unités blindées de la 6e DB.

Le régiment de La Garde incorporé à la 26e Brigade Blindée Britannique, solide et impassible, était placé sur les collines au sud de Sbida ; un régiment de Lanciers avec ses tanks sur le flanc des collines surveillait la route. Ils signalèrent puis, sur ordre, laissèrent s'engager sur la piste dans la vallée une colonne de chars de la 21e Panzer en reconnaissance vers Sbiba. Le général Keightley averti avait ordonné de ne pas ouvrir le feu et de les laisser avancer. Une fois les chars allemands arrivés à hauteur des canons antichars « six-pounders », l'ouverture du feu créa un ravage dans la colonne mettant hors de combat une dizaine de tanks : les équipages, justement pris de panique dans les chars qui brûlaient, s'éparpillaient dans la nature quand ils en avaient la possibilité.

Sur la route de Thala, la 10e Panzer chassait devant elle la 26e brigade de chars, plus puissante mais moins entraînée. Lorsque tomba la nuit, les Anglais avaient déjà perdu 40 chars et 700 prisonniers. La 10e Panzer envoya prudemment des chars dans Thala, le premier étant un char anglais récupéré, ce qui trompa les premiers défenseurs. Il s'ensuivit un combat de nuit confus, les chars se tirant dessus à bout portant, en abordant des carrefours, progressant vers le nord. Mais un peloton de la 26e brigade, descendu des lisières de Ksour, bloqua la sortie nord de Thala, détruisant le peloton ennemi de tête et continuant à tirer de toutes ses pièces faisant un feu d'enfer, trompant l'ennemi sur les forces qu'il avait devant lui... La 10e Panzer s'arrêta croyant avoir affaire à une forte unité blindée, alors que la route du Kef était libre ! La victoire comme la défaite tiennent parfois à peu de choses : au sang-froid d'un peloton à Thala car derrière lui la route était libre sur 60 km jusqu'au Kef. Il n'y avait aucune unité ! Hormis quelques hommes américains du REME (service de réparation du matériel) qui s'étaient bravement constitués en groupe de défense à l'entrée de la ville, armés de fusils et de quelques mitrailleuses ! Quant à la Croix Rouge américaine, elle avait filé sur Constantine laissant sur place tout son matériel ! Sur ce, le CCB, contournant Thala, intervint. Thala fut repris carrefour après carrefour. La colonne ennemie se replia non loin des lisières de la ville. À l'aube, reconnaissance prudente des Anglais. Stupeur, plus de chars, plus d'Allemands. *Idem* à Sbiba. C'était à ne rien y comprendre !

En revanche, à Tébessa l'affolement continuait à régner depuis la veille, les Américains incendiaient et évacuaient leurs énormes dépôts, la ville était toujours recouverte d'un nuage noir, les cadres du quartier général pliaient bagages : Fredendall, avec l'accord d'Anderson, avait ordonné de préparer le repli de tout le IIe CAUS y compris la DM de Constantine. Sur ce, Juin alerté se rendit l'après-midi au PC de Fredendall qui envisageait de se retirer à Souk Ahras... puis au Kef lorsque le PC de l'armée se serait retiré ! Juin le conjura de rester à Tébessa, téléphona à Anderson pour faire annuler l'ordre de repli et lui demanda où il comptait installer son PC. Réponse : vers le nord, vers la 26e division britannique. Juin comprit qu'il n'avait aucunement l'intention de défendre Constantine. Il se rendit au PC de Fredendall, assis sur une chaise, sur le départ, PC vide. Juin lui dit alors que si le IIe CAUS abandonnait Tébessa, il ordonnerait à la DM de Constantine de rester et qu'il se battrait à Tébessa jusqu'au dernier homme... Rien n'y fit. Juin énuméra en vain les arguments favorables, les précurseurs des chars et l'artillerie de Ire DBUS du Maroc arrivaient : le 2e Corps d'Armée retrouverait rapidement toute sa puissance.

L'aviation avait conquis le ciel, les forteresses volantes bombardaient les terrains d'aviation et les concentrations ennemies. Ils auraient même causé de grands dégâts dans le col de Kasserine ; la VIIIe armée de Montgomery arrivait, contraignant Rommel à faire face et à diminuer, voire arrêter très prochainement son offensive sur Le Kef ... et, à bout d'arguments, joua la carte sentimentale à laquelle sont sensibles les Américains. Il l'entraîna dans un coin de la pièce et la voix chargée d'émotion lui dit : « *Mon général, je suis né à Constantine, ma femme est née à Constantine, mon fils est né à Constantine, je me battrai jusqu'au bout et je mourrai à Constantine !* » Sur ce, Fredendall s'approcha de Juin, le prit dans ses bras et lui dit : « *Mon général, je mourrai avec vous*[5] *!* » Il téléphona à Anderson que, toute réflexion faite, le IIe CAUS resterait à Tébessa et qu'il donnait des ordres pour reconstituer les unités et mettre en place un dispositif de défense. Bien lui en avait pris, il apprenait que les Allemands s'étaient retirés durant la nuit et que d'El Hamra, on tirait à l'entrée du col de Kasserine sur les retardataires qui se bousculaient !

L'offensive de von Arnim dans le Nord tunisien

C'est alors que von Arnim, devançant les ordres que pourrait lui adresser Rommel qui venait d'être nommé commandant en chef en Tunisie, lança le 26 février une dernière grande offensive avec le maximum de ses forces au nord de la Medjerda. Il avait repris sous ses ordres la 10e Panzer et

---

5. Le maréchal Juin racontait souvent cette histoire à ses proches et ses familiers et concluait d'un bon rire !

poursuivait obstinément son idée initiale de percer au nord, estimant que les Anglais n'avaient pas encore regroupé leurs forces. Or, bien au contraire, les Anglais, ayant fait très vite, disposaient de trois divisions : la 46e DI au nord, la 78e DI au centre et la 6e DB au sud ainsi que 5 bataillons français, restés à leur disposition, proches de Medjez el-Bab, objectif décisif.

Von Arnim, regroupant tous ses moyens, les envoya progresser vers Sidi N'sir et le djebel Djaffa, tout en menant une attaque principale sur Béja mais, ses blindés, placés en tête, furent écrasés par l'artillerie anglaise, toujours très efficace. Il ne restait au général Lang que quelques chars Tigre sur la vingtaine engagée.

Une attaque secondaire contre Bou Arada ne fut pas plus heureuse. Sa branche sud fut arrêtée dès le départ par 2 régiments d'infanterie (736e RI et 334e DI) et aux abords d'El Aroussa par un escadron de chars Churchill, derniers nés des mastodontes.

Enfin, l'attaque frontale sur Medjez fut bloquée par l'artillerie et l'action qui devait déborder par le sud se heurta à une brigade de la 78e DI et au 2e bataillon du 3e RTA (commandant Santini) qui cloua au sol l'attaque de nuit des grenadiers de la fameuse 10e Panzer, les mit en fuite par une contre-attaque à l'aube de la 7e compagnie du lieutenant Bazinet, faisant 150 prisonniers.

Bel exploit ! En décembre déjà, le 3e RTA, rattaché à une brigade britannique, s'était distingué sous les ordres du colonel Lorber en tenant le djebel Ang et ses pertes n'avaient pas été compensées : le bataillon (réduit à 60 hommes par compagnie) décrocha le 28 février et 5 km plus loin sur Chouach où il résista 48 heures à une attaque d'encerclement, luttant jusqu'à complet épuisement. Sur ordre ils purent se replier sur la route de Béja-Medjez : les défenseurs avaient de fortes pertes : 400 tués, blessés ou disparus. Le lendemain, von Arnim donna l'ordre d'arrêt d'une offensive dans laquelle il avait perdu un millier d'hommes, 22 chars et 49 endommagés sans pouvoir s'emparer de Medjez[6].

Certes, von Arnim avait fait 2 500 prisonniers mais perdu 71 chars sur 77. Il avait engagé ses chars par un temps de pluie sur des chemins et des marais boueux. Les 19 Tigre dont il disposait, qui auraient été si utiles à Rommel et qu'il avait refusé de mettre à sa disposition quelques jours auparavant, s'enlisèrent dans une vallée marécageuse, leurs canons longs ne purent être utilisés et ils furent détruits. Cette opération fut un vrai gaspillage de forces allemandes. L'aviation Alliée coulait tous les cargos en provenance d'Italie. Les chars ne pouvaient être remplacés. L'aviation allemande, détruite sur les aérodromes en Tunisie, se faisait de plus en plus rare avec des délais d'intervention très courts. Les troupes qui s'entassaient

6. Journal de marche du 3e RTA et son annexe 35.

dans le nord de la Tunisie étaient généreusement employées, appuyées par quelques chars, mais devenaient moins combatives, bien qu'elles se battissent très courageusement jusqu'à la fin de la campagne. Elles sentaient qu'elles étaient utilisées en « chair à canon ».

Plus grave, en retenant au nord des forces importantes, von Arnim avait retiré à Rommel sa dernière chance d'attaquer Montgomery en situation de force car il n'avait début février qu'une division contre lui à Médenine contre sept en mars : deux DB, trois DI britanniques, une néo-zélandaise et une indienne.

Carte 18 – La ligne Mareth

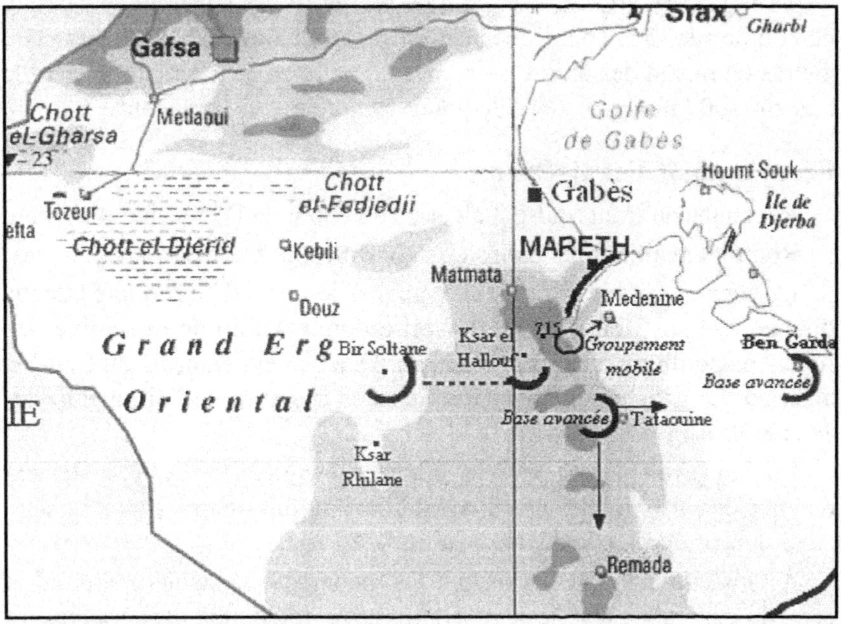

Le reflux de Rommel

Le maréchal Kesselring était venu voir Rommel le soir du 22 février et l'avait convaincu qu'il fallait de toute urgence faire face à la VIIIe Armée qui abordait la ligne Mareth. Les données de la guerre avaient changé : Américains et Anglais se renforçaient de deux divisions (1re DBUS et 46e DI), possédaient de plus en plus de chars performants. Fait plus grave, leur aviation surclassait nettement l'aviation de l'Axe, coulait les convois en provenance de la Méditerranée. À court terme, cela signifiait l'absence de chars, de canons, de munitions et le blocage des personnels. Bref, il était urgent qu'il arrêtât son offensive et se portât sur la côte... Ajoutant qu'il était nommé, le matin même commandant du groupe d'armée Afrikakorps. Rommel regretta de n'avoir pas eu von Arnim plus tôt sous ses ordres car il lui aurait demandé de venir le renforcer le long de la côte.

Il donna immédiatement l'ordre général de se replier discrètement de nuit au sud-est de Kasserine. Sa colonne fut bombardée par une centaine d'avions britanniques, l'obligeant à faire un plongeon au milieu de ses troupes (qui appréciaient vivement le comportement de leur chef). Il gagna au plus vite la côte, craignant d'être séparé de l'armée de von Arnim par un débarquement des Alliés à Gafsa.

Rommel était moins inquiet par l'avance de la VIIIe armée dont des éléments avaient atteint Ben Gardane le 15 février ; Médenine le 17 ; Foun Tataouine le 18 ; Leclerc, renforcé par la 1re DFL, avait atteint Ksar Rhilane le 19.

Montgomery arrivait avec le gros de ses forces sur la ligne Mareth, parcourue sur 35 km par l'oued Zigzaou, torrent boueux, large de 40 à 60 mètres en raison des pluies. Derrière, les collines de Matmata longent la mer sur 100 km vers le nord de Foun Tataouine à Al Hammah.

Front du Sud-Est algérien

Revenons au front Sud-Est algérien au début de l'offensive Rommel.

Rommel avait fait ses pleins et reconstitué ses forces à Gabès.

Le général Giraud était inquiet comme le général Juin d'une attaque directement sur Constantine. Il avait ordonné à Juin de rassembler les forces disponibles et de constituer un détachement français du Sud-Est algérien. Le général Delay avait la mission d'assurer la liaison entre les 1re et 8e armées britanniques.

Rommel avait pensé à une telle attaque stratégique. Il y avait rapidement renoncé en raison d'une liaison ravitaillement impossible à assurer seul, en se coupant de l'aide de von Arnim.

À Ghadamès, le 29 février 43, les méharistes du général Giraud et ceux du général de Gaulle se rencontrèrent et tombèrent dans les bras les uns des autres. Les méharistes français félicitèrent leurs camarades pour la traversée du Fezzan. Ces hommes durs au caractère ferme, rompus au désert, savent reconnaître leurs prouesses.

Les heures suivantes, le général Delay prit contact avec le général Leclerc, tenant des propos méprisants à l'encontre du général Juin. Il avait un slogan qu'il répéta souvent et garda jusqu'au Maroc, où Juin l'aida à constituer sa division : « *Tout Français, militaire ou civil, qui n'a pas rejoint le général de Gaulle le 18 juin 1940, est un traître, et devra être châtié comme tel*[7]. » Les Français Libres gardèrent une attitude distante à l'égard de l'Armée d'Afrique et s'estimèrent les seuls vrais libérateurs de la France.

---

7. *L'épopée « Leclerc », du Tchad en Lorraine*, exemplaire n° 10 de l'État-Major – 2e bureau.

Sur l'ordre de Leclerc, ils poursuivirent leur chemin vers la côte. Arrivés à Tripoli, ils s'écrièrent la gorge serrée « la mer ». Ces Français venus du Tchad furent saisis par une poignante émotion.

La DFL du général de Larminat fut placée en flanc garde du 2e échelon britannique, Larminat étant peu apprécié du général Montgomery.

Ce dernier reçut Leclerc le 26 janvier à Tripoli. Il le trouva sympathique et plein d'allant ! Il lui fit donner les moyens de se renforcer et le laissa rejoindre ses avant-gardes. Leclerc sentit qu'il était encore temps de foncer vers Tunis et d'arriver avant les forces Alliées.

À cet effet, il bouscula les Allemands à Ksar-Rhilane. Contourna la ligne Mareth prenant le djebel Outib, le long des flancs de l'attaque britannique. Participa à la bataille de Gabès où il entra le 29 mars. Protégea le flanc ouest de l'armée britannique se dirigeant vers Sfax puis vers Kairouan. Alignés sur la VIIIe Armée, les soldats de Leclerc se tinrent à hauteur d'Enfidaville, lors de la prise de Bizerte, regrettant de ne pas faire partie des premiers à entrer à Tunis le 8 mai.

Dernière tentative de Rommel

Le matin du 23 février, le 2e CAUS s'était réveillé dans un calme anormal de toutes parts : point d'Allemands, silence total ! Les premières reconnaissances confirmaient que l'ennemi avait disparu laissant sur le terrain des armements, des équipements et des morts, ce qui n'était pas dans ses habitudes. Tout indiquait un départ précipité : pourquoi et vers où ? Prudemment, les unités américaines s'engageaient dans la plaine d'Ousseltia où elles retrouvaient les cadavres de nombreux chars... irrécupérables !

Seule activité, dans la région de Maktar, où l'on signalait que deux bataillons appuyés par de l'artillerie attaquaient le col de l'Ossatour mais il était bien défendu et le bataillon du commandant Clair du 7e RTM réussit à les repousser par une contre-attaque. Le général Mathenet (DCM) reçut l'ordre d'envoyer des renforts et de pousser ses Tabors à travers le djebel Serdj pour attaquer le flanc de l'ennemi.

Rommel avait gardé avec lui la « demi-10e Panzer » dont le repli vers la côte et le nord n'était pas possible dans l'immédiat. Il reçut l'ordre du Commando Supremo de s'installer en position défensive sur place, ce qui dénotait une étroitesse de vue, un manque absolu de la connaissance de la situation et du rapport des forces. Rommel n'obéit plus à aucun de ses ordres, considérant qu'il était nul en stratégie ainsi que tout son état-major, lui reprochant de n'avoir pas su coordonner l'attaque de von Arnim au nord avec celle de Kasserine au sud. Il pensait de même de Kesselring « *cet aviateur... incapable de diriger un théâtre stratégique !* ».

Cependant, ses rapports avec von Arnim restèrent corrects, en dépit d'une jalousie qu'il n'ignorait pas. Il lui reconnaissait d'être un bon tacticien possédant l'art du combat, venu de Russie, débarqué en Afrique sans rien y connaître, capable uniquement de donner des coups de boutoir répétés dans la même zone.

L'aviation alliée surveillait ses déplacements, attaquant en permanence ses unités. Au sud, la 15e Panzer, réduite à une poignée de chars, se montrait très active, attaquant sans cesse les deux avant-gardes de la VIIIe Armée mais avait dû se replier derrière les avant-postes anglais atteignant la ligne Mareth. Il était grand temps que Rommel essayât, par une manœuvre en tenaille où il excellait, de les détruire par une attaque de flanc avant qu'elles n'atteignissent la ligne Mareth, obligeant Montgomery à se couvrir sérieusement du côté de Médenine et à retarder son entrée en Tunisie. Son attaque décidée pour le 2 mars fut retardée jusqu'au 6 mars par deux jours de mauvais temps occasionnant un retard de mise en place. Montgomery fut averti dès le 2 mars par les reconnaissances aériennes du déplacement des trois divisions amoindries dont Rommel disposait et non, selon toute vraisemblance, par une trahison, comme le suggèra Paul Carell[8]. Rommel signala le survol quotidien et l'attaqua de ses forces par une centaine d'avions. Montgomery eut le temps en quatre jours de mettre en place un barrage de chars et d'artillerie et de prendre des dispositions défensives : 400 chars, 500 canons antichars en position et trois divisions ! Le 6 mars, dès le début de l'attaque, Rommel comprit son erreur et arrêta les frais. Il avait acquis la certitude qu'une attaque majeure de Montgomery était imminente et qu'il n'avait pas les moyens de s'y opposer.

Réaliste, Rommel savait qu'il ne pourrait empêcher la jonction de l'Armée d'Afrique avec la VIIIe Armée et qu'à court terme la bataille de Tunisie était perdue. Il conseilla à Hitler d'évacuer, par grandes étapes, le maximum de forces pendant qu'elles pourraient disposer d'une certaine protection car il jugeait impossible de tenir un front sur une distance de 165 km. Hitler n'était pas de cet avis et s'entêtait par orgueil. Le 9 mars, Rommel confia le commandement du groupe d'armées Afrika à von Arnim, celui de la Ve Panzerarmee au général von Vaerst et rentra se faire soigner en Europe.

Rommel ne revint plus en Afrique.

Hitler s'inquiéta quelques semaines après de son état. Ordre fut donné au quartier général de garder le silence sur le retour de Rommel : on voulait garder sa réputation militaire en réserve.

Les évadés de France

Les hommes qui avaient rejoint le général de Gaulle étaient peu nombreux. La 1re DFL du général de Larminat comptait 6 000 hommes ; la

8. *Afrikakorps*, p. 549.

« Force L » du général Leclerc n'avait plus que 1 800 hommes avec lui en pénétrant en Tunisie dont 300 « blancs ». Les évadés de France allaient présenter une ressource très intéressante pour gonfler les rangs gaullistes.

Dès la chute de Vichy, des milliers d'hommes se sentirent dégagés du serment de fidélité envers le Maréchal. Une partie des 100 000 hommes qui constituaient l'armée tolérée lors de l'armistice et des milliers de volontaires voulaient rejoindre à tout prix ceux qui se battaient en Tunisie. Restaient en France ceux qui n'avaient pas voulu ou pu tenter le franchissement des Pyrénées. Certains d'entre eux rejoignirent la Résistance, voire armèrent des maquis.

Pour rejoindre l'Afrique du Nord, il fallait passer par l'Espagne. Les conventions de Genève, que l'Espagne voulait appliquer pour ne pas irriter les Allemands, stipulaient que les plus jeunes devaient être reconduits à la frontière gardée par des troupes allemandes. Les autres étaient internés en Espagne pour la durée de la guerre. S'il était assez facile d'avoir l'âge requis, la vie en camp ou dans les prisons d'un pays ruiné était épouvantable.

Nombreux sont ceux qui gardèrent à jamais les souvenirs de leur séjour dans les prisons de Pampelune, Figueras, Libera, Barbastro, Gerone et l'horrible camp de concentration de Miranda.

Après de longs mois de détention, les Espagnols, fort réticents, cédaient à la pression des Alliés. Ces ardents volontaires parvenaient après de multiples parcours à rejoindre Alger ou Oran. Là, enfin, ils rejoignaient l'Armée d'Afrique, chaleureusement accueillis par le général Giraud et les responsables militaires. Ils pouvaient enfin combattre les Allemands.

La période de racolage et d'épuration

Elle mérite peu que l'on s'y attarde : l'épopée Leclerc, les combats des hommes de la 1re DFL qui sous les ordres du général Koenig avaient résisté à El Alamein méritent que l'on rapporte leurs exploits. Mais l'Histoire n'est pas seulement faite de combats héroïques par une fraction des combattants.

Suit une période peu glorieuse. Celle, dès février 43, des tentatives FFL de faire déserter le maximum d'hommes des Troupes d'Afrique et celui d'embaucher les « soldats évadés de France » qui, arrivés à Alger ou Oran, rêvaient de rejoindre l'armée du général Giraud et d'aller se battre contre les Allemands. Dès leur arrivée, ils étaient l'objet d'attentions et de tentations pour être dirigés vers le Maroc pour grossir les rangs gaullistes. Cette campagne de promesses et d'embauches rappelle celle déclenchée en juillet 41 en Syrie par le général de Larminat. Le général Leclerc, usant de son prestige, fit de même de son côté. Mais cette fois-ci l'Armée d'Afrique était victorieuse, menant le même combat.

Dès le mois de février, les agents gaullistes, en place à Alger après la réunion d'Anfa, déployèrent tous leurs efforts de recrutement. Puis, dès l'arrivée du général de Gaulle le 30 mai, tous les moyens les plus honteux pour débaucher les équipages des navires, notamment du *Montcalm* à Casablanca, furent poursuivis à ciel ouvert, déclenchant l'indignation des Américains. Déjà, début mai, un centre de recrutement avait été ouvert à Kairouan, PC du général Leclerc. Le général de Larminat faisait de même de son côté. Les unités de l'Armée d'Afrique (Légion étrangère, 4e RST, 15e RST) à Gafsa et Metlaoui notamment étaient très sollicitées avec des promesses mirobolantes de soldes et d'avancements. Puis, furent ouverts des centres de recrutement clandestins camouflés en « foyers » ou « centres d'accueil pour les permissionnaires FFL » : le plus connu fut « le centre de l'Opéra » inauguré par le général de Gaulle à Alger ou celui d'Oran spécialisé dans le recrutement de marins.

Bref, dès la fin des combats le 13 mai, le général Eisenhower refusa l'entrée des forces gaullistes en Algérie et au Maroc et imposa aux forces de Leclerc et de Larminat, leur retrait au sud du parallèle de Kairouan. Le recrutement avec des promesses effrénées reprit avec la présence du général de Gaulle à Alger ; puis, durant le voyage du général Giraud à Washington, fut officialisée la période d'épuration décidée par le général de Gaulle : 400 généraux et officiers supérieurs en ce qui concerne seulement l'Armée d'Afrique !

Cela parut d'autant plus injuste que les combattants de l'Armée d'Afrique n'étaient pas plus giraudistes que gaullistes. Ils se battaient avec un total engagement pour venger la défaite de 1940, vaincre et chasser l'Allemand.

Pour en finir avec ce triste épisode de la campagne de Tunisie, cette campagne effrénée de racolage correspondait non pas à un complexe éprouvé par les FFL d'être si peu nombreux mais à la crainte d'être noyés et oubliés en étant fusionnés dans une armée importante.

Les généraux de Larminat et Leclerc voulaient constituer une deuxième armée FFL qui se battrait parallèlement avec l'Armée d'Afrique et cherchaient à augmenter les effectifs. Le général de Gaulle laissa se poursuivre « ces incorporations » jusqu'à son entrevue avec le général Juin. Ces « nouveaux » FFL irritaient au plus haut point la valeureuse phalange qui se battait depuis l'armistice de 1940.

C'est ainsi que, profitant du voyage du général Giraud aux États-Unis, non seulement l'épuration fut déclenchée mais un décret parut le 22 juin émanant d'un comité de guerre restreint apportant un frein à l'indépendance revendiquée par le commandant en chef. Deux chefs d'état-major, à compétence égale, étaient nommés : Juin pour les Forces terrestres des seuls territoires ressortissant jusque-là au commandant en chef civil et militaire, et Larminat pour les FFL, jouissant d'un statut plus avantageux. Deux chefs d'état-major sur un pied d'égalité, c'était voué ce comité à la stérilité et à l'échec, comme le signala le général Juin dans ses Mémoires. Ce qui se produisit dès les premières décisions à prendre. Juin en tira les conséquences, adressa sa lettre de démission le 11 juillet 1943 au général Giraud signalant que c'était maintenir unilatéralement un climat d'hostilité et une ligne de démarcation entre les deux Armées.

Averti, de Gaulle lui demanda de venir le voir avant le retour du général Giraud. L'entrevue et l'échange de lettres entre les deux camarades de promotion furent des plus amicales. De Gaulle ayant appris le comportement de Juin le félicita pour toutes les actions menées auprès de Darlan pour obtenir un « cessez-le-feu » général et sa conduite très adroite avec les chefs Alliés durant la campagne de Tunisie. Il lui assura qu'il allait réfléchir à sa proposition de réaliser une fusion des armées avec un seul chef d'état-major. Il lui confirma qu'il commanderait le Corps expéditionnaire d'Italie. La fusion des armées fut décrétée le 1er août en plein accord avec le général Giraud.

Le 22 juillet, Juin écrivit une lettre remise en mains propres au général de Gaulle dans laquelle il lui signalait la note signée Larminat qui demandait que soient examinées les responsabilités de tous les généraux ayant exercé une responsabilité durant la campagne de Tunisie. Juin était le premier visé !

De Gaulle demanda à Juin de venir le voir à nouveau : il déchira la lettre de Larminat en sa présence. Ils se quittèrent en se manifestant une amitié réelle et réciproque qui devait durer jusqu'au retour aux affaires du général de Gaulle en mai 1958 et ses prises de position sur le devenir de l'Algérie.

Le général de Larminat fut mis en attente de commandement. Peu rancunier, Juin lui confia le commandement d'un Corps d'armée en Italie. Il agit de même avec le général Leclerc, lui affectant au Maroc des unités de l'Armée d'Afrique pour constituer sa division, la future glorieuse « division Leclerc ».

CHAPITRE 4

Troisième phase La poussée sur Tunis (7 mars-10 mai 1943)

Dorénavant la supériorité militaire a changé de camp mais les forces de l'Axe coincées en Tunisie le long de la côte allaient opposer une résistance acharnée. Après le contournement de la ligne Mareth, la VIIIe Armée progressa le long des côtes tandis que les forces françaises s'efforcèrent de garder le contrôle des cols pour interdire aux forces de l'Axe d'effectuer un contournement par l'intérieur, tout en gardant le nord de la Tunisie avec les forces britanniques.

Le contournement de la ligne Mareth

Il avait été décidé que, lors de l'entrée en Tunisie de la VIIIe Armée, le général Alexander exercerait la totalité d'un commandement interallié intégré et prendrait le commandement du 18e Groupe d'armées, coiffant les Ire et VIIIe Armées britanniques. Ce qui avait profondément déplu à Montgomery.

Furent placés sous ses ordres :

- le IIe CAUS : général Patton puis Bradley. Il comprenait environ 90 000 hommes : trois divisions d'infanterie entre Tébessa et Sbiba et la 1re DB reconstituée, renforcée ;
- le XIXe Corps Français : général Koeltz, 50 000 hommes environ, commandant en outre le Corps Franc d'Afrique (3 000 hommes)

et le détachement du Sud-Est algérien (7 000 hommes). Le XIXe Corps, possédant toujours les mêmes armements et matériels désuets, dépendait de la Ire Armée britannique ;

- les Ve, Ier, X^e^, XIIIe et XXXe Corps d'armée britanniques aux ordres de Montgomery.

Montgomery avait fixé au 20 mars l'attaque de la ligne Mareth, baptisée « Pugilist Gallop », tandis que pour le soulager, le 17 mars, le IIe CAUS devait lancer une attaque de diversion sur la côte.

Carte 19 – Contournement de la ligne Mareth

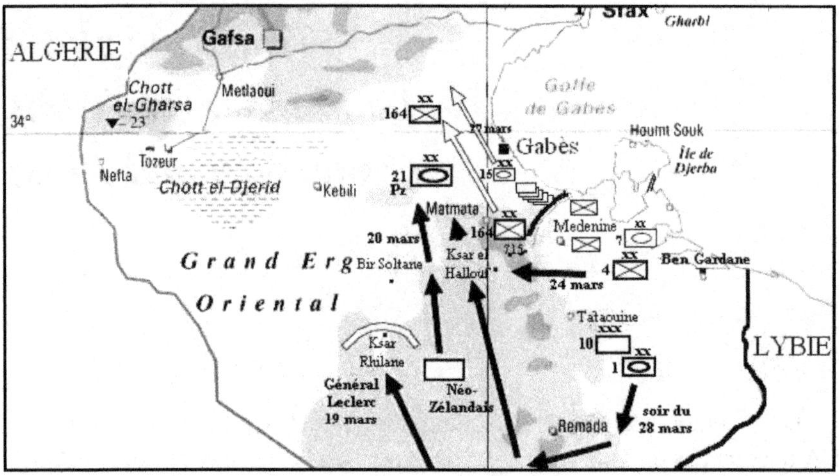

Le 17 mars, la Ire DIUS reprit Gafsa tandis que la 1re DBUS subit, plus au nord, une contre-attaque de la 10e Panzer qu'elle repoussa : les Allemands perdirent 40 chars et Alexander ordonna à Patton de poursuivre son avance en vue d'occuper la route côtière.

Le 20 mars, Montgomery lança son attaque principale avec six divisions (XXXe Corps d'armée du général Leese), droit sur la ligne Mareth en vue d'ouvrir une brèche où s'engouffreraient en exploitation les divisions blindées du Xe Corps d'armée (général Horrocks) tandis que les forces mobiles du général Freyberg : 2 divisions néo-zélandaises, effectueraient un mouvement tournant au sud des Matmata. L'attaque principale échoua car si les fantassins passèrent, les chars s'embourbèrent et ne purent franchir le Zig-Daou.

C'est alors que Montgomery réussit le meilleur retournement tactique de sa carrière.

Tandis que les forces mobiles progressaient au sud des Matmata en direction d'Al Hammah et se dirigeaient vers un col défendu par des forces allemandes (21e Panzer et 164e DI), Montgomery renonça à son idée première et lança sa force blindée dans la foulée des forces mobiles, ordonna à la division indienne de s'emparer du col de Ksar el Souk dans les Matmata afin de raccourcir sa ligne de ravitaillement et à ses forces mobiles de poursuivre par les crêtes tandis que ses forces blindées arrivaient le 27 mars au col de Ksar el Souk évacué par les Allemands. Le 27, il était à Al Hammah.

Dès le 24 mars, le général von Arnim avait prescrit au général Messe de faire replier ses troupes au nord de Gabès, sur la position de l'oued Akarit qui barre toute progression sur 22 km de front, du Chott el Fedjaj à la mer.

Pour gagner les deux jours nécessaires, von Arnim avait fait contre-attaquer la 15e Panzer à Al Hammah.

Le 28, le XXXe Corps d'armée occupait Gabès.

Pendant ce temps, la 1re DBUS attaquait en direction d'El Guettar. Alexander faisait effort sur deux axes :

- attaque principale du 2e CAUS du général Patton sur El Guetar-Gabès ;
- attaque secondaire du Ier Corps d'armée britannique du général Crocker sur Fondouk, Kairouan et Sousse, en vue de couper la retraite à Messe. Ces deux opérations se soldèrent par un échec mais permirent à Montgomery d'accentuer sa poussée sur l'oued Akarit.

Alexander remanie son dispositif et le XIXe Corps français (CAF) reprend la Dorsale Orientale

C'est alors qu'Alexander, ayant une bonne connaissance du terrain du nord de la Tunisie, commença à mettre en place son plan final, il pensa que l'extrême nord de la Tunisie se prêtait le mieux à une attaque blindée sur Bizerte-Tunis à condition que l'ennemi fût contenu depuis le Zaghouan jusqu'à la zone légèrement montagneuse et boisée d'Enfidaville. Il prit ses premières dispositions avant de faire accepter son plan par Montgomery qui souhaitait entrer le premier à Tunis.

La 6e DB britannique, si appréciée des troupes françaises pour avoir souvent travaillé avec elle et qui lui avait donné ses chars Valentin dès qu'elle avait reçu ses Sherman, arriva à Kairouan par Fondouk et fit la jonction avec la VIIIe armée.

Les actions menées par le général Koeltz sont détaillées et demanderaient d'être suivies sur une carte d'état-major mais elle donne une idée de l'intense activité des unités françaises qui jalonnent le repli ennemi et l'empêche de contrôler la Petite Dorsale et le repousse vers le Zaghouan.

Le XIXe Corps reprit le col d'Aïn Djeloula : la DM du Maroc, le djebel Mansour, le Chirich et le Faress (juste revanche !) et cette fois-ci l'ennemi s'enfuit et s'échappa par le nord !

Carte 20 – Reprise de la Dorsale Orientale avril 1943

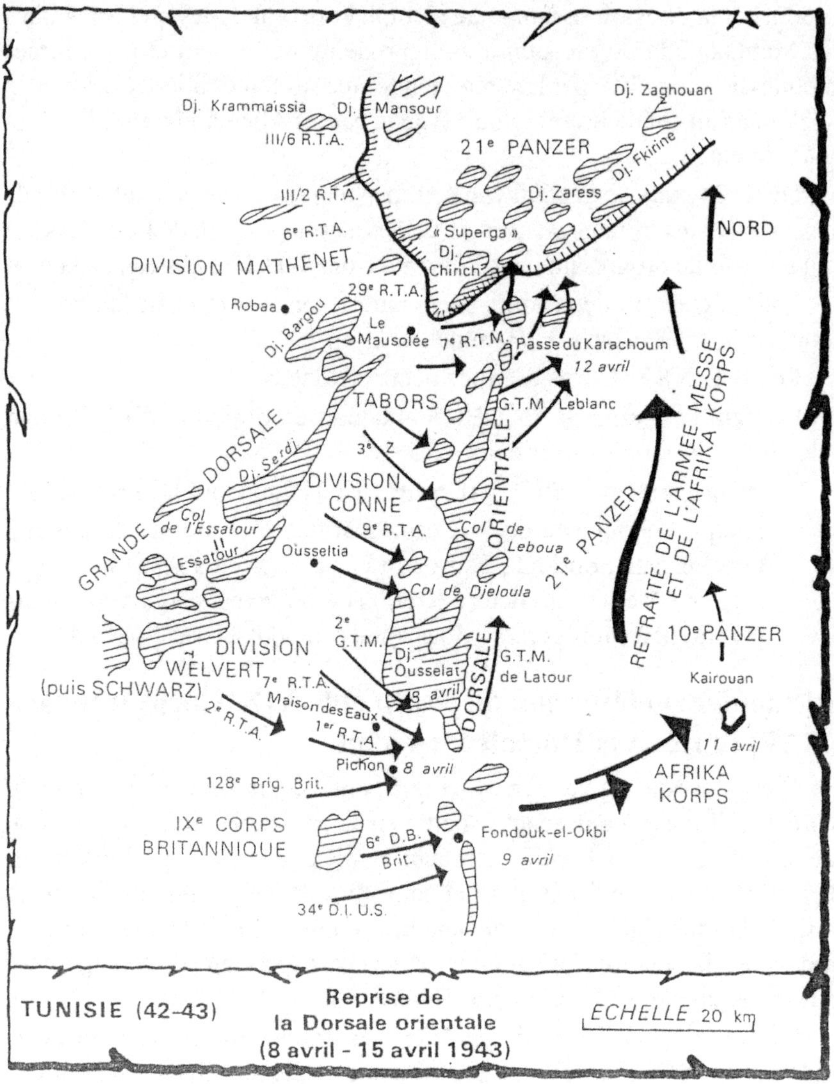

La VIIIe Armée s'empara de Sousse, puis de Sibkha le 13 ; Alexander fit glisser le XIXe Corps dans le secteur de Goubellat-Bou Arada, ce qui interdit, en partie, la route de Tunis.

Le 8 avril, les divisions d'Alger et de Constantine réoccupèrent le djebel Ousselat et Pichon : la DMC contournant l'Ousselat par le sud avec le 7e RTA, le 1er RTA et la 128e brigade britannique. La DMA (général Conne) s'infiltra d'Oussetiat vers Djeloula tandis que le 9e RTA, ayant franchi la Dorsale Orientale, poursuivit la Superga qui se retira vers le nord.

Le 9 avril, le général Welvert fut tué sur une mine : il fut profondément regretté par sa division qu'il commandait depuis le début : les généraux Giraud, Juin, Koeltz, Anderson... tinrent à venir le saluer sur le terrain.

Le 11 avril, la DMM (général Mathenet) franchit avec le 7e RTM la passe du Karachoum, et orienta ce régiment vers le djebel Menassip soutenu par le 29e RTA à partir du Mausolée.

Ils se heurtèrent à la ligne d'arrêt fixée à la Superga qui va du Menassip devant le Chirich et se prolonge jusqu'au djebel Fkirine. C'est ainsi que les Tabors après avoir traversé le djebel Bou Hadjar poursuivirent la Superga mais furent arrêtés au djebel Edjenaf.

Le 7e RTM sur le Selsouf et les Tabors sur le Fartoute se heurtèrent à un bataillon italien qu'ils mirent en pleine déroute jusqu'à la ferme Zaress. Le général italien, qui ne put disposer à temps d'autres unités, fit appel à l'Afrikakorps, qui dirigea vers le Djeloula les restes des unités et des batteries qui s'étaient battues à Fondouk, au Faïd, aux cols de la Dorsale Orientale. Le 14 avril, les Tabors parvinrent à conquérir le Fartoute, faisant 400 prisonniers, et le 7e RTM la crête du Selsouf après un violent combat.

Le 14 avril, le front italo-allemand s'étendit le long des djebels bien connus de l'Armée française qui du Chirich bordent le Zaghouan. L'Afrikakorps se replia à toute allure en longeant la côte, protégée par la Superga et se plaça en soutien derrière la nouvelle ligne de front.

Actions des Forces Françaises Libres

La 1re DFL commandée par le général de Larminat participa à toutes les actions principales de la VIIIe armée.

Comme il a été mentionné précédemment, la « Force L » du général Leclerc agit avec les avant-gardes de la VIIIe armée et se distingua par sa combativité et son audace. Placée en « butoir sud » à hauteur d'Enfidaville avec la VIIIe armée, elle regretta de ne pas entrer la première à Tunis. Le général Leclerc a fait l'admiration du général Montgomery qui ne tarit pas d'éloges sur lui.

L'offensive de la victoire

Le 16 avril, les forces de l'Axe résistèrent sur un front d'un pourtour de 190 km à l'est de Béja et de Medjez el-Bab, Pont-du-Fahs, le djebel Zaghouan et Enfidaville. Ils étaient 200 à 250 000 hommes entassés avec une centaine de chars et des batteries d'artillerie, coupés de tout soutien maritime et aérien.

La Ve Armée Blindée du général von Vaerst se tenait entre la mer et le Mansour avec trois divisions : la Hermann Goering très affaiblie avec la soixantaine de chars qui restaient à la 10e Panzer et deux divisions d'infanterie.

Carte 21 – L'attaque finale

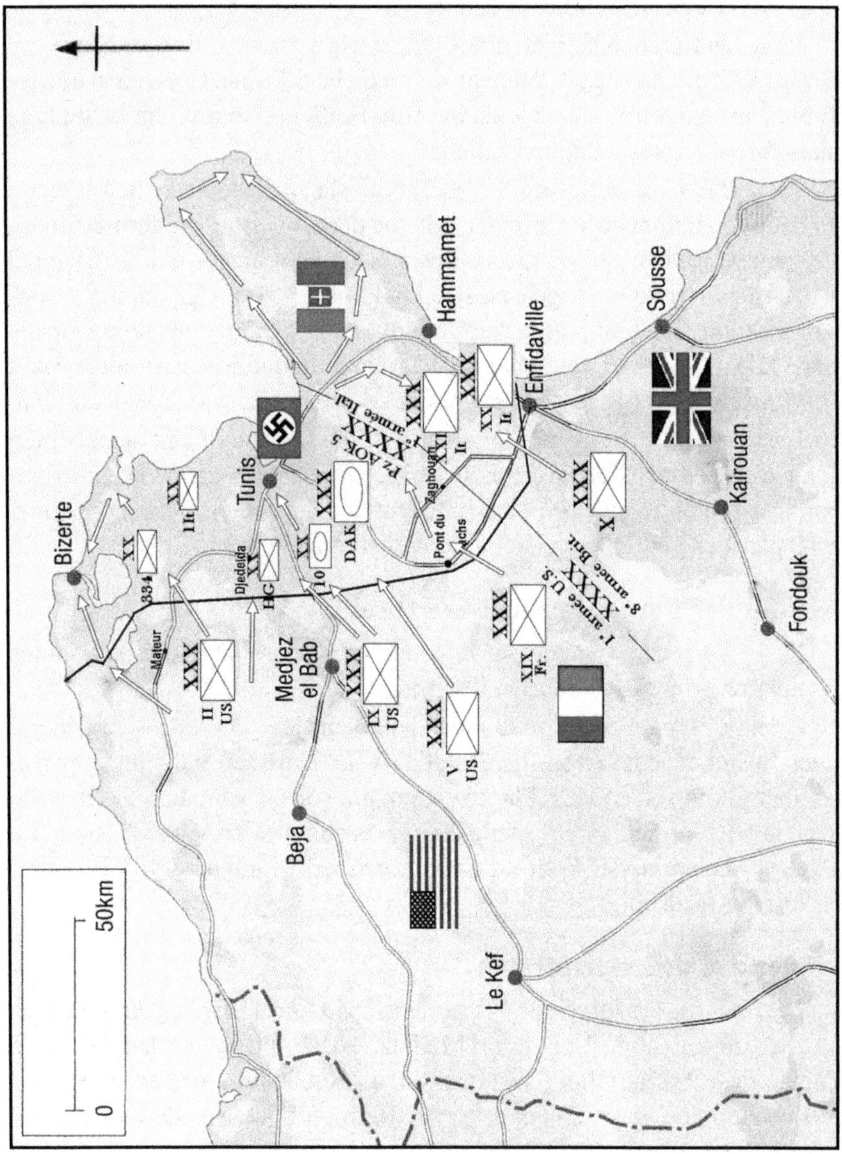

Entre le Zaress et la côte d'Enfidaville, le général Messe avait six divisions d'infanterie d'inégales valeurs, l'une était composée de Jeunes Fascistes, les autres avaient subi des pertes importantes.

En réserve d'intervention, derrière ces forces, le général Cramer, commandant l'Afrikakorps, se tenaient la 21e Panzer, la 15e Panzer et la division Superga, toutes trois très éprouvées.

Les forces aériennes étaient réduites à leur plus simple expression, tous les avions avaient été renvoyés sur le continent. Seuls restaient quelques avions de chasse et de reconnaissance.

Le 30 avril, Alexander qui avait fait accepter son plan à Montgomery, venu spécialement sur place vérifier qu'il était le plus valable, prit ses dispositions pour gagner la dernière offensive ; il demanda 3 nouvelles divisions à Montgomery : la 4e indienne, la 4e britannique et la 7e DB du VIIe Corps, affectées au IXe corps, chargé de l'effort principal. Il fit glisser discrètement de nuit la 6e et la 7e DB de part et d'autre de Medjez el-Bab. Elles devaient foncer sur Tunis lorsque le terrain devant elles et autour d'elles serait en partie dégagé.

L'honneur revint au XIXe Corps français de démarrer le premier, les trois DM accolées, pour couvrir l'offensive blindée en prenant Pont-du-Fahs, chasser vers l'ouest les Allemands et Italiens aux pieds du Zaghouan puis les rabattre du sud de Tunis vers la VIIIe Armée et la division FFL servant de butoir depuis l'est du Zaghouan jusqu'à Enfidaville.

Au XIXe Corps français, le dispositif suivant fut défini par le général Koeltz : le groupement Mathenet devait enlever le Mansour, l'Allighila et Ech Chouchi qui formaient un ensemble montagneux puis se rabattre par la vallée du Kébir pour enlever le saillant devant le Mausolée et le djebel Fkirine où étaient bloqués trois régiments. Puis, toutes forces réunies foncer vers le nord.

C'est dans les premiers jours de mai qu'Alexander voulut lancer son offensive finale : le XIXe Corps français prévoyait de lancer son attaque en contournant le Zaghouan par l'ouest.

En attendant, le général Koeltz rétablit son dispositif : le 1er RTA, le 7eRTM et le 9e RTA étant bloqués plus bas, vers Kemkine-Fkirine. Dès le 25 avril, le groupement Mathenet remplit la première partie de sa mission avec le 15e RTS et le 6e RTA (le massif du Mansour), tandis que le 2e RTA descendit la vallée du Kébir. Prises en tenaille, les forces italiennes ne purent résister à la poussée du 1er RTA qui s'empara du Chirich, du 7e RTM, le Kemkine et du 9e RTA, le Fkirine. Les trois régiments progressèrent immédiatement vers le Nord. La division Conne et celle de Mathenet étaient sur les bases de départ prévues.

Le 27, la division Mathenet déboucha dans la plaine de Pont-du-Fahs et, malgré des tirs d'artillerie violents, progressa en petites colonnes dans les champs de blé et parvint en fin de journée jusqu'à la route Pont-du-Fahs-Souaf. Elles étaient en pointe du dispositif du Corps d'armée : à gauche, les unités britanniques étaient en retrait ; à droite, la division Conne avait une série de djebels à conquérir. Le 7e RTM, le 9e RTA et les Tabors finirent par s'emparer des massifs au nord et à l'est du Saïdane.

Les combats furent encore plus intenses les jours suivants : la Hermann Göring fut de part et d'autre de Pont-du-Fahs tandis que la Superga et la 21e Panzer du Zaghouan se battirent avec acharnement.

Le 30, l'ennemi se battit durement pour conserver Pont-du-Fahs et le Zaghouan. Le 9e RTA parvint cependant à progresser et prit pied après un combat très dur sur le djebel Léri au sud de Zaghouan.

Nos troupes étaient épuisées mais nettement en avance sur le 9e Corps britannique, bloqué à l'ouest de la Sebkret el Kourzia. Le général Anderson donna l'ordre au XIXe Corps d'arrêter son offensive et d'attendre sur place de nouvelles instructions.

Le 5 mai, à 17 heures, Alexander lança l'offensive finale. Le Ve Corps attaqua dans la direction du djebel Aoukaz qu'il conquit dans la soirée assurant ainsi la couverture nord de l'offensive du IXe Corps. Dès le lever du jour, le IXe Corps déboucha avec la 4e indienne et la 4e britannique appuyées par 400 pièces d'artillerie. 2 000 sorties de chasseurs-bombardiers vinrent les appuyer dès le départ de leur attaque au lever du jour et les aidèrent à effectuer une pénétration de 8 km vers Tunis !

La situation ayant évolué favorablement, les 6e et 7e DB foncèrent en direction de Tunis.

Le 7 mai, les deux divisions pénétrèrent l'une à côté de l'autre dans Tunis, tandis que des milliers d'hommes se rendirent et furent dirigés avec leurs armes individuelles, en rangs par douze, vers l'arrière !

Le même jour, la DM d'Oran s'empara de Pont-du-Fahs ouvrant le passage au groupement blindé de Le Couteulx. Celui-ci, qui poussa sur Depienne, aurait pu poursuivre sur Tunis s'il n'avait reçu l'ordre d'obliquer vers l'est en direction du village de Zaghouan qui fut conquis. La menace française obligea le commandement allemand à immobiliser la 21e Panzer et deux bataillons antichars loin de Medjez où devait se faire la rupture. Le Corps Franc d'Afrique pénétra dans Bizerte en même temps que la 1re DBUS ; la 7e DB obliqua vers le nord et occupa Protville.

Le général von Waerst signa la capitulation du groupement nord des forces de l'Axe.

Le 8 mai au matin, la 6e DB partie de Tunis fut arrêtée à Hamman-Lif par une partie de la Hermann Göring.

Le groupement Le Couteulx amorça le débordement du Zaghouan par le nord. Alexander demanda à Koeltz d'achever l'encerclement de l'armée

Messe au pied du Zaghouan. C'est la division d'Oran, se couvrant vers le nord, qui pivota et s'empara des villages de Zaghouan et de Sainte Marie du Zit. En fin d'après-midi, la Superga capitula. Le 10 mai, la 6e DB atteignit Bou Fisha, prit l'armée Messe à revers : c'était la reddition massive de von Arnim et de Messe.

Le général Anderson fit savoir que « *l'offensive du XIXe Corps français avait atteint son but, elle avait attiré vers Zaghouan la majeure partie des chars allemands disponibles, permettant, les 6 et 7 mai, le succès complet des divisions britanniques qui n'ont rencontré que peu de chars dans une zone minée par l'ennemi car éventuellement prévue comme zone de manœuvre de ses unités blindées* ».

Le général Koeltz[1] signala que, le 12 mai à l'aube, le peloton de Somua du 68e RAA tomba sur une ferme où il aperçut un grand nombre d'Allemands. Il cerna la ferme et, après un court combat, vit apparaître des drapeaux blancs. Sous la protection de ses canons, il envoya un équipage assembler les prisonniers. Il apprit qu'il s'agissait... du général von Arnim, commandant en chef des forces allemandes, et de son état-major. Fort embarrassé, il envoya un motocycliste prévenir son chef, le capitaine Gribius. Le motocycliste partit à toute allure, ne le trouva pas, mais aperçut un officier supérieur écossais, lui demanda s'il avait vu le capitaine Gribius et lui en donna la raison. L'officier écossais, tout heureux de l'aubaine, donna une indication quelconque au motocycliste, se dirigea vers la ferme et, sous les regards médusés du lieutenant D... au garde à vous, emmena von Arnim et ses compagnons vers le nord dans les lignes de la 4e DI hindoue. C'est ainsi que l'escadron Gribius fut privé de l'insigne honneur de recevoir la reddition de von Arnim.

De même, vers 6 heures, le 13 mai, une patrouille de pointe du 59e Goum, commandée par le lieutenant de Rosemont, arrêta une motocyclette italienne montée par deux officiers. Interloqués, les Goumiers les arrêtèrent, ceux-ci déclarèrent qu'ils étaient chargés de préparer la reddition du général Messe, commandant de la 1re Armée italienne, et de savoir à qui, où et comment il fallait le conduire. « *Conduisez-le ici, il sera traité avec tous les égards dus à son rang.* » Les deux officiers n'avaient pas reparu. Deux heures après, Rosemont vit passer une blindée anglaise et apprit que Messe avait préféré se rendre aux autorités anglaises !

Après von Arnim, c'était Messe !

Le 13 mai, fin de la campagne de Tunisie. La victoire de Tunisie donna aux Alliés la maîtrise de l'air et de la mer dans toute la Méditerranée, tandis que des milliers d'hommes prisonniers firent cruellement défaut aux forces de l'Axe quand les Alliés entreprirent la conquête de l'Europe méridionale.

---

1. Général Koeltz, *Une campagne que nous avons gagnée*, pages 377 et 379.

Bilan des campagnes d'Afrique

Examinons les pertes subies par les trois armées Alliées en prenant comme référence les chiffres évalués par le Service historique de l'armée de Terre (SHAT) qui fait référence.

Les Américains évaluent leurs pertes à 2 715 tués et 8 978 blessés.

Les Britanniques évaluent les leurs à 4 439 tués et 12 575 blessés.

Sur un effectif de 80 000 hommes engagés, l'Armée d'Afrique a perdu 2 550 tués et 10 800 blessés. On constate que nos pertes, proportionnellement aux effectifs engagés, dépassent en pourcentage celles de nos alliés.

Le nombre de prisonniers et des pertes de l'axe en Tunisie est évalué à 250 000 hommes et 33 généraux. Tous firent preuve d'une dignité et d'un comportement exemplaires, gardant le sentiment du Devoir bien accompli ... Bien heureux par la suite de rester en Afrique du Nord ou en Angleterre !

Les campagnes d'Afrique menées depuis 1940 par l'Empire britannique et les Forces Françaises Libres et celles de l'Afrique du Nord, fin 42 et début 43 ont coûté environ 600 000 hommes aux forces de l'Axe.

Le défilé de la victoire (20 mai 1943)

Le 20 mai, c'est à Tunis le défilé de la victoire : devant une tribune où figuraient, entre autres, les généraux Eisenhower, Giraud, Alexander, Anderson, Juin, Koeltz... défilaient en tête, l'Armée d'Afrique à qui l'on rendait cet honneur – vêtue de sa tenue de combat qui tranchait avec celle des autres armées ! – puis, les troupes américaines et anglaises et fermant la marche la 1re DFL et les hommes de Leclerc. Il était compréhensible qu'ils défilent avec les Armées britanniques au sein desquelles ils ont combattu. C'est du moins la raison officielle. Le général Montgomery, très déçu, a refusé de monter sur la tribune.

En revanche, la décision prise trop rapidement par les FFL d'avoir leur cimetière à part de celui de l'Armée d'Afrique paraît une profonde erreur : on ne sépare pas des Français, tous morts pour la France !

Ce défilé fut une marche triomphale dans une ville noire de monde, les rues retentissaient d'acclamations sans fin, « *nombreux étaient ceux qui demandaient : où est de Gaulle ? Car pour eux, la France libre, c'était de Gaulle ! Quant aux Italiens, ils boudaient silencieusement*[2]. »

Quelques jours plus tard, quand ils le connurent, Giraud devint populaire en Tunisie, mais peu importe, les cris de Gaulle ou Giraud exprimaient ce jour-là la même chose : « *la première victoire française contre l'Allemagne !* »

2. John d'Arcy-Dawson, *La campagne de Tunisie*, texte écrit en 1943.

Toute la journée fut une fête populaire extraordinaire et, le soir, des groupes de jeunes hommes, toutes nationalités confondues, passaient, bras dessus, bras dessous : Français d'Afrique du Nord, Anglais, Américains, Hindous, Australiens, Néo-Zélandais, Berbères, Goumiers et Tunisiens, chantant tous ou baragouinant jusqu'à ce que les patrouilles essaient de retrouver les siens :

« C'est nous les Africains qui revenons de loin... »

« Tirailleurs couscous, Tirailleurs couscous... !
Tirailleurs ! Tirailleurs ! Tirailleurs ... »

« Les Turcos sont de bons enfants... »

« Nous sommes tous des volontaires,
les gars du 1er Étranger... »

« Pan pan... L'Arbi,
Les chacals sont par ici... »,

« Sous le soleil brûlant d'Afrique,
Cochinchine, Madagascar... », chant de la 13e DBLE repris vigoureusement par tous les légionnaires confondus, heureux de se retrouver et se racontant leurs prouesses !

Et, faisant l'unanimité, repris en chœur très fort :

« La Madelon vient nous servir à boire... »

QUATRIÈME PARTIE

Aspects positifs et questions posées par la campagne

Réarmement de l'armée d'Afrique

Le 13 mai 1943, l'Armée d'Afrique est victorieuse. La lutte engagée aux côtés des Alliés est gagnée, l'Afrique du Nord libérée. Le réarmement en cours. La libération de la France se poursuivit.

En effet, le réarmement et la réorganisation de l'Armée d'Afrique sur un modèle américain étaient, à la demande du général Giraud à Anfa, le 23 janvier 1943, une promesse du président Roosevelt qui tenait Giraud en haute estime.

Il lui avait promis : 8 divisions d'infanterie, 3 blindées, 24 groupes de DCA... 500 appareils dont 250 chasseurs.

Il a paru utile de s'en tenir au résumé des graves péripéties qui ont permis de moderniser, fin 43, avec de l'armement et du matériel américain, l'Armée d'Afrique et les FFL.

Le 24 février, une conférence se tint à Alger en présence du général Giraud, Monsieur McCloy, sous-secrétaire au War Department et le général Schmitt, chef d'état-major d'Eisenhower. McCloy promit l'envoi rapide de 400 camions, 250 chars légers et autant de chars moyens, quatre escadrons de chasseurs de chars, quelques groupes de DCA, quatre escadrons de chasseurs P39, quatre avions de bombardement et du ravitaillement. Grand fut le soulagement du général Giraud.

La première tranche de 10 000 tonnes arriva le 16 mars, la seconde de 110 000 tonnes le 13 avril, répartie sur de nombreux Liberty ships. Le port d'Alger étant totalement surchargé d'armements et de blindés par les

Américains. Comme d'Arcy-Dawson le mentionna ironiquement voyant les quais d'Alger surchargés, les Américains, en dépit de leurs affirmations, n'étaient pas à court de matériels.

Les Français, aidés par toute la population disponible, déchargèrent dans les ports voisins le matériel livré en caisses et parvinrent à rassembler en un temps record des tanks et des véhicules qu'ils ne connaissaient pas à la stupéfaction des spécialistes américains. D'urgence, ils les firent parvenir à Oujda où les unités les prenaient en compte. Hélas, il était un peu tard ! Le matériel débarqué suscitait l'admiration des troupes qui en avaient eu tellement besoin mais leur procurait une ardeur et l'assurance de rejeter l'Allemand à la mer.

Les livraisons traînèrent en longueur par la suite et furent interrompues sur l'ordre du président Roosevelt qui était dans une grande fureur accusant de Gaulle de vouloir s'emparer du Pouvoir. Quelques explications qui sortent du cadre de la campagne elle-même sont nécessaires. Nous les traiterons rapidement un peu plus loin dans les questions subsidiaires.

Toutefois, il faut bien retenir que c'est l'acharnement du général Giraud, exclusif de toute ambition personnelle, gardant la confiance et l'admiration du président Roosevelt qui lui a permis de surmonter les graves obstacles auxquels il a été confronté.

Nous lui devons, lorsque le général de Gaulle décida le 1er août 1943 la fusion de tous les combattants, une Armée française ardente et moderne, prête à se distinguer aux côtés des Alliés jusqu'à la reddition de l'Allemagne.

Giraud, que les gaullistes s'efforcèrent de déconsidérer, fut au contraire le chef militaire français le plus glorieux de la campagne de Tunisie. Il aurait mérité de ne pas être oublié par la suite.

Composition de l'Armée française

Finalement, la composition de l'armée française réarmée, qui montra aux généraux alliés ce que pouvait être « le rythme d'une bataille moderne » fut, fin 1943, de :

- 5 divisions d'infanterie,
- 3 divisions blindées,
- 4 bataillons de chasseurs de chars,
- 2 régiments d'artillerie lourde,
- 18 groupes antiaériens de 40 (6 pour l'Air),
- 5 groupes antiaériens de 90.

Toutes ces unités étant bien soutenues et ravitaillées auxquelles il faut rajouter tous les combattants dont la campagne de Tunisie a montré la nécessité absolue :

- quatre groupes de Tabors marocains :
  - une brigade de spahis (montés),
  - huit compagnies muletières,
  - un groupe de commandos,
  - un bataillon de choc.

Ils ont été si précieux en Italie !

Quant aux forces aériennes, elles comprennaient douze groupes de chasse, six de bombardement, un groupe de reconnaissance et deux de transport.

Il manque la Flotte qui, remise de ses pertes, participa au débarquement sur la côte sud de la France.

Les longs débats sur les services techniques avec les Américains ont été fructueux : les Américains se montrant intransigeants en logistique, les Français auraient préféré une division de plus au nom de « l'intendance suivra ! » mais l'impératif logistique américain fut une leçon non oubliée.

En revanche, les Américains se sont rendu compte que leurs divisions blindées étaient trop importantes et leur coordination trop difficile sur le terrain : ils n'hésitèrent pas à les ramener de 18 000 à 12 000 hommes.

Questions et remarques subsidiaires

Arrière-pensées du président Roosevelt et de Churchill, rôles des généraux Giraud et de Gaulle

Comme nous avons pu le constater précédemment, le président Roosevelt cédant à la pression de Staline avait décidé qu'il était urgent que l'Occident fasse dès 1942 un effort pour le soulager de la pression allemande et qu'en final un débarquement en Afrique du Nord avait été retenu, réalisé le 8 novembre 1942 et le général de Gaulle écarté. Churchill qui souhaitait une intervention en Méditerranée avait accédé aux désirs de Roosevelt et n'avait pas prévenu de Gaulle.

Le débarquement de vive force réalisé, le ralliement de l'Afrique du Nord ayant été assez rapide, les hostilités avec les forces de l'Axe engagées, Roosevelt avait reçu du général de Gaulle plusieurs lettres de défiance envers les anciens fidèles au Maréchal, en novembre et décembre 1942. Il lui répondit qu'il se moquait de savoir si ce ralliement était un morceau d'Afrique fidèle à Pétain et ne s'inquiétait pas d'apprendre que l'administration était toujours tenue par des Vichystes. Pour lui, l'essentiel était que l'Afrique du Nord se battît à ses côtés. À dire vrai, il avait peu d'estime pour les forces françaises qui luttaient cependant à armes inégales contre les Allemands. Sa pensée profonde était que la France vaincue était hors de l'échiquier mondial pour longtemps.

À la conférence d'Anfa, le 23 janvier, Roosevelt était satisfait de la résistance opposée par les forces de l'Armée d'Afrique au débarquement des forces de l'Axe. Cette résistance lui avait laissé le temps de terminer l'instruction de ses hommes et le débarquement des engins blindés. Le général Giraud lui avait tout de suite fait une excellente impression : beau soldat, il paraissait sans ambition politique et se montrait un chef militaire expérimenté. Roosevelt avait alors décidé de l'aider à mettre sur pied une armée qui pourrait être très utile aux armées américaines pour la suite de la guerre. Cette armée française, sans être placée officiellement sous commandement US, dépendrait de l'armée américaine pour son soutien.

Il n'avait pas souhaité inviter à Anfa le général de Gaulle mais Churchill qui avait quelques remords à son égard avait insisté et l'avait pratiquement contraint à venir, le menaçant de lui couper les vivres.

Le général de Gaulle, mis à l'écart, s'était construit une image forte d'intransigeance et de rigueur tant vis-à-vis des Pétainistes que des Anglo-Saxons : il voulait s'affirmer comme le chef de la vraie France combattante de l'Empire français.

Il n'avait pas admis que Roosevelt traitât avec Darlan en Afrique du Nord, un fidèle du maréchal Pétain. Même après l'assassinat de Darlan en décembre, il avait toujours craint qu'au final l'Afrique du Nord et les Alliés ne s'entendent avec les hommes politiques de Vichy. De plus, le dédain manifesté par Roosevelt à son égard en décembre 1942, la reconnaissance du général Giraud comme responsable militaire des forces françaises en Afrique du Nord l'avaient profondément vexé.

En son for intérieur, le général de Gaulle reprochait au général Giraud de ne s'intéresser qu'aux conditions militaires qui l'enchaînaient par cela même aux Alliés. Le général de Gaulle estimait que les affaires militaires ne devaient pas être séparées des intérêts généraux de la France. Seule manière pour que soient reconnues sa renaissance et son indépendance. Par son comportement, il chercha toutes les occasions de s'affirmer comme l'autorité représentant la France.

Roosevelt, par exemple, ne se doutait pas combien de Gaulle avait été outré qu'il se soit invité de son propre chef à Anfa sous protectorat français, aille saluer seul le sultan et que Giraud n'ait même pas eu l'idée de mettre une garde d'honneur à cette réunion pour marquer la présence française. Il l'exigea lors de sa venue. Il estimait que Giraud n'avait aucun sens politique, celui-ci ayant affirmé à plusieurs reprises que « *la Politique ne l'intéressait pas* » et qu'il était venu continuer la lutte et commander les troupes françaises. Plus par amabilité que nécessité, Eisenhower acceptait la présence de Giraud à ses côtés en tant que commandant en chef des troupes françaises... mais le tenait à l'écart des réunions stratégiques des Alliés.

Dès Anfa, le général de Gaulle avait compris que Roosevelt ne cachait pas ses désirs de décolonisation et d'indépendance universelle et démocratique. Il était convaincu qu'il voulait empêcher le rétablissement du colonialisme dans les anciennes possessions françaises, ménageant l'Angleterre. Le général de Gaulle avait les plus grandes craintes pour l'Empire colonial français alors que son propre sentiment était de rendre nos colonies indépendantes au sein d'une Union Française, ce qu'il commença à mettre en œuvre dès 1943.

Il ne se trompait pas sur l'hostilité du président Roosevelt : lors de la reddition du Japon, la France n'avait pas été conviée à la réunion de Potsdam décidant des modalités de départ et désarmement des troupes japonaises. Roosevelt en accord avec les Anglais, les Russes et les Chinois avait décidé que les Chinois et les Anglais se partageraient les responsabilités de part et d'autre du 16e parallèle : la France n'existait plus ! Cette politique de décolonisation démocratique de nos colonies fut celle poursuivie avec acharnement par ses successeurs, ce qui n'empêcha pas les États-Unis d'ajouter une 52e étoile à leur drapeau.

L'arrivée le 30 mai du général de Gaulle à Alger fut suivie par la création le 3 juin d'un Comité Français de Libération Nationale (CFLN) sous la double obédience du général Giraud et du général de Gaulle qui s'était imposé dès le départ de Roosevelt, à la grande fureur de celui-ci. Ce comité à deux têtes fut vite ingouvernable. D'ailleurs, dès le 5 juin le CFLN passa de 5 membres à 15 : le général de Gaulle ayant la majorité au comité fit entrer ses fidèles comme Le Troquer. La suite était prévisible, le général Giraud ne pensa qu'à préserver ses responsabilités militaires. Le général de Gaulle, celui de se faire attribuer tous les pouvoirs. Furieux contre de Gaulle, Roosevelt arrêta les livraisons d'armement. Ce qui n'émut pas de Gaulle.

Roosevelt n'entendait traiter du réarmement français qu'avec le général Giraud et lui seul. Giraud désespéré, qui ne songeait qu'à sauver le réarmement, créer une armée française moderne, obtint en juin 43 une invitation du président Roosevelt. Son voyage fut un plein succès. C'est au général Giraud, et à lui seul, que nous devons la nouvelle armée française, le retour de la France regagnant au combat l'estime des grandes nations.

À son retour, le CFLN fut remplacé par un Comité de Défense Nationale présidé par le général de Gaulle qui exerça les pouvoirs civils et militaires, Giraud devenant alors un général en chef, aux ordres du général de Gaulle.

Giraud, général en chef, saisit toutefois l'occasion de libérer la Corse sans demander l'autorisation de De Gaulle. Les Allemands se retirèrent en Italie suivis rapidement par les Italiens, les maquis corses demandèrent l'aide de l'armée française. La Corse rapidement libérée, Giraud défila à Bastia devant une foule enthousiaste, ce qui provoqua la colère de De

Gaulle : « *c'était à moi de défiler à Bastia dans le 1er département français libéré.* » Giraud était déjà en route vers l'Italie, Roosevelt lui proposa discrètement de lui donner les moyens d'opérer un débarquement dans le sud de la France. Il était tout à son bonheur, rêvant d'être le chef militaire libérateur de la France. Il n'avait aucune ambition politique pour diriger la France.

Cependant, il n'avait pas compris que, depuis le 18 juin 1940, il ne devait y avoir qu'un seul Libérateur de l'Empire colonial et de la France, un seul chef militaire et homme d'État digne de gouverner la France.

C'est ainsi que le général Giraud, généralissime trop populaire au sein des armées et des populations de l'Afrique du Nord, fut amené à démissionner le 10 novembre 1943, victime d'une éviction à peine voilée. Il fit l'objet d'une campagne de diffamation, des propos désobligeants déposés dans les boîtes à lettres. Retiré dans une villa à Mazagran près de Mostaganem, il se plaignait d'être sans cesse épié et surveillé. Il fut blessé légèrement à la joue et l'oreille par un coup de feu alors qu'il se baissait, ce qui lui sauva la vie, dans des circonstances qui restent peu clairement élucidées.

Plus tard, lors de l'épuration à Alger d'autorités vichystes, on n'ose quand même pas le faire comparaître devant un comité militaire restreint l'accusant d'avoir été l'homme providentiel envoyé par le Maréchal pour sauver avec les Alliés le régime de Vichy !

Comme nous avons eu l'occasion de le faire remarquer à plusieurs reprises, le général Giraud resta un chef militaire exemplaire sans aucune arrière-pensée et ambition personnelle. Toute sa vie, il garda un comportement d'une discrétion et d'une parfaite dignité.

La prise du pouvoir par le général de Gaulle, homme d'État visionnaire, comporta, pour la France, un aspect bénéfique majeur : elle ne fut plus sous les ordres de Roosevelt qui songeait sérieusement à lui appliquer l'AMGOT, c'est-à-dire à placer sous la responsabilité d'autorités américaines les territoires français libérés, en attendant une élection du peuple français pour la mise en place d'un gouvernement et d'un président élus... démocratiquement ! On imagine facilement le régime dont la France aurait hérité.

Roosevelt pensait bien avoir réussi à éliminer de Gaulle, le tenant complètement à l'écart du débarquement en France – opération « Overlord ». Il comptait le priver du rôle national auquel il prétendait depuis le 18 juin 1940 et n'y est pas parvenu.

En définitive, depuis le débarquement par la force et par surprise en Afrique du Nord, le comportement de Roosevelt n'a pas été celui d'un ami de la France à l'exception de ce réarmement militaire que le général Giraud a pu obtenir.

C'est à ce moment que les « bons rapports » avec Staline servirent de Gaulle. Sur le plan intérieur, dès 1943, le général de Gaulle avait une vision claire de l'avenir.

Certes, l'URSS restait un recours si Roosevelt qui le détestait et Churchill le laissaient tomber. En revanche, une bonne entente avec l'URRS lui rallia les communistes et les maquis français. Ils lui furent très utiles sur le plan de la résistance intérieure pour affirmer que tout le territoire français était derrière lui sous les ordres de Jean Moulin et se faire reconnaître chef du gouvernement provisoire de la France en 1943, après la victoire en Italie.

Le concours des communistes fut un appoint considérable dans le rassemblement de la résistance intérieure pour la conquête du pouvoir. De Gaulle laissa les communistes régler entre eux leurs problèmes intérieurs. N'oublions pas la collaboration active des communistes aux côtés de l'Allemagne d'août 40 à juin 41. La suspicion réciproque qui existait à la fin de la guerre. Contrairement à ce que l'on imagine, de Gaulle ne craignait pas les communistes. Il les aidait à mettre de l'ordre dans leurs rangs, les tenant à l'écart d'une épuration. En revanche, il gardait toute liberté pour condamner les vichystes.

Pour organiser le gouvernement de la France, le général de Gaulle fut contraint d'accepter quelques ministres communistes, et leurs revendications dont il partageait quelques-unes, comme le vote des femmes. Il choisit de préférence la majorité des hommes politiques qui s'étaient rangés à ses côtés, de plus en plus nombreux à Alger, « *guettant le sourire du Maître et la promesse d'un portefeuille*[1] ».

Finalement, en dépit de leurs profondes divergences, Giraud sur le plan militaire et de Gaulle sur le plan politique ont servi au mieux les intérêts de la France.

Pourquoi la guerre de Tunisie paraît avoir été oubliée ?

Une raison pourrait être avancée, bien qu'elle ait été contestée par les travaux effectués par le Service historique de l'armée.

Cette raison est simple et pourrait avoir été entretenue : pour l'Histoire, seuls le général de Gaulle et les gaullistes se battant à l'extérieur et l'intérieur de la France auront libéré l'Empire et le territoire national.

Quoi qu'il en soit, le général de Gaulle et la France Libre n'ont pas participé à la libération de l'Afrique du Nord, hormis les dernières semaines de l'offensive finale.

Aux yeux du monde et même en France, il va de soi que le général de Gaulle, seule grande voix à continuer la lutte après la défaite de 1940, a réussi à libérer la France et son Empire contre Vichy avec les maquis gaullistes et les jeunes héros de la France Libre qui l'ont rejoint dès l'armistice en 1940. Ils se sont battus durant près de trois ans pour chasser les Allemands de la côte africaine le long de la Méditerranée, s'imposer en Italie et le long du

---

1. 3e tome des *Commentaires* de Chauvel.

Rhône, libérer Paris et Strasbourg et lutter en Allemagne jusqu'à sa reddition. Une coterie peut avoir travaillé pour que cette vision s'impose au pays.

Parmi d'autres raisons, il convient de signaler qu'il n'y avait pas de correspondants de grands quotidiens français sur le terrain, ce qui se comprend aisément.

Puis, les combattants de Tunisie ont été pleinement engagés dans la foulée, même sous la croix de Lorraine, en Italie, France-Allemagne.

Puis ils ont été engagés dans les guerres d'Indochine et d'Algérie. Déjà âgés, ils racontèrent ce qu'ils avaient vécu pour leurs descendants. Ils n'allaient pas écrire, à partir de 1962, un livre à la gloire des Algériens et des Français d'Algérie que l'on venait d'abandonner dans des conditions dramatiques.

Il fallut attendre une bonne vingtaine d'années : des mémoires, des souvenirs écrits par des combattants sur leur campagne et quelques auteurs contemporains français et étrangers.

Les historiens anglo-saxons sont naturellement enclins à ne raconter que les combats de leurs compatriotes. Ainsi Beevor, qui fait autorité, ne parle que des opérations des « Alliés » en Tunisie : pas un mot sur les Français. Il procéda de la même façon à propos de la campagne d'Italie. Les Anglo-Saxons débarquent en Italie, Cassino, Rome, Florence... reddition. Rien sur le Corps expéditionnaire français !

Pour toutes ces raisons, la campagne de Tunisie est aujourd'hui rapidement évoquée, quand elle l'est, uniquement dans les Écoles militaires.

Résultats : la radio française a rappelé, le 8 mai 2015, avec fierté la libération de la France qui a commencé en Italie après les « victoires » de Bir Hakeim, El Alamein, Koufra, le débarquement en Provence, la libération de Paris, Strasbourg et la campagne d'Allemagne... Voilà comment l'Histoire est résumée avec bonne foi, mais avec une légèreté critiquable.

Pourtant, ces durs combats en Tunisie sont autant de « victoires » remportées par l'abnégation et le courage des soldats des peuples d'Afrique du Nord soudés par une rare fraternité et la farouche détermination de vaincre et de chasser l'ennemi.

Pourquoi les troupes Alliées, notamment américaines, ont-elles tardé à rejoindre les troupes françaises sur le théâtre d'opérations ?

De nombreux auteurs y voient une volonté délibérée : puisque les Français parviennent à contenir les Forces de l'Axe et assurer une « couverture » en Tunisie, pourquoi se presser ?

Laissons les Allemands et les Italiens s'accumuler en Afrique. Économisons, ménageons, instruisons nos forces. Laissons les Français éliminer le plus grand nombre d'ennemis que nous aurons en moins contre nous lorsque notre heure viendra de nous battre en Europe.

Ces opinions ne tiennent pas compte des réalités et ne résistent pas à l'examen de nombreux historiens car l'instruction des forces américaines, jeunes engagés peu instruits, a véritablement demandé plusieurs mois, ce qui était encore insuffisant : on a vu l'affolement de l'état-major du 2e CAUS, le désastre des blindés envoyés soutenir l'offensive anglaise en difficulté dans le nord de la Tunisie puis celui de toute la 1re DBUS à Kasserine.

Se formant sur le terrain, les hommes étant très courageux – ce que Rommel a lui-même signalé – les états-majors et les forces US se sont rapidement organisés et aguerris, ce qui était le premier objectif. Ils ont évité d'être écrasés lors de leur débarquement en Sicile et en Italie, ce qui n'aurait pas manqué d'arriver.

On peut donc avancer que l'opération en Afrique du Nord a été durant plusieurs mois consacrée à un rapide et nécessaire entraînement. Selon toute vraisemblance, Eisenhower a engagé les forces américaines dans la limite courte du temps de formation qui leur était nécessaire.

Quant à Roosevelt, il voulait gagner du temps dans la préparation d'Overlord tout en effectuant un geste de bonne volonté vis-à-vis de Staline qui se faisait de plus en plus pressant.

L'opération Torch était secondaire, Roosevelt a envoyé les divisions disponibles : 4 divisions en cours d'instruction avec de l'aviation.

Sa crainte principale était une intervention de l'Espagne ou par l'Espagne. De plus, comment pouvait-il imaginer en 1942 qu'Hitler s'accrocherait soudainement à la Tunisie et y enverrait en mars 1943 trois divisions supplémentaires ? Churchill, qui avait habilement orienté le choix de l'opération Torch en Méditerranée, ne visait que la conquête de Bizerte pour neutraliser le canal de Sicile et préserver l'influence anglaise en Méditerranée. La présence américaine en Afrique du Nord l'aidait à surmonter ses craintes d'un débarquement des forces de l'Axe qui aurait pu compromettre l'avancée de la VIIIe Armée. D'ailleurs les unités britanniques, dès le premier jour de leur débarquement au plus près de Bizerte, ont fait cavalier seul. L'Armée française leur est devenue intéressante et d'une aide précieuse lors de l'échec sur Bizerte et du repli difficile des premières brigades du Ve Corps britannique.

Question cruciale : pourquoi les Américains n'ont-ils pas armé du tout l'Armée française ?

Celle-ci s'est véritablement battue « la poitrine nue » arrivant au bout de ses munitions, stupéfiant leurs camarades de combat anglo-saxons, leurs chefs de tous niveaux, les correspondants de guerre étrangers.

Autant la méfiance de Roosevelt était compréhensible les premiers mois en faisant débarquer de vive force de nuit, sans préavis, un corps expéditionnaire... étonné qu'on ne lui ouvre pas les bras, puis rendu très méfiant les jours suivants devant les atermoiements des autorités françaises. Autant un mois plus tard, à la mort de Darlan, il n'avait plus aucune crainte à avoir des « anciens Vichystes » ! Il aurait pu être rassuré par les autorités du Combined Chief of Staff au Pentagone qui ne se sont pas déplacées pour juger sur place de la réalité de la situation militaire. Mais au fond, le combat que menaient les Français l'intéressait peu.

Un reproche plus prononcé peut être fait aux chefs Alliés responsables à Alger et sur le théâtre d'opérations.

Eisenhower aurait pu céder aux demandes instantes, quasi quotidiennes de Giraud. Il s'est contenté d'appliquer strictement les ordres d'un état-major aux États-Unis et n'a eu pas l'autorité d'un chef de guerre mesurant l'importance d'armer des unités qui se battaient pour contenir l'ennemi en Tunisie. Après la réunion d'Anfa, le 23 janvier 1943, apprenant que Roosevelt avait décidé de réarmer l'armée française, Eisenhower aurait dû passer outre les interdits des technocrates de Washington. Dommage que Patton, si offensif au Maroc, n'ait pas été le patron : lui qui a accueilli par des paroles glaciales Fredendall à Tébessa après Kasserine : « *et les avions, où sont-ils ?* », obtenant d'Eisenhower de les faire immédiatement décoller du Maroc.

Les aviateurs américains, nombreux et ardents, ont surclassé l'aviation de l'Axe et se sont rendus maîtres du ciel en quelques semaines, appuyant les troupes au sol, bloquant les troupes blindées et coulant les navires venant d'Italie et de Sicile ! Quelle méconnaissance stratégique de la part des Alliés anglo-saxons de ne pas en avoir donné l'ordre plus tôt.

Lors de la conférence d'Anfa, le 23 janvier 1943, Roosevelt, que les Français au fond n'intéressaient pas, a été séduit par le général Giraud mais il n'a jamais été question de lui confier le commandement des troupes Alliées en Afrique du Nord, ce qu'il souhaitait. Giraud a cependant été placé aux côtés d'Eisenhower, commandant en chef, avec le suivi et la charge des unités françaises. L'unité de commandement au sommet était faite. Eisenhower aurait pu attribuer immédiatement aux Français quelques armes modernes : le fusil et la mitraillette, mais surtout des armes antichars, quelques chars, des GMC ou moyens de transport, des équipements... Cela parait inexcusable.

À sa décharge, on devait l'enquérir chaque jour des « grenouillages » permanents d'ambitieux parlementaires ayant rejoint Alger après la fin de Vichy, des nostalgiques du maréchal Pétain, des « *Giraudistes se sentant devenir chaque jour plus Gaullistes* » (in Chauvel, tome 2).

Le correspondant de guerre d'Arcy-Dawson, partout présent sur les lieux de combat, choqué et dénonçant cette attitude en réunion des correspondants de guerre, s'attirait pour toute réponse d'Alexander et d'Anderson un concert de louanges des soldats français... mais pas d'armes ! Seul, le général Anderson a doté, trois mois avant la fin de la campagne, la brigade blindée française des chars anciens lorsque sa division blindée a reçu une nouvelle dotation de chars récents.

Fallait-il que l'Armée d'Afrique ait été animée d'une telle rage contre les Allemands que même si elle n'avait eu que des bâtons, elle leur aurait cogné dessus, enviant le surarmement de ses Alliés mais sans jalousie haineuse car... ce n'était pas son problème, elle était occupée à chasser « le boche » partout où il se trouvait.

Pourquoi la fusion FFL-Armée d'Afrique n'a-t-elle pas été immédiate ?

Comment voulez-vous qu'ils se serrent dans les bras lorsqu'ils se sont rencontrés à Tunis : ils avaient vécu des années si différentes ?

Pendant deux ans et quotidiennement, Radio-Londres a dénoncé « *ces traîtres, ces salopards de Vichystes, ces vendus aux Allemands...* » alors que l'Armée d'Afrique se mobilisait et se battait durant un hiver terrible dans un dénuement complet. Comment voulez-vous que ces hommes ne se sentent pas au moins égaux à ces quelques milliers d'hommes bien équipés, nourris, habillés de l'uniforme britannique, transportés dans des véhicules dont ils avaient tellement rêvé durant leurs longues marches, ne sentent pas qu'eux aussi avaient mérité leur place dans la libération de la France ?

Certes, ils n'ignoraient pas et admiraient l'Épopée de Leclerc ainsi que les quelques milliers de jeunes héros qui avaient refusé d'arrêter le combat, l'armistice, laissé leur famille – et pour certains avaient sauté sur leur bicyclette[2] ! – pour rejoindre le général de Gaulle à Londres et se battaient depuis juin 40 dans des conditions difficiles, devant se plier aux ordres britanniques qu'ils recevaient, à cette rigidité qui bridait leur hardiesse, à ces quelques rares occasions où ils avaient pu montrer leur valeur. Bir Hakeim, el Alamein les avaient remplis de fierté. Mais enfin, eux-mêmes, depuis six mois, ne menaient-ils pas un combat intense ?

L'entente ne pouvait être immédiate : les hommes qui, dès le premier jour, avaient rallié le général de Gaulle estimaient en rencontrant les soldats de l'Armée d'Afrique qu'eux seuls étaient les purs, qu'ils n'avaient rien de commun avec ces hommes qui se battaient depuis quelques mois, qui

---

2. Raconté à l'auteur, au cours d'un déjeuner quelques mois avant la mort de « Monsieur Premier », car c'est ainsi que l'on s'adressait à monsieur Messmer, ancien Premier ministre, qui rappelait qu'assis sur le bord d'un talus avec son ami Michel Debré, leurs bicyclettes à côté d'eux, ont sauté dessus entendant à la radio l'armistice et ont pédalé vers le premier port !

De même, le jeune Hélie de Saint-Marc, âgé à peine de dix-huit ans, sauta sur son vélo dans son Périgord natal rejoindre un maquis et fut dénoncé par un misérable milicien.

étaient restés durant deux ans sous la coupe de Vichy, vénérant le maréchal Pétain, ignorant les combats qu'ils avaient menés.

Eux, les Gaullistes, les seuls fils de France, les vrais héros, les premiers véritables libérateurs de la France. Les seuls libérateurs ?

Soixante-quinze ans plus tard, l'Histoire peut-elle être résumée ainsi ?

Il faut du temps, du calme, une bonne volonté réciproque, semblable à celle du général de Montsabert intégrant, dès août 43, sans aucun problème le valeureux Corps Franc d'Afrique dans sa nouvelle division.

L'estime, l'amitié, puis la fraternité furent retrouvées lorsque ces hommes eurent l'occasion de se battre ensemble, de se connaître, d'œuvrer tous pour rétablir l'unité et la grandeur de la France.

Cela ne put être réalisé qu'après **la fusion des forces françaises décidée par le général de Gaulle** et les magnifiques victoires du Corps Expéditionnaire Français commandé par le général Juin en Italie.

C'est pourquoi le but de ce livre est de sortir de l'oubli une Armée d'Afrique issue des peuples très divers d'Afrique du Nord ; ils s'étaient préparés et attendaient le moment de reprendre la lutte. Puis se seront battus à 80 000 sur le terrain, gagnant la bataille, chassant les forces de l'Axe en laissant 11 000 des leurs tués et blessés. Leurs mérites devaient être reconnus autant que ceux déployés par ces valeureux Français libres ne dépassant pas quinze mille en réalité mais n'ayant jamais cessé de combattre les armes à la main l'envahisseur allemand, avec un admirable courage.

Après la fusion, la France avait une Armée unique. Giraud arrachant un superbe réarmement militaire au président Roosevelt ; de Gaulle la sortant de l'obédience américaine, contraignant Roosevelt et Churchill à reconnaître un gouvernement provisoire de la France. Puis ils reconnurent la France, la vraie France ! Pas celle de l'AMGOT que prévoyait Roosevelt qui avait si mal évalué que la France a toujours été au cours de son Histoire capable de se redresser !

Quelques mois plus tard, Armée d'Afrique et Forces Françaises Libres se battirent complètement fusionnées depuis l'Italie jusqu'à la reddition du Reich. Elles firent l'admiration des Alliés, permettant à la France de retrouver son unité, sa grandeur, son siège lors de la reddition des forces de l'Axe. La campagne de Tunisie marqua le retour au combat de la France et la participation importante de ses combattants au sein de l'Armée française jusqu'à la fin de la guerre mondiale.

Conclusions

La Parole

Laissons, en conclusion de ce livre, la parole au général d'armée Allard, qui retrace bien ce dont les Français sont capables une fois réunis.

« *Novembre 1942, avec la réussite de l'opération Torch en Afrique du Nord, et la victoire de Montgomery en Libye, marque ce que Churchill a appelé à juste titre "le tournant du destin". Pour la France, novembre 1942 fut aussi le tournant de son destin. L'armistice de 1940 déchiré par l'Allemagne, la zone libre occupée, le maréchal Pétain prisonnier de fait, et ayant abdiqué dans les mains de Laval, la situation est certes tragique. Mais pour les Français, au milieu de leurs souffrances accrues surgit enfin l'espoir : l'Afrique du Nord vient de rentrer dans la guerre aux côtés des Alliés contre l'ennemi commun. Le drapeau français, de nouveau, prend sa place au combat, non plus seulement porté par une poignée de patriotes exilés au milieu des rangs alliés, mais au sein d'une véritable armée nationale qui, déjà, sous les ordres de Juin, s'illustre sur le front de Tunisie. Dès lors, reconstituée, réarmée en quelques mois, l'Armée française sera présente sur tous les champs de bataille d'Europe, de Sicile à la Corse et à l'île d'Elbe, de Naples à Rome et Sienne, de Provence et de Normandie au Rhin et au Danube.*

Grâce à cette armée, à ses glorieux combats, à ses victoires, grâce à ses sacrifices marqués par les milliers de tombes qui jalonnent sa route, la France sera présente à la victoire de 1945. À Berlin, le général de Lattre de Tassigny signera en son nom, aux côtés des généraux Eisenhower, Montgomery et Joukov, l'acte de reddition sans conditions de l'Allemagne hitlérienne.

Comment un tel retournement de situation, faisant de la France vaincue de 1940 l'une des puissances victorieuses de 1945, fut-il possible ? Ce fut le fruit de l'incroyable effort de guerre accompli en Afrique du Nord, dès novembre 1942, par des hommes, des chefs, des cadres et toute une population que la défaite n'avait pas abattus, et qui pendant deux ans avaient en silence et dans le secret travaillé à refaire de la petite armée de l'armistice et à préparer sa rentrée en lice, dès que les conditions le permettraient. Ces efforts obscurs permirent la création en quelques mois de l'Armée Française de Libération. »

Jacques Allard
Résurrection de l'Armée d'Afrique
Historia Magazine n° 49, 24 octobre 1968

Le Chant

Nous étions au fond de l'Afrique,
Gardiens jaloux de nos couleurs,
Quand sous un soleil magnifique
A retenti ce cri vainqueur,
En avant, en avant, en avant !

– Refrain –

C'est nous les Africains qui revenons de loin
Nous venons des colonies pour défendre le pays
Nous avons laissé là-bas nos parents, nos amis
Et nous gardons au cœur une invincible ardeur
Car nous voulons porter haut et fier
Le beau drapeau de notre France entière
Et si quelqu'un venait à y toucher
Nous serions là pour mourir à ses pieds
Battez tambours, pour nos amours
Pour le pays, pour la Patrie, mourir au loin
C'est nous les Africains !
De tous les horizons de France
Groupés sur le sol africain,
Nous venons pour la délivrance
Qui par nous se fera demain,
En avant, en avant, en avant !
Et lorsque finira la guerre,
Nous reviendrons dans nos gourbis,
Le cœur joyeux et l'âme fière
D'avoir libéré le pays,
En criant, en chantant, en avant !

Liste des sigles

BIL	Brigade d'Infanterie Légère
BIM	Bataillon d'Infanterie de Marine
BLE	Bataillon de Légion Étrangère
BLM	Brigade Légère Mécanique
BM	Bataillon de Marche
CA	Corps d'Armée
CAA	Commission Allemande d'Armistice
CAF	Corps d'Armée Français
CAUS	Corps d'Armée Américain
CC	Combat Command
CFA	Corps Franc d'Afrique
CSTM	Commandant Supérieur des Troupes du Maroc
CSTT	Commandant Supérieur des Troupes de Tunisie
CT	Combat Team
DAF	Détachement d'Armée Française
DB	Division Blindée
DI	Division d'Infanterie
DIC	Division d'Infanterie Coloniale
DIM	Division d'Infanterie Motorisée
DIUS	Division d'Infanterie Américaine
DLC	Division Légère Cavalerie
DLFL	Division Légère Française Libre
DLM	Division Légère Mécanique
DMA	Division de Marche d'Alger

DMC	Division de Marche de Constantine
DMM	Division Marocaine de Montagne
DMI	Division Motorisée d'Infanterie
DMO	Division de Marche d'Oran
GTM	Groupe de Tabors Marocains
JMO	Journal de Marche et Opérations
PA	Point d'Appui
Pz	Panzer
Pz. Rgt	Panzer Regiment
RAA	Régiment d'Artillerie d'Afrique
RAC	Régiment d'Artillerie Coloniale
RCA	Régiment de Chasseurs d'Afrique
REC	Régiment Étranger de Cavalerie
REI	Régiment Étranger d'Infanterie
RFM	Régiment de Fusiliers Marine
RIC	Régiment d'Infanterie Coloniale
RICM	Régiment d'Infanterie Coloniale du Mar
RMT	Régiment de Marche du Tchad
RMZT	Régiment Mixte de Zouaves et de Tirailleurs
RSA	Régiment de Spahis Algériens
RSM	Régiment de Spahis Marocains
RST	Régiment de Spahis Tunisiens
RTA	Régiment de Tirailleurs Algériens
RTM	Régiment de Tirailleurs Marocains
RTS	Régiment de Tirailleurs Sénégalais
RTT	Régiment de Tirailleurs Tunisiens

Composition Armée d'Afrique en 1942

ALGÉRIE

XIXe Corps : général Beynet, puis général Koeltz

Division d'Alger

1er régiment de Zouaves, Alger : colonel Gross

1er régiment de tirailleurs algériens (1er RTA), Blida : colonel Conne

9e régiment de tirailleurs algériens (9e RTA) : colonel Maunier-Condroyer

29e régiment de tirailleurs algériens (29e RTA), Koléa (revenu de Syrie) : colonel Baril

13e régiment de tirailleurs algériens (13e RT), Alger

5e régiment de chasseurs d'Afrique (5e RCA), Alger : colonel Simon

6e GEACA (groupe d'escadrons autonomes de chasseurs d'Afrique) stationnant à maison Carrée ; commandé par le célèbre chef d'escadrons Lehr en Syrie (reprise de Saîda), puis par de Labarthe

1er régiment de spahis algériens (1er RSA), Médéa : colonel Henneocque

6e régiment de spahis algériens (6e RSA), Aumale

65e régiment d'artillerie algérienne (65e RAA), Blida : colonel Dumas

Division d'Oran

2e Zouaves, Oran

2e RTA, Mostaganem

6e régiment étranger d'infanterie (6e REI), Tlemcen

1er REI, Bel Abbès (retour de Syrie) : colonel Barre puis lt-colonel Vias

2e chasseurs d'Afrique (2e RCA), Oran : lt-colonel de Lépinay

9e chasseurs d'Afrique (9e RCA), Mascara : lt-colonel Mazoyer

68e régiment d'artillerie algérienne (68e RAA), Tlemcen

Division de Constantine

3e Zouaves, Constantine
3e RTA, Bône : colonel Lorber
7e RTA, Sétif : colonel Regnault
15e régiment de tirailleurs sénégalais (15e RTS), Philippeville : colonel Morlière
3e Chasseurs d'Afrique, Constantine
3e RSA, Batna : lt-colonel de Bazelaire

MAROC

Commandant Supérieur des Troupes du Maroc (CSTM)

Division de Casablanca

1er régiment de tirailleurs marocains (1er RTM), Port-Lyautey
2e RTM, Marrakech
6e RTM, Casablanca
7e RTM, entre Casablanca et Rabat
RICM, Rabat
1er chasseurs d'afrique, Rabat : colonel Leyer
11e groupe d'escadrons autonomes de chasseurs d'Afrique (11e GEACA), Meknès
1er RSM, Casablanca (retour de Syrie)
4e RSM, Marrakech
Régiment d'artillerie coloniale marocain (RACM), Casablanca
67e RA, Constantine
Régiment d'artillerie coloniale du Levant (RACL), Casablanca

Division de Meknès

4e RTM, Taza
5e RTM, Oujda
8e RTM, Meknès et 7e RTM avant 12 novembre
11e RTA, Fès
2e REI (Légion étrangère), Meknès : colonel Girard
3e REI (Légion étrangère), Meknès : colonel Lévèque
10e groupement artillerie coloniale algérienne (GACA), Meknès : lt-colonel Levavasseur
1er REC (Légion étrangère), Fès
3e RSM, Meknès
63e RAA, Fès
64e RAA, Meknès

Il faut mentionner les Tabors marocains, largement disséminés dans tout le Maroc et qui ont un statut « civil » !

TUNISIE

Commandement Supérieur des troupes de Tunisie (CSTT)

Effectifs limités à 12 600 hommes par convention d'armistice)

4e RMZT, Tunis (qui possède 15 chars DI soigneusement dissimulés) : colonel Bergeron
43e RIC, Bizerte
4e RTT, Kairouan : colonel Lecourtier
4e Chasseurs d'Afrique, Tunis (qui s'est distingué en Syrie lors de la contre-attaque sur Kenitra) : colonel Le Couteulx de Caumont
4e RST, Sfax : colonel Schmeltz
62e RAA, Sousse : colonel Besançon

Cartes et croquis

Bibliographie

Archives du Service historique de l'armée de Terre : *Les Forces Françaises dans la lutte contre l'Axe en Afrique*, 3 tomes écrits par Paul Gaujac qui ont servi de bréviaire sur le déroulement, textes officiels, schémas...

Général Alexander, *D'El Alamein à Tunis et la Sicile*, Lavauzelle, 1949

Association nationale, Souvenirs de l'Armée d'Afrique, 2010

Maréchal Badoglio, *L'Italie dans la guerre mondiale*, 1946

Général Barré Georges, *Tunisie 1942-1943*, Nancy, 1950

Général Beaufre André, *Mémoires, 1920, 1940, 1945*, Presses de la Cité, 1965

Belle Jacques, *L'opération Torch et la Tunisie*, Economica, 2011

Bouscat René, *De Gaulle, Giraud, dossier d'une mission*, Flammarion, 1967

Carell Paul, *Afrikakorps*, Robert Laffont, 1960

Chauvel Jean, *Commentaire de 1938 à 1944*, Fayard, 1971

Général Clark Mark W., *Calculated Risk*, Harper, 1950 ; traduction française, *Les Alliés jouent et gagnent*, Berger-Levrault, 1953

Contrôleur Crémieux-Brilhac Jean-Louis, *La France Libre*, Tome I et II, Gallimard, 2001

Général Daillier Pierre, *Nous étions alors capitaines à l'Armée d'Afrique*, Nouvelles éditions latines, 1978

Darcourt Pierre, *Armée d'Afrique : La revanche des drapeaux*, Éd. La Table Ronde, 1972

D'Arcy-Dawson John, *La campagne de Tunisie*, Éditions universitaires, Les Presses de Belgique, 1945

Durand Robert, *Les Corps Francs d'Afrique*, Coquelicots, 1976

Durkeim Jean, *Tirailleurs couscous*, France-Empire, 1965

Egretaud Claude, *La campagne de Tunisie, problèmes et controverses*, La Pensée universelle, 1973

Général Eisenhower, *Croisade en Europe*, Laffont, 1949

Général Fonde, *L'Escadron Sacré grec dans le sud Tunisien*, 1943

General Fredendall Lloyd, 1942-1945

Izquierdo Antoine, *Ces hommes de la légion qui meurent pour la gloire*, Éditions du Camelot et de la Joyeuse garde, 1993

Maréchal Juin, *Mémoires*, Fayard, 1959 ; *Je suis soldat*, Éditions du Conquistador, 1958

Maréchal Kesselring, *Soldats jusqu'au dernier jour*, Lavauzelle, 1956

Général Koeltz Louis, « Le 19e Corps d'Armée Français en Tunisie », in *Revue d'histoire de la deuxième guerre mondiale*, 1956 ; *Une campagne que nous avons gagnée – Tunisie 1942-1943*, Hachette, 1959

Général Leclerc, *De Gabès à Enfidaville*, récit de propagande par son état-major en 1943

Lerecouvreux Marcel, *Résurrection de l'Armée Française : de Weygand à Giraud*, Nouvelles éditions latines, 1955

Levisse-Touze Christine, *L'Afrique du Nord dans la guerre*, A. Michel, 1998

Sir Liddell Hart Basil, *Histoire de la seconde guerre mondiale*, Fayard, 1973

Major Macksey K. J., *L'Afrikakorps, Rommel et ses hommes*, Robert Laffont, 1968

Maréchal Messe, *La 1re Armée italienne en Tunisie*, WorldCat, 1955

Colonel Michelet Louis-Christian, *La revanche de l'Armée d'Afrique (1940-1944)*, éditions Godefroy de Bouillon, 2002 ; *La flamme de la revanche*, éditions Godefroy de Bouillon, septembre 2002

Pierre Montagnon, *La grande histoire de la seconde guerre mondiale*, Pygmalion

Maréchal Montgomery, *Avec la 8e Armée d'El Alamein à l'Adriatique*, traduction française, Amiot-Dumont, 1948

Murphy Robert, *Un diplomate parmi les guerriers*, Robert Laffont, 1965

Notin Jean-Christophe, *La campagne d'Italie 1943-1945*, Perrin, 2007

Colonel de Pradel de Lamaze, *L'Armée d'Afrique*, Charles-Lavauzelle, 1977

Général Pujo Bernard, *Juin, maréchal de France*, A. Michel, 1988

Regnier-Leclerc Anne, *Quand l'élan est donné – La rentrée de l'Afrique du Nord dans la guerre, novembre 1942-août 1944*, A. Regnier-Leclerc, 2012

Ricalens Philippe et Foyer Jacques (dir.), *L'armistice de juin 1940 – Faute ou nécessité ?*, Economica, 2011

Maréchal Rommel, Carnets rassemblés par sir Basil Liddell Hart sous le titre *La Guerre sans haine*, Amiot-Dumont, 1952

Général Weygand Maxime, *Mémoires : Idéal vécu*, Flammarion, 1953 ; *Mémoires : Mirages et Réalités*, Flammarion, 1957

Récits et mémoires non publiés

Récit du colonel Dominique Baudry sur la Campagne de Tunisie de son père, le Commandant René Baudry, mort au Champ d'Honneur en décembre 1942 et des témoignages de ses cadres et de ses chefs

Général Bertrand J., document de lecture très complet. Notes et croquis sur la campagne de Tunisie 1942-1943 destinés aux élèves de l'Académie Militaire préparant un voyage en Tunisie en 1975.

Général Compagnon Jean, *Campagne de Tunisie 1942-1943*

Devautour Paul, Textes et Cartes sur la Campagne de Tunisie

de Fleurian Eric, Deuxième guerre mondiale – Campagne de Tunisie 1942-1943

Témoignages du colonel Gomez-Urtizberea

Journal de marche de novembre 1942 au 13 mai 1943 du lieutenant Lapouge

Général Pâris Bertrand (sous la direction de), *Dictionnaire biographique des Saint-Cyriens*. En cours d'élaboration : biographies des principaux officiers cités.

Colonel Sourlier André, Mémoires d'un siècle – Campagne de Tunisie ; Officier de troupe ou mes mémoires – 26 ans sous la grenade à sept flammes

Général de Torquat Roger, Tome 1 des Mémoires, chapitre « Afrique du Nord 1942-1943 »

Journal *Le Combattant*, 15 novembre 1943

Épopée Leclerc, *Du Tchad en Lorraine*, exemplaire n° 10. État-major 2e bureau, novembre 1944

Képi blanc n° 698, 699, 700 de 2008, « Djebel Mansour » par le capitaine Mahuault

L'Algérianiste, n° 36 (juin 87), 38, 47, 62, 78, 79, 116, 146, 145, 147, 149 (mars 2015)

Table des matières

Troisième partie

Les trois phases des opérations en Tunisie

Composé par Michel Bouffet, Economica

Cet ouvrage a été achevé d'imprimer en juin 2017
dans les ateliers de Normandie Roto Impression s.a.s.
61250 Lonrai
N° d'imprimeur : 1702795
Dépôt légal : juin 2017

Imprimé en France